本著作的出版得到了

国家自然科学基金项目
"情景计算机模拟的重大工程组织、流程与战略资源协同研究（71271107）"

资　助

# 重大工程资源供应系统管理研究

程书萍 邱聿旻 童纪新 著

南京大学出版社

## 图书在版编目(CIP)数据

重大工程资源供应系统管理研究 / 程书萍,邱聿旻,童纪新著. — 南京：南京大学出版社,2016.11
(南京大学工程管理学院文库)
ISBN 978-7-305-17580-0

Ⅰ.①重… Ⅱ.①程… ②邱… ③童… Ⅲ.①重大建设项目－资源配置－资源管理－研究 Ⅳ.①F282

中国版本图书馆 CIP 数据核字(2016)第 219125 号

| | |
|---|---|
| 出版发行 | 南京大学出版社 |
| 社　　址 | 南京市汉口路 22 号　　邮　编　210093 |
| 出 版 人 | 金鑫荣 |
| 丛 书 名 | 南京大学工程管理学院文库 |
| 书　　名 | **重大工程资源供应系统管理研究** |
| 著　　者 | 程书萍　邱聿旻　童纪新 |
| 责任编辑 | 唐甜甜　徐　鹏　　编辑热线　025-83594087 |
| 照　　排 | 南京南琳图文制作有限公司 |
| 印　　刷 | 江苏凤凰数码印务有限公司 |
| 开　　本 | 710×1000　1/16　印张 17.25　字数 274 千 |
| 版　　次 | 2016 年 11 月第 1 版　2016 年 11 月第 1 次印刷 |
| ISBN | 978-7-305-17580-0 |
| 定　　价 | 75.00 元 |

网址：http://www.njupco.com
官方微博：http://weibo.com/njupco
微信服务号：njupress
销售咨询热线：(025) 83594756

\* 版权所有，侵权必究
\* 凡购买南大版图书，如有印装质量问题，请与所购
　图书销售部门联系调换

# 序　言

随着我国现代化进程的推进,重大工程在体量、规模、技术难度上也遇到了前所未有的挑战。重大工程项目结构复杂、资金投入大、建设周期长,即使很小比例的损耗,绝对数也是相当大的,因此,有效的资源供应及配置系统显得尤为重要。在重大工程资源供应中,资源约束条件相对较为苛刻。

由于某些资源对于重大工程起到全局性、决定性的影响,这些资源可以被定义为重大工程的战略资源,其生产形式越来越趋于"工厂化预制"。与一般工程资源供应类似的是,大部分供应商都围绕着业主进行资源供应;与一般工程资源供应不同的是,战略资源供应对于供应商之间的合作以及供应产品的统一标准有着近乎苛刻的要求。重大工程所定制的产品体量较大、制造工艺复杂、技术难度大;产品工期要求更为严格,该产品工期的缩短对整个工程的进度有重要影响。因此,对于供应商而言,在质量和工期的双重压力下,合作完成重大工程战略资源"高标准、高效率"的要求,可以增加此类供应商的未来竞争力。例如,在港珠澳大桥工程建设中,桥钢结构由板单元制造、梁段拼装以及现场连接三个部分组成。其中板单元的制造分布在不同的基地进行制造,再分别集中到中山基地进行拼装。在这种情况下,供应商选择合作,可以有效提升场地、人力资源的效率,促进标准的统一,减少后期返工的可能性;但是,供应商之间的合作也会导致供应商之间的矛盾与竞争,如抢夺工程资源、抢夺工程进度等。战略资源供应商之间是否合作对于重大工程的工程质量、进度、管理等要素有一定影响,因此,供应商是否合作、影响合作的因素等都值得研究。

由于重大工程对于国家有着政治、经济甚至民生等各方面的影响,同时重大工程的规模和体量巨大,点滴的优化都会带来巨大的经济效益。对于重大工程来说,成熟完善的管理制度不仅仅在成本上体现优势,在质量和进度上都有着独特的竞争力。而重大工程的战略资源供应如果能够针对质量、进度、成本等方面进行限制和提升,会对整个工程的进度、质量、成本产生极大的推动作用,因此,本书对于资源供应及配置管理系统就很有意义了。

盛昭瀚<br>
2016 年 6 月 19 日

# 目 录

序 言 ················································································ i

**第一章 重大工程资源供应系统** ··········································· 1

    第一节 重大工程资源与战略资源 ······································· 1

    第二节 重大工程资源供应 ················································ 6

    第三节 重大工程资源供应网络 ········································· 13

    第四节 重大工程资源供应商 ············································ 18

    参考文献 ······································································· 21

**第二章 重大工程资源供应商合作研究** ································ 22

    第一节 文献综述 ···························································· 23

    第二节 模型一：不考虑业主的资源供应商合作模型 ············ 27

    第三节 模型二：考虑业主的资源供应商合作模型 ··············· 39

    第四节 模型数值模拟 ······················································ 44

    参考文献 ······································································· 54

**第三章 重大工程供应资源协同研究：基于 PPP 模式** ············ 58

    第一节 文献综述 ···························································· 59

    第二节 PPP 模式 ···························································· 64

    第三节 重大工程资源协同管理模式 ·································· 68

    第四节 重大工程资源协同评价体系 ·································· 76

第五节　重大工程资源协同度测度模型……………………… 88
　　第六节　重大工程资源协同管理优化…………………………… 98
　　参考文献……………………………………………………………… 100

# 第四章　重大工程资源供应系统合谋行为：基于工程招投标………… 105

　　第一节　文献综述………………………………………………… 106
　　第二节　重大工程招投标………………………………………… 110
　　第三节　重大工程招投标合谋行为……………………………… 114
　　第四节　重大工程招投标决策模型……………………………… 126
　　第五节　重大工程招投标合谋防范……………………………… 137
　　参考文献……………………………………………………………… 152

# 第五章　重大工程供应系统激励机制：基于两类监理模式…………… 156

　　第一节　文献综述………………………………………………… 157
　　第二节　重大工程两类监理供应模式…………………………… 162
　　第三节　重大工程监理供应系统模型…………………………… 174
　　第四节　重大工程监理系统合谋行为…………………………… 182
　　第五节　重大工程监理系统合谋防范…………………………… 192
　　参考文献……………………………………………………………… 202

# 第六章　重大工程资源供应链绩效审计：基于计算实验……………… 206

　　第一节　文献综述………………………………………………… 208
　　第二节　计算实验………………………………………………… 213
　　第三节　重大工程资源供应链绩效评价系统…………………… 214
　　第四节　重大工程资源供应链激励机制………………………… 239
　　参考文献……………………………………………………………… 259

# 后　　记 ………………………………………………………………… 265

# 第一章 重大工程资源供应系统

## 第一节 重大工程资源与战略资源

**一、资源与工程资源**

《辞海》中对于资源有着如下定义：资源是指资财的来源，一般指天然的财源。彼得·蒙德尔在《经济学解说》中提到："资源是指生产过程中所使用的投入"，《经济学解说》对资源的定义则将"资源"与经济学结合起来，因而本质上，资源就代表着生产要素。1984年，沃纳菲尔特发表了《企业的资源基础论》，标志着资源基础论从此诞生。沃纳菲尔特是资源基础理论的提出者，他指出企业战略制定时需要关注企业的内在资源分析，而不是传统的"产业结构分析"。公司之间的差异并不是来自行业的不同，而是每个公司自身独特的资源和能力决定的，企业想要追求利润，需要获取关键资源。

工程资源和传统意义上的资源都与"六力"紧密相关，因此我们可以运用"六力"的方法来分析阐述工程资源，具体如图1-1所示。

需要强调的是，上述利用"六力"的分析主要是针对传统意义的工程领域中的资源。对重大工程而言，我们还需要对分析方法进行进一步优化。例如，重大工程的公共产品属性决定了政府是重大工程立项决策与管理的主体，因此，政府对重大工程立项的态度，如支持与否、提供条件与否，实际上是重大工程能否顺利立项与建设的重要基础性资源；同样，社会舆论是否支持重大工程的立项与建设、重大工程能否赢得公众与社会的支持，这些都至关重要。因此，在一定意义上，对重大工程立项与建设来说，政府与社会提供的支持力度是十分难得的宝贵资源，在这一点上，它的作用其实已经远远超过一般的自然力。此外，对重大工程而言，由于工程技术难度高、跨度大，因此，关键技术、知识、工程智（人）力资源对于工程十分关键。因为工程战略资源不同于一般工程物质资源,后者作为产品,一般可以通过市场获取,而工程关键技术往往需要通过创新才能获取。这意味着,重大工程关键技术资源一般要通过构建技术创新平台的路径获取,这是与一般产品供应不同的资源获取渠道。

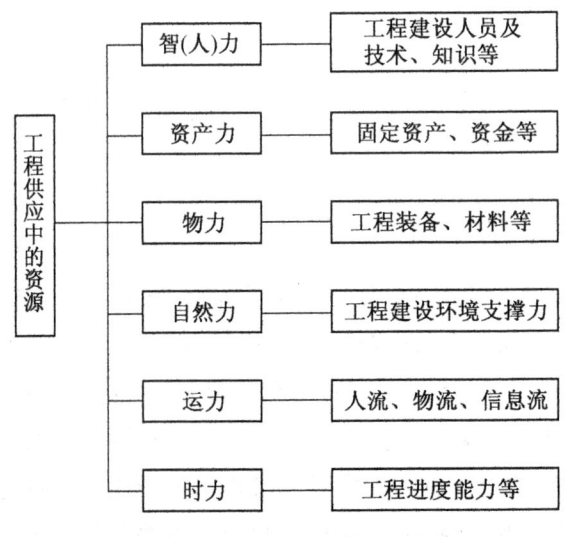

```
                    ┌── 智(人)力 ── 工程建设人员及技术、知识等
                    │
                    ├── 资产力 ──── 固定资产、资金等
                    │
  工程供应中的资源 ──┼── 物力 ────── 工程装备、材料等
                    │
                    ├── 自然力 ──── 工程建设环境支撑力
                    │
                    ├── 运力 ────── 人流、物流、信息流
                    │
                    └── 时力 ────── 工程进度能力等
```

**图 1-1 工程供应链"六力"分析**

工程资源可以按照资源类型分为两种,即"硬资源"和"软资源"。所谓硬资源指物质性的资源,如工程中涉及的一些物质,如材料类、设备类、资金类、土地类和技术类等。硬资源是工程建设中基础性的基石,硬资源的显著特点是被动性、损耗性和市场性。其中,市场性是指硬资源在一般可以通过市场购买等行为直接根据供求关系获得;相对来说,工程软资源一般是指管理知识、组织制度、工程文化、投融资模式等。软资源具有不可交易性,并且是基于硬资源而存在的,不能够脱离硬资源而独立存在。软资源具有动态更新的特性,具备一定的环境适应性。重大工程是软资源通过人作用于硬资源上,软资源对于重大工程决策方案质量、重大工程建设质量起到主导性的作用。由于重大工程的特殊性和复杂性,软资源具有个性与柔性,能按照事物发展特定的维度进行动态演化。例如,我国港珠澳大桥的建设中,根据决策过程的不同阶段,先后成立了港珠澳大桥专责小组、三地联合委员会以及港珠澳大桥管理局,这种柔性的决策组织较好地实现了决策组织的权力、智能、经验、能力与支持等关键决策资源要素与需要解决的决策问题复杂性

之间的匹配和对接。

按照资源所在区域,工程资源可以分为分布式资源和集中式资源。分布式资源在使用过程中需要考虑精细的分配调度,因为分布式资源分布在不同的空间区域内。在重大工程中,分布式资源更多的含义是指多个供应商供应同一种工程材料以及构配件等情况,以及为了防止因气候、人员及政策等因素导致资源中断等突发情况的发生,将关键资源分布在不同的空间区域内。因此,分布式资源的存在一来是受社会现实客观条件的制约,二来是从战略角度考虑。集中式资源是指不需要经过加工处理可以直接进行应用的附加值低的资源,在工程中如钢材、水泥等材料,集中式资源一般都分布在同一空间区域内。集中式资源还可以表示对于技术要求高、集成度高的战略资源,对于这类资源由于很少企业能够达到标准,因此只能选取特定供应商并对其进行培育,集中式进行供应。如港珠澳大桥钢箱梁的生产制造,就是采用培育供应商,进行技术创新,多点制造板单元集中进行组装。

按照资源在重大工程中作用的层次不同,可以将资源分为一般型资源和战略型资源。所谓一般型资源主要是指在工程建设中起一般性作用的资源,如一般性设备、技术、材料以及人员等。一般型资源在工程中起一定的作用,而获得一般型资源的路径往往可以通过市场交易行为,因为一般型资源的稀缺程度相对较好。所谓战略资源是指在工程建设过程中具有举足轻重的地位,能够起到关键性、全局性作用的资源。如政府、社会对工程建设的支持、工程所需要环境、关键技术等。战略资源一般具有高稀缺性,因此,在很大程度上不能完全通过市场交易行为获取,其获取路径比一般型资源复杂。例如,战略资源体现在关键技术与关键装备上,这类技术和装备在市场上很难直接找到与之相符的产品,需要进行技术创新,而这种关键技术和装备对工程建设的质量、进度、安全等方面起到至关重要的作用;又如,战略资源体现在关键的制度体系与组织体系等方面。这类战略资源并不是通过产品形式体现出来,但它对于工程(产品)的设计、施工、运营等都起到主导性、全局性作用。

按照资源的状态,我们将工程资源分为已有型资源和创造型资源。已有型资源是指在工程建设过程中可以直接通过采购等市场行为获得,这类资源一般是指那些产品类资源。创造型资源是由于工程个性或客观环境等原因,需要通过专门的设计或创新才能获得,这类资源对于工程往往起到关键性作用。创造型资源一般会根据工程实际情况"定制"。

从供应链的角度来进行分析,不难发现,资源都是从供给者向需求者方向流动,因此,从供应链的角度对资源进行分析,需要明确资源的供给者是谁,以及供给者所供给的资源类型。从资源供给角度进行分析,例如,我们可以从政府、市场的角度对资源的获取路径进行分析;再者,可以辨析不同类型的资源对工程建设所起到的实际作用;最后,可以从供给的角度去探究战略资源供应关系的形成条件以及形式。从资源供给的角度我们将资源划分为三大类,见表1-1所示。

表1-1 资源供给划分表

| 分类 | 类型 | 供给者 | 详细介绍 |
| --- | --- | --- | --- |
| 第一类 | 基础型资源 | 政府 | 社会资源:社会发展的实际需要,政府提供相应的人力、财力、物力、土地、信息等资源,公众支持等;<br>经济资源:政府在经济上给予财政资助、政治资源,国家(政府)发展战略与积极推进相关政策 |
| 第二类 | 保障型资源 | 政府主导+市场(企业) | 新技术研发<br>技术创新平台构建——官、产、学、研平台<br>资金——政府出让资本金,剩余缺口企业(市场)自筹<br>关键技术人才引进 |
| 第三类 | 供应链型资源 | 市场(企业)为主 | 工程材料、设备、大宗资源等,这类资源按照市场交易的形式进行招标、采购 |

**二、工程战略资源**

重大工程作为复杂系统,资源是系统的要素,所谓重大工程战略资源是指对重大工程来说具有举足轻重、关键与全局性影响和作用的资源。重大工程的战略资源不仅包括重要的关键工程装备与材料,更包括由于重大工程的战略意义而形成的政治、科技层面的资源,而后者是需要通过自力更生、打破封锁和自主创新才能获得的资源,特别是在软资源方面,更要通过非市场交易行为才能解决[1]。工程战略资源具备着目标多样性、非市场性、系统集成性、形式多样性的特点。

目标多样性：虽然战略资源的根本目标是为了支撑和保证重大工程建设过程的顺利实施和建设目标的实现，但由于战略资源的层次性不同，所以它的作用（目标）也有所不同，如提供了基础性支撑、关键性保障和重要的物资供给等。

非市场性：重大工程战略资源的获取方式往往突破传统的市场交易行为。事实证明，在工程战略资源的获取路径方面，一般而言，政府是直接资源供给者，或需要以政府为主导，以企业、研究机构为依托建立供给平台，如开展自主技术创新。

系统集成性：由于战略资源涉及工程面广、技术及管理要求高、获取时间长、难度大，因此，战略资源一般要通过不同的主体、部门和手段进行综合集成，才能获取和集成；其次，战略资源的设计、获取过程需要协调大量的人力、财力、物力，所以工程战略资源本身又包含着管理系统的综合集成。因此，工程战略资源是多系统综合集成的产物，系统之间相互关联、相互影响，系统的边界相互融合，构成统一整体。

形式多样性：工程战略资源表现出多层次、多样性和适应性等特点，既有政策、法律、社会环境，又有资金、信息、土地等支撑性资源，还有关键技术及工程材料、装备等。

一般来说，战略资源对于工程建设具有举足轻重的地位，能够起到关键性、引领性、决定性的作用。对于不同情境下的工程建设，战略资源具有不同的表现形式。在重大工程建设中，首先从产品层次上分析，战略资源可以是关键的设备、技术、材料，这种关键性主要体现在获取路径上比较困难，存在卖方垄断或关键的技术壁垒的情况，同时，获取这种战略资源的成本代价比较大，资源本身的技术含量比较高。其次，从资源本身基础性的作用上分析，战略资源可以体现在重要的法律制度体系、柔性的组织管理模式、合理的权利配置体系，这类战略资源能够保障在重大工程立项决策中的决策过程质量，以及得到良好的决策方案质量。在重大工程建设过程中，这种柔性的组织体系可以很好地协调各方的利益冲突以及形成良好的防中断体系，能保证建设过程的科学性、持续性。

## 第二节 重大工程资源供应

首先需要指出,工程战略资源供应链与工程战略资源供应是两个既有紧密关联性,又有不同之处的概念。简而言之,工程战略资源供应链是工程战略资源供应的"链条"。而战略资源供应则不囿于"链条",将重心聚焦在供应关系上。任何存在供应关系的环境和事项都可以成为战略资源供应的研究内容。基于战略资源供应概念的拓宽,相关研究除了要考虑传统的供应链内部的关系,更要考虑供应链外部的经济社会环境以及自身的平台作用。总体来说,重大工程的战略资源供应主要包括三个层次:第一层是基础型战略资源,如社会、政治、法律环境等;第二层是保障型战略资源,如关键技术创新、资金等;第三层是供应链型战略资源,如材料、设备等。本章的主要研究对象是重大工程战略资源供应,是站在更加宽泛的角度上研究工程战略资源供应链的问题。

工程战略资源供应是指在工程中为满足一方需求和一方提供战略资源的行为,过程包括工程战略资源的获取、整合、配置、协调以及过程中的供应商选择和培育。其中战略资源包括以下三种:一是基础型战略资源,社会政治环境、法律环境等;二是保障型战略资源,关键技术研发平台、资金;三是供应链型战略资源,材料、装备等[2]。

### 一、资源供应内容

前面提到工程战略资可以分为基础型战略资源、保障型战略资源、供应链型战略资源。此处工程战略资源供应则按照资源的分类进行划分,主要包含基础型战略资源供应、保障型战略资源供应、供应链型战略资源供应,如图 1-2 所示。

基础型战略资源是指为工程运行提供基础运行环境的资源,其主要包括政治、社会、法律环境。良好的政治、社会和法律环境是重大工程得以顺利实施的基本保障和重要支撑。因此,这类重大工程战略资源称为基础型战略资源。重大工程基础型战略资源供应的管理就是充分认识和尊重已有的政治、社会、法律环境的自身条件,并基于此,适当创造和谋求有利的政治、社会、法律条件的过程,从而为重大工程的各层次决策方案的确立以及工程建设施工的顺利进行提供有力的支撑和保证。

```
                         ┌─ 基础型战略资源供应 ─┬─ 政治环境
                         │                      ├─ 社会环境
                         │                      └─ 法律环境
工程战略资源供应 ────────┼─ 保障型战略资源供应 ┬─ 关键技术
                         │                      └─ 资金
                         └─ 供应链型战略资源供应 ┬─ 关键材料
                                                └─ 关键设备
```

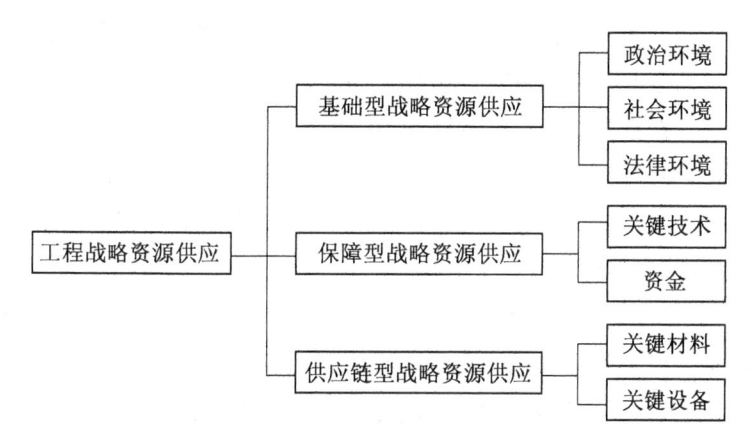

**图 1-2  工程战略资源供应内容图**

保障型战略资源主要是指维持工程建设正常实施的关键资源,对工程起到保障性作用,其主要包括关键技术和资金两种战略资源。关键技术是对工程建设的成败起到关键性决定作用的技术。关键技术主要包括以下三种类型:一是没有现成的技术供给,或是没有成熟技术可用,或是国内外均处于空白状态;二是国外有相近技术,但尚未成为工程现实技术能力,包括购买该技术价格过高或技术封锁等;三是国内外虽然有可提供的相关或相近技术,但整体水平尚不能达到工程所需"技术阀值"水平。在重大工程中,技术创新规模巨大,而关键技术创新起到了一个引导性和平台性的作用。引导性即通过关键技术创新,带动一般技术创新;平台性即通过关键技术创新,在重大工程内部搭建起一个创新平台,引导其他技术创新。因此,关键技术创新的作用不仅体现在自身一项技术的创新,也体现在其平台作用,体现在其能够带动多项创新的涌现上。所以,关键技术平台是一项不可或缺的工程战略资源。

资金资源是指工程建设过程当中所拥有的资本以及在筹集和使用资本的过程中所形成的独有的专用性资产,包括操作流程、合同规范、资金渠道来源以及在资金资源使用过程中资金资源的管理、协调、整合机制等。资金是工程建设物质性资源中最基本的一种形态,包括工程建设参与方的获利能力、经济效益、成本分担比例等,其他物质资源和非物质资源的形成均是建立在资金资源的基础之上。因此,资金在重大工程中占有重要的保障性地位,是保障型战略资源的一种。

供应链型战略资源主要指工程建设过程中的材料、设备等产品型资源,这种资源的获取可以通过完全市场交易行为得到,即通过传统意义上的供应链得到。在重大工程建设过程中,供应链型资源可以作为战略资源的主要是两种:关键设备和关键材料。在重大工程建设过程中,关键设备和材料一般具有高度复杂的技术性、系统集成度高、材料和设备的技术规范要求高,关键设备和材料对于重大工程本身的质量、安全、进度等方面产生深刻的影响,为了保证重大工程建设的持续性,对于供应链型资源要求其供应链的设计和供应链的组织结构及供应链效率都必须以工程建设的实际情况为依托。例如,在我国的港珠澳大桥建设过程中,钢箱梁被大量应用在了主体结构的设计中,对于港珠澳大桥工程钢梁供应链而言,围绕钢梁从原材料的采购、生产设计、生产加工到最后产成品等一系列过程重新设计优化了供应链。在生产制造的过程中,业主对供应商进行选择、培育以及协调多供应商之间的利益冲突,从而保证了钢梁供应链系统的效率和柔性,具体为:首先保证了港珠澳大桥工程建设对钢梁质量的要求;再者保障了钢梁的充分供应;最后培育出了一批具有世界领先制造水平的战略伙伴关系供应商。

**二、资源来源**

在研究工程战略资源供应时,首先要考虑的问题就是工程战略资源的"源"是什么。资源的来源关系到资源本身的质量、性质和特点,更会影响到整个工程的质量、进度、安全等方面。工程战略资源的来源主要分为以下四种:创新(无到有)、发展(少到多)、优化(差到好)、变革(旧到新)。

**(一)工程战略资源创新——无到有**

重大工程由于其一次性的特点,经常会出现一些异质性问题,这些问题在以往工程中往往还未出现过,如需要一项关键的材料或设备,这项材料或设备目前在市场上还没有成熟产品;在遭遇复杂技术问题时,技术创新平台还未构建,技术创新尚未开展。这就需要工程战略资源实现从无到有的过程,即工程战略资源创新。此时,工程战略资源的来源就是创新。

**(二)工程战略资源发展——少到多**

随着科学技术的发展和社会进步,某些创新性的战略资源在其他工程得到应用,并且取得了良好的效益,此时某些工程在建设过程中就会偏好使用这种战略资源。或者是本项工程需要大量的某种战略资源,但这种战略资源目前的产量十分有限。在这种需求大幅增加的情况下,战略资源就会实现从少到多的过程,即工程战略资源发展。此时,工程战略资源的来源就是对现有资源的发展。

### (三) 工程战略资源优化——差到好

随着工程复杂性的增加,一些战略资源无法持续满足工程的需求,这就要求战略资源进行改进。由于工程受到成本的约束,在限制性成本条件下获得最大化利益,要兼顾经济效益和社会效益。此时,战略资源就面临着由差到好改变的局面,即工程战略资源优化。此时工程战略资源的来源就是对现有资源的优化。

### (四) 工程战略资源变革——旧到新

工程上的变革往往是渐进式的,但当社会政治法律环境变化时,对工程的变革来说往往影响很大,整个工程的管理模式都可能发生改变。此时的变革不是技术上的,而是在基础型战略资源和保障型战略资源上发生的。在这种情况下,工程战略资源是一个由旧到新的过程,工程战略资源的来源是变革。

## 三、资源整合

### (一) 工程战略资源整合定义

工程战略资源整合是指工程对不同来源、层次、结构、内容的战略资源进行有机融合,使得工程战略资源供应具有较强的柔性、系统性,形成具有动态性的战略资源体系。

### (二) 工程战略资源整合意义

在工程战略资源供应中,各主体通过拥有具有价值的、稀少的、难以模仿的和难以替代的资源来获得竞争力。但由于资源的多样性,在工程战略资源供应过程中,既存在供应关系内的资源,也存在供应关系外的资源,因此只有通过资源的有效整合,工程战略资源供应才能实现,整个供应关系中主体组成的网络结构才能够拥有自身的动态性能力。

但经过整合的战略资源仅仅具有时效性,在一定时期内,战略资源可以为整个工程带来竞争力。但是,随着工程建设外部环境的改变,战略资源可能会存在逐渐耗尽或者无效的情况。因此,工程建设管理的战略资源是动态的,在整合资源的过程遇到外部环境的变化,战略资源管理也需要迅速回应变化,这样才能够为工程带来动态持久的竞争力。因此,工程拥有整合其内外部战略资源的能力是工程必不可少的一部分。

### (三)工程战略资源整合方式

工程战略资源整合包括两种方式:纵向整合和横向整合。纵向整合偏向工程战略资源供应链方面,横向整合偏向工程战略资源供应方面。

纵向整合:供应链纵向一体化管理是工程战略资源供应纵向整合的基本构成,包括对战略资源的获取、对战略资源的进一步加工制作以及最终产品的形成给予全方位的协调控制。纵向整合是指站在供应链角度进行的资源有机结合,针对供应链型战略资源的整合,在本章中特指工程材料资源、装备资源。

横向整合:工程战略资源的横向整合,不仅包括对于供应链内部的工程材料、装备等供应链型资源的进一步加工和结合,还包括对于供应关系中的社会政治法律环境等战略资源的利用和尊重,同时关注关键技术平台的构建,实现技术在同一平台上开发,实现保障型战略资源的融合。在保证了以上三种资源分别整合的情况下,再对三大类资源进行结合和功能上的互助。

## 四、资源配置

### (一)工程战略资源配置定义

工程战略资源的配置主要是指在政府与市场合作主导的环境下,由于战略资源的稀缺性,将供应链型资源、保障型资源、基础型资源合理分配给工程中不同主体,形成资源的合理利用,会达到最优的社会、政治、经济、法律效果。

资源配置的概念首先出现在古典经济学中,主要论述市场对资源的配置。1776年,亚当·斯密在《国民财富的性质和原因的研究》中论述了市场对于一般资源和稀缺资源进行配置的原理和对社会的影响。在完全竞争性的市场环境下,社会可以实现资源的最优化配置,因此,进行经济学分析需要建立在资源稀缺性假设的基本前提下。

本章中的工程战略资源配置结合了工程多主体的特点,更加强调工程战略资源在不同主体间的合理配置。

### （二）工程战略资源配置意义

由于战略资源层次结构差异，工程供应链中的各节点企业在资源配置中关注的重点是不同的。业主方重点关注工程战略资源的积累和培育；主要施工企业重点关注现有战略资源效率的充分发挥；施工监理企业重点关注战略资源使用的平衡。由于各方关注的重点不同，工程供应链中的资源配置面临如下问题：

在进度控制中，经常会出现工程中的不同主体短期利益冲突的情况，如业主、技术资源供应商、原材料供应商、施工单位、监理等在战略资源上彼此力图取得支配、主导权而产生矛盾与冲突；重大工程项目建设规模巨大，技术资源需求量大，参与建设的监理和施工承包商众多，各单位的利益与目标不尽相同，在工程施工过程中就会存在资源配置的冲突。

任何一家技术资源供应商或项目承包商所承担的工程子项目和施工任务都仅仅是整个工程某个阶段中的一个方面或一个部分，但在重大工程建设过程中，经常是多家供应商或承包商平行运作。设备、物资供应及空间布局相互影响、相互制约，各个工程子项目和工程任务内部以及相互之间的界面管理是否有效在很大程度上影响着工程进度控制的效率。

工程建设中有些标段是同时进行的。各施工承包商在具体作业安排、战略资源使用上一般只考虑自己的利益和要求，也就是说，各施工承包商的工程进度控制在监理协调之后仍然存在资源使用上的交叉和矛盾，这种矛盾也是无法及时得到调整和协调的。

在整个市场经济的大环境下，由于经济利益驱使，联合体内部成员之间必然存在竞争和壁垒，但对于整个工程供应链来说，战略资源壁垒会影响整个工程建设。

一般来说，对技术设备、高科技材料、技术人员的管理和控制是由各个供应商或承包单位自己负责的，然而重大工程建设难点多，有些单位缺少相关经验，所以从工程高水平、高质量要求看，一线工人的知识和能力还较低，人员素质参差不齐。如果这些问题得不到合理的指导和控制，那么必然会降低工程战略资源链的运作效率，乃至拉低整个工程项目的建设控制水平。

### （三）工程战略资源配置方式

在市场、制度、政策、法律等环境的约束下，工程中的不同主体通过配置实现了对战略资源的合理使用。作为战略资源配置的配置主体，工程中的某些主体,包括政府、业主等,政策的引导、服务的支持和资金的保障都可以为主体提供辅助和支撑。

**五、资源协调**

**(一)工程战略资源协调定义**

工程战略资源协调是指通过设计合理、有效的工作流程,在工程供应链管理过程中使管理主体与被管理对象实现运作与行为的协作与协同,并通过这种协作与协调化解矛盾和冲突,共同实现供应链整体目标。

**(二)工程战略资源协调意义**

工程战略资源协调对工程绩效有着重要的影响,其中的运作协调与利益协调相互支撑、相互促进,前者更多是管理流程层面上的运作,而后者更多是经济关系层面上的考虑。进一步说,这两类协调关系到重大工程战略资源供应的整体稳定性。因为唯有系统中各主体之间既有经济上的利益协调,又有管理上的运作协调,工程战略资源供应才能既在宏观上保持稳定,又能在微观上有效运作。"协调"充分体现了综合集成管理模式中诱导控制(或称自组织控制)的重要思想。所谓诱导控制是指对具有自组织行为的被管理对象实施的控制。众所周知,如果被管理对象是具有自学习、自适应的主体,那么管理对象就有自主行为倾向,整个管理系统也就具备了自组织特征,这就使我们不可能期望对被管理对象实施的任一协调方案一定能遵循事先设计好的因果规律。相反,因为有自主行为,极有可能出现"上有政策,下有对策"的情况。在工程战略资源供应中采用协调机制,正是考虑到这种自组织复杂性,是一种对"活"系统的有效控制策略。

在控制策略的选择上,不同的战略资源控制协调是由工程现状以及工程内各个主体之间的关系决定的。例如,在现状较为稳定、运行逻辑明晰的工程供应内,工程内主体可以有一致的合作方式的情况下,一般选择较为程序化和规范化的方法;在现状稳定、运行逻辑比较明晰,但工程内各主体之间无法达成一致合作方式的情况下,一般选择采取协商合作;在现状稳定、运行逻辑紊乱,但工程内各主体之间可以达成一致合作方式的情况下,一般选择摸索性办法,由共识引导各主体进行合作。而在现状乱序、运行逻辑紊乱,工程内各主体又不能达成一致合作方式时,只有通过高度创新或重构系

### (三) 工程战略资源协调手段

在对工程战略资源进行管理时，常用的运作协调手段有合同制约、协商规划、契约激励与惩罚、风险承担制度、补偿机制及共建信息系统等，结合重大工程战略资源的研究重点，特对以下几种战略资源协调手段进行详细解释。

(1) 合同制约。合同制约主要是在前端就确认各个主体(供应商、业主等)的职责，在冲突发生之前就起到制约的作用。在协调过程中，工程战略资源供应关系下，通过合同将职责明晰到工程内的各个主体，工程的质量可得以保证。

(2) 会议调控。重大工程供应关系下主体(供应商、业主等)数量超出一定范围，管理过程会因信息交流障碍而变得不透明和不对称。因此在建设过程中，定期组织项目法人单位的相关处室、驻地纪检、驻地质量监督组、中心试验室、测量中心、业主、设计单位、总监代表办公室和施工单位等召开工作质量会议以保证信息的沟通顺畅是很必要的。例如，针对管理的月度会议可以实现信息的有效沟通。

(3) 制度保障。要做到重大工程资源供应商们互相协调、逻辑清晰且有条不紊地工作，合理科学和成熟完善的供应商管理制度可以实现基础的保障。

## 第三节 重大工程资源供应网络

### 一、资源供应网络结构

在制造业中，供应链是通过对信息流、物流、资金流的控制，从采购原材料开始，制成中间产品以及最终产品，最后由销售网络把产品送到消费者手中的将供应商、制造商、分销商、物流服务提供商(Logistics Service Provider, LSP)、零售商，直到最终用户连成一个整体的功能结构模式。它的主要特点是呈链条状，即使中间部分关系可能存在交叉，但其流程性十分明显，如图1-3所示：

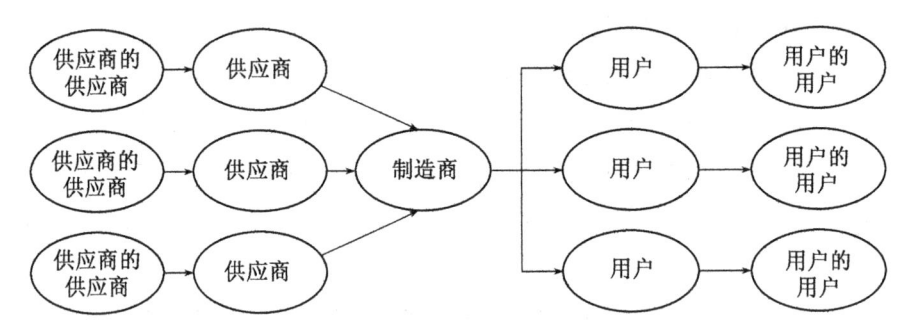

```
供应商的      供应商
供应商
                    ↘
供应商的      供应商  → 制造商 →  用户  →  用户的用户
供应商                          用户  →  用户的用户
                    ↗           用户  →  用户的用户
供应商的      供应商
供应商
```

图 1-3　制造业供应链网络结构

Vrijhoef 等指出，工程供应网络是以业主的有效需求为出发点，以总承包商为核心企业，从工程中标开始至施工、竣工验收全过程，通过控制信息流、物流、资金流，将原材料供应商、工程机械设备供应商、分包商、总承包商、业主等连成一体的功能型结构模式。例如，总承包工程供应链是指：以满足项目业主需求为目标，以总承包商为核心企业，通过控制工程项目设计、采购、施工三个主要过程中的物流、资金流、信息流，将其所涉及的各供应商、分包商、总承包商、业主联合起来，围绕工程项目形成的一个功能型网络组织。它的主要特点包括：整个供应关系呈现网络状，各供应商、分包商之间合作关系明显。具体如图 1-4 所示。

**二、资源供应网络特点**

工程供应网络与传统的制造型供应链在某些特征上具有一定的相似性，一些学者认为工程供应网络实际上就是由典型的按订单制造的供应链组成的网络。但由于工程建设本身的特点，两者在某些特征上也具有一定的差异性。因此，为了更好阐述和分析工程供应网络的特点，我们将工程供应网络与制造型供应链的异同进行对比分析。

**（一）供应链（网络）成员**

两种供应链（网络）均由具有独立经营权、独立决策权的企业所组成。它们通过业务间的往来组成供应链（网络），但却拥有不同的组织能力和目标。对于链中的核心企业而言，制造型供应链的核心企业一般为制造商，但是，工程供应链的核心却随着工程阶段的不同而不同。例如，由于中国工程的特点，业主一直在工程建设中占据着"战略"位置；例如，在施工阶段一般以总包方为核心，总包方也从整条工程供应网络获得竞争优势，获取利润的核心。

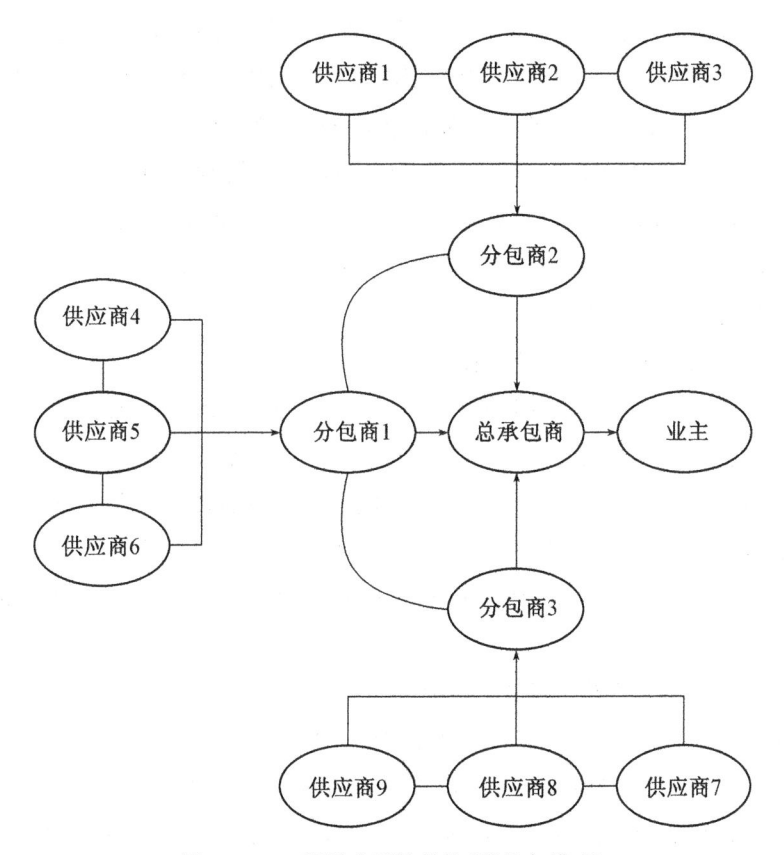

**图 1-4 工程供应网络结构（总承包模式）**

在工程供应网络的运作过程当中，虽然存在一定的合作与协同机制，但由于合同管理方式的局限性和各个主体间利益的差异性，各成员组织的目标是分散的，就需要对各成员之间的合作进行研究和优化。例如，在战略资源供应商之间往往单独与业主、总包商等存在合同约束，但是，供应商之间缺乏交流和合作，这就可能带来标准不统一、延误工期等问题。因此，工程供应网络需要加强成员间的合作与协同。

**（二）供应链（网络）产品**

工程供应网络是一种特殊的供应链结构，工程本身是一个造物的活动，工程所创造的这个"物"其实也是一种产品。与传统的制造业在工厂里完成产品的大规模生产不同，工程建设项目的管理建设主要针对单一的产品进行设计施工，最后竣工验收后移交到客户（业主）手中。对于产品质量而言，制造型供应链生产的普通产品一般允许次品的产生，允许产品的再回收、再制造。而对于工程供应链的产品而言,尤其是重大工程,由于工程供应网络受施工阶段多、参与方众多、建设规模庞大、技术先进、建设周期长、环境要求程度高、开放性强、不确定性因素等多方面影响,供应网络的复杂性会相当高,一旦某方面出现问题而导致工程失败就会对企业、国家造成不可挽回的损失,工程建设的不可重复性使得工程供应链过程中不允许次品率的产生。因此工程供应网络对于产品的质量要求是非常高的,这也对战略资源供应商之间的合作提出了高要求。

### (三) 需求(生产、制造)模式

制造型供应链可分为推式供应链(按库存生产)和拉式供应链(按订单/顾客需要定制)两种类型。而工程供应网络的形成、存在、以及重构都依赖于项目业主的需求,从图1-3所示的模型中可以看出,工程供应链中信息流、物质流以及资金流都是由用户的需求信息拉动的。基于此,工程供应链可以被看作是任务驱动型(按顾客需要定制)的供应链,是一种典型的"拉式"供应链。

尤其是对于大型公共工程供应网络,这种特性表现得更为明显,业主在这里既是需求的提供者,同时也是最终用户的代表。因此在探索供应商之间的合作机制时,需要对业主不参与的战略资源供应商合作、业主参与的战略资源供应商合作两种模型都进行讨论,才能够更加全面、系统地看待供应商合作问题。

### (四) 组织关系

制造型供应链中以订单为纽带,由于产品生产具有不断重复的特性,供应链中的核心企业(制造商)容易占据强势地位,对整条供应链的战略合作产生决策影响。而工程供应网络以招投标的合同为纽带,将不同的组织团体吸收进来,合同成为上下游关系形成的纽带。由于工程供应网络是基于工程生命周期而存在的,因此,工程供应网络成员之间以合同为纽带的合作关系被看作是临时性的或短时间的。一个项目往往需要多个甚至成百上千个单位共同协作,他们通过合同、协议以及其他的社会联系组合在一起,可见项目组织没有严格的边界。组织成员为这一供应网络服务的时间是有限的,甚至是可预期的,在一次性合作的基础上难以形成长期的战略合作伙伴关系。例如,工程中某些战略资源具有"一次性"特点,战略资源供应商也就存在"一次性"合作的可能性,在这种情况下,找到供应商间的共同利益、关注供应商间合作的影响因素就显得十分重要。

**（五）供应链（网络）结构**

制造型供应链的结构较为固定，上下游企业间通过契约或其他方式结合成相对固定的供需关系或合作关系。工程供应网络结构同样是由契约关系决定的，但同时又是以工程的进度为纽带而形成的以工程建设为目标的、复杂的、聚合性的网络组织。由于在工程建设规定的时间进度内，每个企业自身情况或目标不同，因此工作任务从业主通过总包商逐层向下分配。而伴随着工程进度的进展，工程供应网络结构也在不断变化，以工程进度为整个工程供应网络演化的标示节点。这一特性使得工程供应网络内部可以同时存在基于进度节点的多条供应链，这些供应链之间可能存在合作关系，也可能并无业务往来，这种关系的不确定使得整个供应链网络结构更加复杂。

在复杂的供应网络下，如何满足工程项目质量、进度等要求，这就需要供应商间更加紧密地合作，因此，探索战略资源供应商之间的合作及影响因素对于工程管理水平的提高十分必要。

**（六）资源的约束性**

制造型供应链中通常具有人员、材料、资金等方面的资源约束，但工程供应网络中的资源约束条件与之相比，则更为苛刻。资源的约束性是指在实现成果性目标的客观条件和人为条件的统称，常指工期与进度要求、投资与成本与费用限制等。任何工程都在一定的资源（时间、资金、技术、人员、材料等）约束下进行，这些约束是项目实施过程中必须遵循的条件，它们也从而成为工程管理的主要目标。

在一般资源约束的基础上，战略资源的约束条件更加苛刻。大部分的战略资源都是需要由多家供应商的关键零部件组合而成，这就要求多家供应商进行技术、管理方法上的对接和合作。有别于制造型供应链中供应商间的竞争关系，工程供应网络中不仅存在供应商间的竞争，还存在大量供应商间的合作。因此在资源约束的基础上，如何合理组织供应商的相互合作和协调以达到工程建设的目标，是工程供应网络中的重要命题。

## 第四节 重大工程资源供应商

**一、资源供应商**

工程战略资源供应商,是工程战略资源的直接提供者,因此在整个供应关系中也占有着"战略性"地位。根据增值率和竞争力对供应商进行分类后,我们可以得到以下四种类型的供应商:战略性供应商、具收益性的供应商、有竞争力/技术性供应商、普通供应商。而战略性供应商就是增值率和竞争力都具有优势的供应商。由于重大工程的特点,除了考虑经济效益,往往还会考虑社会政治效益等,所以增值率不是唯一的标准,本文所研究的战略资源供应商主要是指竞争力较高的供应商,即战略性供应商和竞争性/技术供应商两种,如图1-5所示:

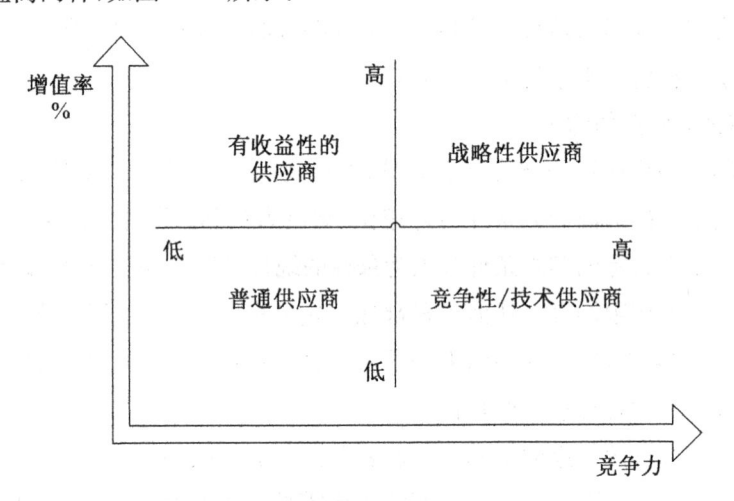

**图 1-5 工程战略资源供应商分类图**

战略资源供应商是工程的重要合作伙伴,只有战略资源供应商发展,才能够带动整个工程的实施,当然工程的进展也会带动战略资源供应商技术水平等整体能力的提升。因此,大力培育战略资源供应商,优化供应商是工程战略资源供应的重要内容之一。工程战略资源供应商培育主要包括以下几点:

第一,扶持供应商技术水平。通过技术平台的搭建,给予供应商技术支持。同时由于平台作用,使得各种工程技术得以交流和共同发展,解决工程中出现的技术难题,推进工程建设进度。

第二,扶持提升供应商产品质量。与供应商建立灵活高效的沟通体系,让供应商精确掌握工程的要求,对供应商的产品计划和生产零部件批准程序过程进行监督和指导,与供应商共同改进零部件的质量问题,保证战略资源的质量。

第三,完善供应商计划管理。由于工程多界面的特点,工程进度管理十分复杂,而工程战略资源的准备是工程进度管理的基础。为保证工程战略资源的及时交付,工程还需要与供应商协商制定其计划,保证战略资源及时给付。

**二、资源供应商合作**

资源供应商合作影响因素主要有以下六种。

**(一)供应商独立生产收益**

供应商独立生产收益是指重大工程战略资源供应商独自进行资源供应未采用合作模式所获得的收益,即供应商以独立个体的形式在在重大工程战略资源供应网络中参与竞争。供应商独立生产收益可以直接反映供应商在该供应链中的能力。当供应商经营收益状况良好时,供应商可用于投资新技术、新设施设备、新系统以及新项目等的资金将会增多,其获得额外收益的机会也会增加;当供应商的单独经营收益状况不好时,供应商可能会选择与其他供应商合作来弥补自身技术水平、管理水平的不足。因此,供应商独立生产收益可以在一定程度上影响供应商选择合作策略还是不合作策略。

**(二)供应商合作投入成本**

战略资源供应商在合作初期必定会为共同租赁厂房、购买设施设备、招聘员工等做出相应的投入。共同配送的初次投入成本除了资金以及部分固定设备设施可以通过直观的数值直接反映出各参与方的投入情况外,在其他方面的投入很难用定量的方式完全划分清楚。但是,初始投入情况不仅是今后供应商收益合理分配的重要参考依据,也是影响供应商初始衡量是否进行合作的重要因素。

### (三) 供应商合作额外收益

供应商合作所带来的额外收益可以看做供应商最终收益的一部分,额外收益是影响供应商是否会采用或继续采用共同配送策略的重要因素,它可以反映合作给各个供应商带来的利益情况。如果供应商合作带来的额外收益较大,供应商可能趋向于合作策略;如果供应商合作带来的额外收益较小,则供应商可能趋向于不合作策略。同时,供应商合作带来的额外收益与供应商投入的成本也是息息相关的,两者共同影响着供应商合作的概率。

### (四) 供应商合作经营风险

任何企业都是在风险中经营的,工程战略资源供应商也不例外。但相对于一般的制造企业供应链而言,工程战略资源供应商所承担的经营风险往往更加复杂。这是由于工程建设的"一次性"所决定的,各个供应商之间缺乏合作的经验和基础,且合作关系由一次性合同带来的约束力更小。同时,由于工程的战略资源往往存在更大的技术难度,合作的经营风险更是不可忽略的因素,将会直接影响到供应商选择合作的概率、供应商合作的收益等。

### (五) 供应商搭便车行为

"搭便车"[3]是指在集体的行动中,个体成员对集体不做贡献或者做出的贡献比他人少,却能够通过某种机制分享其他成员为集体创造的利益,这种现象被称为搭便车或搭便车行为。当某些供应商选择合作策略,某些供应商选择不合作时,选择不合作的供应商可能会分享选择合作的供应商创造的利益,产生工程内搭便车行为。如果工程搭便车行为带来的额外收益较大,供应商可能会偏向选择搭便车行为,即不合作策略;如果工程搭便车行为带来的额外收益较小,供应商可能会考虑到信誉、合作带来的收益等而选择合作策略。如果工程搭便车行为需支付的代价较大,供应商可能会偏向选择合作策略;如果工程搭便车行为需支付的代价较小,供应商可能会考虑搭便车——不合作策略。因此,搭便车的收益以及需支付的代价等都会对供应商的选择产生一定影响,需要纳入考虑中。

### (六) 业主给予合作供应商奖励与惩罚

由于重大工程对于社会、经济等存在深远的影响,因此业主在此供应网络中承担着"战略性"角色。为促进重大工程中战略资源的有效供应,业主会对于供应商之间的合作进行参与,例如,对于选择合作的供应商进行奖励、对于不合作的供应商进行惩罚等。业主对供应商奖惩的力度加大,供应商就会偏向于选择合作策略,减少惩罚支出,增加奖励收入;业主对供应商的奖惩力度较小,那么就对于供应商原来的选择策略的影响较小,供应商就会维持原有选择策略。因此,业主对供应商的奖励和惩罚也会影响战略资源供应商的合作概率。

**参考文献**

[1] 李维华,韩红梅.资源观的演化及全面资源论下的资源定义[J].管理科学文摘,2003,2:10-14.

[2] 朱国军,杨晨.基于战略资源论的企业知识产权资产管理内涵探析[J].科学学与科学技术管理,2006,11:161-165.

[3] 周燕,张麒麟,付丽娜,杨一宇,孙桂英.信息公开机制控制搭便车行为的效果—实验证据[J].管理科学学报,2014,17:86-94.

# 第二章　重大工程资源供应商合作研究

随着我国现代化进程的推进,重大工程在体量、规模、技术难度上也遇到了前所未有的挑战。重大工程项目结构复杂、资金投入大、建设周期长,即使很小比例的损耗,绝对数也是相当大的,因此,有效的资源配置显得尤为重要[1]。在重大工程资源供应中,资源约束条件相对较为苛刻。由于某些资源对于重大工程起到全局性、决定性的影响,这些资源可以被定义为重大工程的战略资源,其生产形式越来越趋近于"工厂化预制"。与一般工程资源供应类似,大部分供应商都围绕着业主进行资源供应;与一般工程资源供应不同的是,战略资源供应对于供应商之间的合作以及供应产品的统一标准有着近乎苛刻的要求。重大工程所定制的产品体量较大、制造工艺复杂、技术难度大,产品工期要求更为严格,该产品工期的缩短对整个工程的进度有重要影响。因此,对于供应商而言,在质量和工期的双重压力下,合作完成重大工程战略资源"高标准、高效率"的要求,可以增加此类供应商的未来竞争力[2]。例如,在港珠澳大桥工程建设中,桥钢结构由板单元制造、梁段拼装以及现场连接三个部分组成。其中的板单元的制造,分布在不同的基地进行制造,再分别集中到中山基地进行拼装。在这种情况下,供应商选择合作,可以有效提升场地、人力资源的效率,促进标准的统一,减少后期返工的可能性。但是,供应商之间的合作也会导致供应商间的矛盾与竞争,如抢夺工程资源、抢夺工程进度等。战略资源供应商之间是否合作对于重大工程(下文讨论对象均为重大工程,未特别说明处,"工程"均指"重大工程")的工程质量、进度、管理等要素有一定影响,因此供应商是否合作、影响合作的因素等都值得研究。

由于重大工程对于国家有着政治、经济甚至民生等各方面的影响,同时重大工程的规模和体量巨大,点滴的优化都会带来巨大的经济效益。对于重大工程来说,成熟完善的管理制度不仅在成本上体现优势,在质量和进度上都有着独特的竞争力。而重大工程的战略资源供应如果能够针对质量、进度、成本等方面进行限制和提升,会对整个工程的进度、质量、成本产生极大的推动作用。因此,对于战略资源供应的优化就很有意义。

目前在工程管理中,缺乏关于资源重要等级的划分,对普通资源与战略资源的区别仅仅停留在意识阶段,对普通资源与战略资源的管理也没有严格区分。由于战略资源往往需要众多供应商共同完成,供应商之间的合作关系就存在可研究、挖掘的空间。根据理论建模,辨别影响供应商合作的因素,更加有利于做好供应商管理,做好战略资源供应管理,做好重大工程管理。

# 第一节 文献综述

### 一、工程战略资源研究

资源论将企业看作资源的集合体,以资源为基础关注资源的独特性和战略性,以此区分不同企业的优势和差异。Penrose[3]指出企业的竞争优势来源与企业资源有关,说明了异质性资源与同质性资源对于企业竞争力的不同影响。Wernerfelt[4]是资源基础理论的提出者,他指出企业战略制定时需要关注企业的内在资源分析,而不是传统的产业结构分析。公司之间的差异并不是来自行业的不同,而是每个公司自身独特的资源和能力决定的,企业想要追求利润,需要获取关键资源。Barney[5]指出战略资源需要符合特定的标准——战略资源是有价值的,可以降低成本或是增加对于客户的价值,其具有稀缺,竞争者无法使用相同的资源来竞争,其具有难以模仿和代替性,使竞争者无法平等地获取战略资源。Collis and Montgomery[6]指出在资源与绩效之间没有一个"整齐"的联系,Coff[7]指出众多利益相关者,如业主、上层管理者、员工竞争着得到组织创造的经济价值,如果除业主之外的利益相关者最终获得组织创造的经济价值,则由战略资源产生的收益就会在某些业绩评估中消失。Tailan Chi[8]根据战略资源和普通资源的概念之间的区别,我们可以确定出战略资源产生利益的交易的两种情况。这两种情况都是必要条件,但并不是共同的必要条件。在这两种条件下,我们假设在交换中只有两方,这个假设也可以很容易地推广到交换中的多于两方的情况。条件一:当两家公司均不期望通过复制另一个公司的资源或是在公开市场寻求不完美替代品去获得更多的利润,两个拥有互补战略资源的公司才会有动机去交易他们的战略资源。条件二：当一个拥有战略资源的公司与另一个拥有普通资源的公司之间存在互补关系时，只有当以下两种情况出现时两家公司才会有动机去交易战略资源：① 拥有战略资源的公司没有通过在公开市场获得普通资源来获得更多的利润的意愿。② 拥有普通资源的公司没有自己复制战略资源或者在公开市场上寻求不完美替代品的意愿。Barney(2001)对企业资源要素进行了分类，分为物质资源、组织资源和人力资源。资源概念的推广和延伸随着资源地位的不断提升持续进行，例如，公司获取及配置资源的能力、生产流程管理、知识管理、信息技术的应用、企业组织文化等都被视为资源的一部分，这类资源能够帮助企业实现战略规划及目标。Barney and Clark[9]指出战略资源可以在其为组织创造经济价值时解释绩效的形成。CW Autry[10]探索了企业面对日益增长的自然资源稀缺的威胁，如何利用资源获得竞争优势。F Lavin[11]说明了战略与八个知识要素之间的契合性是在供应链中获得卓越表现的途径。Joe Miemczyk[12]指出战略资源可以帮助两个部门成功实现闭环供应链。

目前，国内对于战略资源的关注和研究还比较少，大部分都是基于企业视角对战略资源进行分析。杨杰[13]仅对企业内部的战略资源进行了分类和梳理。罗辉道[14]提出战略资源论的基本认识是企业努力获得竞争优势的来源就是努力获取战略资源，企业对于资源的定义与分类需要与战略资源论相匹配。朱国军[15]基于战略资源视角，分析了知识产权资产管理对于企业竞争力的贡献作用。周建[16]从战略资源的角度出发，研究了公司治理与企业战略及竞争优势之间的关系。陶莎[17]基于关键资源优先的角度，提出了三级装卸搬运的分时协调策略。张晓玲[18]对关键资源与企业经营绩效间作用关系中的中介效应进行了实证分析。

**二、供应商合作研究**

目前，关于供应链中的合作问题研究主要集中在合作伙伴的选择、合作的投资和利润分配、合作的惩罚与监督等方面。Akintoye[19]和Saad[20]等分别通过对英国建筑业的调查研究，实证分析了建筑企业越来越多利用供应链管理方法来建立长期的战略合作伙伴关系。Michael Song[21]等认为供应商的参与对产品开发有很大的促进作用，投资和收益分担影响了制造商与供应商的合作概率。Laan[22]等通过实证研究表明，采用工程联盟方式可减少工程建设的机会主义行为,合理的激励机制可以防范机会主义行为。Juho Ylimaki[23]构建了产品开发的合作供应链的新的理论框架,研究了合作者的参与水平和其关系的合法结构对合作的影响。L Xu[24]研究了供应链企业合作研发行为,并用博弈论的思想对其进行了分析。Kovacs G[25]指出用计算机可以将供应链中的个体实体实现模拟,他使用了合作博弈论的方式对供应链协调进行了新的诠释。

王红卫[26]等研究了工程建设中动态物资需求情况下动态选择合作伙伴的问题,宋波[27]等探讨了非对称性视角下战略联盟合作的稳定性问题。宗胜亮[28]等构建了合作研发的一般契约和利益共享契约模型,并研究得出在合理的利益分配区间内共享契约是较优选择。陈洪转[29]等关注复杂产品主制造商与供应商协同合作问题,研究了主制造商激励供应商的最优成本分担问题,为复杂产品主制造商供应商的长期战略合作激励策略制定提供决策依据。丁绒[30]等从复杂适应系统理论的自组织演化视角探讨企业联盟中增强惩罚的合作规范机制,为企业合作提供具体的实施指导。袁泉[31]以供应链管理的视角,建立了工程建造企业与材料供应商的供应链协同、合作行为及绩效关系的假设模型。吴文清[32]建立了消费者学习与政府补贴下的制造商—供应商合作研发博弈模型,研究双方的最优研发投入以及制造商分担供应商的最优研发投入比例。

### 三、演化博弈研究

国外的演化博弈相对起步较早,由20世纪30年代开始,国外一些学者根据生物界中的演化问题的研究,开始将演化思想与博弈论相结合,为演化博弈论的发展提供了可以前进的方向。Nash[33]说明了如果想要达到Nash均衡,仅仅需要假设局中人的各种纯策略的相对优势信息,因此Nash对于"种群行为"的解释被认为是演化博弈理论最早的理论基础。Smith、Price[34]针对演化策略的概念给出了说明和解释。Taylor、Jonker[35]提出的复制者动态主要描述了演化博弈系统随时间趋近演化稳定策略的过程。演化稳定策略与复制者动态两个概念共同构成了博弈论体系的基石。20世纪90年代以来,演化博弈论的发展有了进一步提升。在理论方面,Weibull[36]对演化博弈理论进行了综述。在应用方面,Friedman[37]将演化博弈理论正式运用到经济学的领域中,分别针对单群体与多群体建立了一般演化博弈的模型。在Friedman研究的基础上,越来越多的研究开始转到市场营销、社会制度与产业经济学等领域。如Guttman[38]则基于演化博弈论研究了当合作伙伴之间存在机会主义行为时,互惠主义的契约能否在双方之间维持的问题;David K[39]则基于演化博弈论研究了当合作一方出现模仿行为时,合作所出现的一些新情况;Hodgson(2012)论述了演化博弈论与演化经济学两者之间的隔离是否会互相阻碍对方的发展,演化博弈论与演化经济学是否合作是由合作能否提高我们对现状的结构以及因果决定。L Cai[40]使用演化博弈的方法讨论了供应商与分销商之间的动态合作。Esmaeili M[41]利用演化博弈模型研究了闭环供应链管理。

演化博弈论在国内的发展虽然比较晚,但也取得了一定的成果。因为相对于传统博弈论,演化博弈论由于基于有限理性的基础,更加能够解释实际问题。谢识予[42]给出了演化博弈论的基本定义,由定义出发对演化博弈论和经典博弈论进行对比,指出之间的区别和联系。国内学者与国外学者一样,基于Friedman的研究将演化博弈论与经济学等多个领域相结合。如王永平[43]建立了一个供应链企业合作竞争机制演化博弈的数理模型,分析了供应链企业合作竞争机制演变的动态过程。石岿然和肖条军[44]基于演化博弈对合作研发的机会主义行为进行了分析,研究了零售市场服务定价策略。黄敏镁[45]研究制造商和供应商之间的合作,对合作的成本分担与收益分配机制进行了分析,然后对监督和惩罚机制进行了探讨。张弓亮[46]运用演化博弈的方法,通过"鹰鸽博弈"模型分析,建立收益矩阵,得到在不同成本条件下的两个演化稳定策略,验证了驾驶员在选择收费通道博弈中存在均衡点的分析结果。时茜茜[47]则基于演化博弈的视角讨论了重大工程供应中的搭便车行为。

### 四、现有研究评价

#### (一)工程战略资源研究现状

国外对于战略资源的研究比较系统化,对于资源、一般资源、战略资源的定义和范围给出了较为清晰的解释。同时基于资源基础论视角,将战略资源理论与各个经济领域结合起来,取得了一定的发展。目前的研究主要集中在战略资源与企业竞争优势之间的关系上。国内对于战略资源的研究则比较贫乏,尤其是重大工程的战略资源研究。国内对于战略资源的研究主要集中在单一企业视角的战略资源,并没有站在供应链的全局角度衡量战略资源对于供应链的影响。目前对于重大工程中的资源还没有分类的、等级化的成熟理论,对于战略资源并没有准确的定义和范围,对于重大工程中战略资源的来源、整合、配置、协调、供应商选择与培养还没有成熟的体系和理论。

**(二)供应商合作研究现状**

国内外研究集中在供应商与供应链内的其他不同主体的合作,如制造商、分销商等,缺乏对于供应商与供应商之间合作的研究,更加缺乏工程供应链中的供应商之间合作的研究。同时,对于供应商与供应商之间合作的研究,相对比较简单,仅涉及合作之后的额外收益、合作需投入的成本及其基础的因素,缺乏供应商合作风险、风险发生概率、搭便车等特殊情况的考虑,缺乏多主体的合作研究,例如,在考虑业主参与情况下的供应商与供应商之间的合作研究。

**(三)演化博弈研究现状**

从国内外研究可以看出,演化博弈理论由于建立在有限理性的基础上,更加切合实际情况,受到了众多学者的青睐,因此演化博弈论已经发展的较为成熟。作为更贴近实际的分析工具,演化博弈论可以使用到更多的领域中,对更多的问题进行分析,如工程供应链管理等问题。工程供应链中的业主、供应商、监理等主体都可以用演化博弈进行动态均衡,探索工程供应链中影响各个主体合作的因素。

## 第二节 模型一:不考虑业主的资源供应商合作模型

**一、不考虑业主的资源供应商合作分析**

重大工程对于国家的经济、政治、社会等都会产生深远的影响,重大工程的资源供应往往会对工程进度、质量产生源头式的影响。由于重大工程战略资源涉及工程面广、技术及管理要求高、获取时间长、难度大,因此,战略资源一般要通过不同的主体、部门和手段进行综合集成,才能获取和集成。这就要求战略资源的供应商在项目进度、技术标准、产品质量等方面互相协调合作,甚至对于某些技术难度较大的战略资源,供应商需要合作开发。因此不同于一般制造企业的供应链,战略资源供应商在竞争关系下,往往也存在着合作关系。同时工程战略资源供应呈现网络状,各供应商、分包商围绕着业主和总承包商进行供应,这样的结构也决定了各个供应商之间通过合作才能使得这样的结构更加稳固。

在研究战略资源供应商合作时,不能简单笼统地定性分析,在定性的基础上还要结合定量的方式进行分析。如上文分析,需要考虑以下的影响因素:供应商独立生产收益、供应商合作投入成本以及分配比例、供应商合作额外收益以及分配比例、供应商合作经营风险及发生概率、供应商搭便车行为所带来的额外收益以及所需支出、业主给予合作供应商奖励与惩罚等,这些都会影响到供应商的选择策略,需要定量地对其进行分析。

## 二、合作演化博弈模型

### (一)模型假设

考虑工程中的某项战略资源,有多家供应商群体分别为其提供不同部件,每家供应商都需要考虑工程的统一标准、时间进度、工程部件组合等问题。因此供应商在是否进行合作生产的决策上,是一个演化动态的系统,会随着时间不断调整、互相影响、犯错修改的动态过程,本文对战略资源供应合作是一个随着时间变化的动态博弈系统,分析前做以下基本假设。

假设1:有限理性。即博弈参与方并不是完全理性的,供应商之间的合作不是立即形成的,而是博弈方通过调整和影响而不断调整和改进,并逐渐发现更优策略的过程。

假设2:合作前提。供应商双方进行合作时的互惠性和利益是双方进行合作的前提。

假设3:基本策略。供应商的基本策略包括:合作与不合作,两种策略在博弈中供应商通过不断调整、互相影响和犯错修改进行策略转换。假设辨别合作和不合作策略在供应商的比例分别为 $X$ 和 $1-X$。

### (二)模型建立

根据以上的模型假设,考虑供应商1和供应商2的合作关系,进行如下模型建立:

(1)供应商1和供应商2独立生产的原始收益为 $P_i(P_i>0, i=1,2)$。

(2)当供应商1与供应商2选择合作时,双方租赁拼装场地、人力资源成本等因合作预期投入的总成本 $C$。

(3) 当供应商 1 与供应商 2 选择合作时,供应商 1 对总成本的承担系数为 $\alpha$,供应商 2 对总成本的承担系数为 $1-\alpha$。

(4) 如果供应商之间合作生产,则提高了场地、设备、人员的利用率,并且战略资源部件之间技术标准吻合的可能性提升,由于合作带来的总额外收益为 $E$。

(5) 如果供应商之间合作生产,供应商 1 对总额外收益的分配比例为 $\beta(\beta>0)$,供应商 2 对总额外收益的分配比例为 $1-\beta(1-\beta>0)$。

(6) 如果供应商之间合作生产,风险发生概率为 $\eta(\eta>0)$。

(7) 当供应商们选择合作策略时,由于合作经营风险对供应商 1 和供应商 2 造成的损失为 $R_i(R_i>0, i=1,2)$。

(8) 当一供应商合作、另一供应商不合作,不合作方支付给合作方的借用各种资源的费用为 $L_i(L_i>0, i=1,2)$。

(9) 当一供应商合作、另一供应商不合作,不合作方得到的额外收益为 $e_i(e_i>0, i=1,2)$。

将以上参数列表,如表 2-1 所示。

表 2-1 战略资源供应合作演化博弈假设参数表

| 参数 | 参数意义 | 参数范围 |
| --- | --- | --- |
| $P_i$ | 供应商互相独立生产时,原始收益 | $P_i>0, i=1,2$ |
| $C$ | 当供应商们选择合作时,因双方合作所预期投入的总成本,如租赁拼装场地、人力资源成本等 | $C>0$ |
| $\alpha$<br>$1-\alpha$ | 当供应商们选择合作时,双方预期投入的总成本分配比例 | $\alpha>0$<br>$1-\alpha>0$ |
| $E$ | 当供应商们选择合作时,由于合作带来的总额外收益 | $E>0$ |
| $\beta$<br>$1-\beta$ | 当供应商们选择合作时,总额外收益的分配比例 | $\beta>0$<br>$1-\beta>0$ |
| $R_i$ | 当供应商们选择合作策略时,由于合作经营风险分别对供应商造成的损失 | $R_i>0, i=1,2$ |
| $\eta$ | 供应商选择合作时,经营风险发生的概率 | $\eta>0$ |
| $L_i$ | 当一方合作、一方不合作时,不合作方需支付给合作方的借用各种资源的租金 | $L_i>0, i=1,2$ |
| $e_i$ | 当一方合作、一方不合作时,不合作方因为搭便车所得到的额外收益 | $e_i>0, i=1,2$ |

若供应商 1 和供应商 2 都选择合作,供应商 1 的期望支付为 $P_1+\beta E-\alpha C-\eta R_1$,供应商 2 的期望支付为 $P_2+(1-\beta)E-(1-\alpha)C-\eta R_2$。

(1) 若供应商 1 选择合作,供应商 2 选择不合作,则供应商 1 未获得额外收益,得到供应商 2 支付的租金,供应商 1 的期望支付为 $P_1+L_2-\alpha C-\eta R_1$;供应商 2 支付租金,并获得额外收益,那么供应商 2 的期望支付则为 $P_2+e_2-L_2$。

(2) 若供应商 1 选择不合作,供应商 2 选择合作,则供应商 1 支付租金,并获得额外收益,供应商 1 的期望支付为 $P_1+e_1-L_1$;供应商 2 未获得额外收益,得到供应商 1 支付的租金,供应商 2 的期望支付为 $P_2+L_1-(1-\alpha)C-\eta R_2$。

(3) 若供应商 1 和供应商 2 选择不合作,则供应商 1 的期望支付为 $P_1$,供应商 2 的期望支付为 $P_2$。

将以上期望支付汇总到战略资源供应合作演化支付矩阵中,如表 2-2 所示:

表 2-2 战略资源供应合作演化博弈支付矩阵

| 期望支付 | | 供应商 2 | |
|---|---|---|---|
| | | 合作 | 不合作 |
| 供应商 1 | 合作 | $P_1+\beta E-\alpha C-\eta R_1$<br>$P_2+(1-\beta)E-(1-\alpha)C-\eta R_2$ | $P_1+L_2-\alpha C-\eta R_1$<br>$P_2+e_2-L_2$ |
| | 不合作 | $P_1+e_1-L_1$<br>$P_2+L_1-(1-\alpha)C-\eta R_2$ | $P_1$<br>$P_2$ |

### (三)演化均衡求解

根据合作演化博弈的上述支付矩阵,假设 $x$ 表示供应商 1 采取合作策略的概率,那么供应商 1 采取不合作的概率为 $1-x$;假设 $y$ 表示供应商 2 采取合作策略的概率,那么供应商 2 采取不合作的概率为 $1-y$。

则供应商 1 选择合作、不合作策略的收益值以及平均期望收益如下:

(1) 供应商 1 选择合作策略的期望收益:
$$E_{11}=y(P_1+\beta E-\alpha C-\eta R_1)+(1-y)(P_1+L_2-\alpha C-\eta R_1) \quad (2-1)$$

(2) 供应商 1 选择不合作策略的期望收益:

$$E_{12}=y(P_1+e_1-L_1)+(1-y)P_1 \qquad (2-2)$$

(3) 供应商 1 的混合策略的平均期望收益：

$$\overline{E_1}=xE_{11}+(1-x)E_{12} \qquad (2-3)$$

则供应商 2 选择合作、不合作策略的收益值以及平均期望收益如下：

(4) 供应商 2 选择合作策略的期望收益：

$$E_{21}=x[P_2+(1-\beta)E-(1-\alpha)C-\eta R_2]+(1-x)[P_2+L_1-(1-\alpha)C-\eta R_2]$$
$$(2-4)$$

(5) 供应商 2 选择不合作策略的期望收益：

$$E_{22}=x(P_2+e_2-L_2)+(1-x)P_2 \qquad (2-5)$$

(6) 供应商 2 的混合策略的平均期望收益：

$$\overline{E_2}=yE_{21}+(1-y)E_{22} \qquad (2-6)$$

根据演化博弈基本原理，由公式(2-1)、(2-2)、(2-3)得到供应商 1 的复制动态方程：

$$\frac{\mathrm{d}x}{\mathrm{d}t}=x(E_{11}-\overline{E_1})=x(1-x)(E_{11}-E_{12})$$
$$=x(1-x)[y(\beta E-e_1+L_1-L_2)+(-\alpha C-\eta R_1+L_2)] \quad (2-7)$$

根据演化博弈基本原理，由公式(2-4)、(2-5)、(2-6)得到供应商 2 的复制动态方程：

$$\frac{\mathrm{d}y}{\mathrm{d}t}=y(E_{22}-\overline{E_2})=y(1-y)(E_{21}-E_{22})$$
$$=y(1-y)\{x[(1-\beta)E-e_2-L_1+L_2]-[(1-\alpha)C+\eta R_2-L_1]\}$$
$$(2-8)$$

令 $\frac{\mathrm{d}x}{\mathrm{d}t}=0, \frac{\mathrm{d}y}{\mathrm{d}t}=0$，则供应商合作动态博弈的五个平衡点为：$(0,0)$、$(1,0)$、$(0,1)$、$(1,1)$、$\left(\frac{(1-\alpha)C+\eta R_2-L_1}{(1-\beta)E-e_2-L_1+L_2}, \frac{\alpha C+\eta R_1-L_2}{\beta E-e_1+L_1-L_2}\right)$。

**(四) 模型分析**

由微分方程的稳定性定理可得：

当 $\beta E-e_1+L_1-L_2>0$ 且 $(1-\beta)E-e_2-L_1+L_2>0$ 时，可以得到如下结论：

(1) 当 $y=\frac{\alpha C+\eta R_1-L_2}{\beta E-e_1+L_1-L_2}$ 时，则始终满足 $\frac{\mathrm{d}x}{\mathrm{d}t}=0$，所有 $x$ 都是稳定状态；

(2) 当 $y > \dfrac{\alpha C + \eta R_1 - L_2}{\beta E - e_1 + L_1 - L_2}$ 时，$x^* = 1$ 为进化稳定策略；

(3) 当 $y < \dfrac{\alpha C + \eta R_1 - L_2}{\beta E - e_1 + L_1 - L_2}$ 时，$x^* = 0$ 为进化稳定策略；

(4) 当 $x = \dfrac{(1-\alpha)C + \eta R_2 - L_1}{(1-\beta)E - e_2 - L_1 + L_2}$ 时，则始终满足 $\dfrac{\mathrm{d}y}{\mathrm{d}t} = 0$，所有 $y$ 都是稳定状态；

(5) 当 $x > \dfrac{(1-\alpha)C + \eta R_2 - L_1}{(1-\beta)E - e_2 - L_1 + L_2}$ 时，$y^* = 1$ 为进化稳定策略；

(6) 当 $x < \dfrac{(1-\alpha)C + \eta R_2 - L_1}{(1-\beta)E - e_2 - L_1 + L_2}$ 时，$y^* = 0$ 为进化稳定策略；

其中 $O(0,0)$ 和 $W(1,1)$ 为演化的稳定状态，$M(1,0)$ 和 $N(0,1)$ 为不稳定平衡点，$V\left(\dfrac{(1-\alpha)C + \eta R_2 - L_1}{(1-\beta)E - e_2 - L_1 + L_2}, \dfrac{\alpha C + \eta R_1 - L_2}{\beta E - e_1 + L_1 - L_2}\right)$ 为鞍点。

设 $x^0 = \dfrac{(1-\alpha)C + \eta R_2 - L_1}{(1-\beta)E - e_2 - L_1 + L_2}$，$y^0 = \dfrac{\alpha C + \eta R_1 - L_2}{\beta E - e_1 + L_1 - L_2}$，战略资源供应合作演化博弈系统在平面 $S = \{(x,y) | 0 \leqslant x \leqslant 1, 0 \leqslant y \leqslant 1\}$ 中平衡点分布如图 2-1 所示：

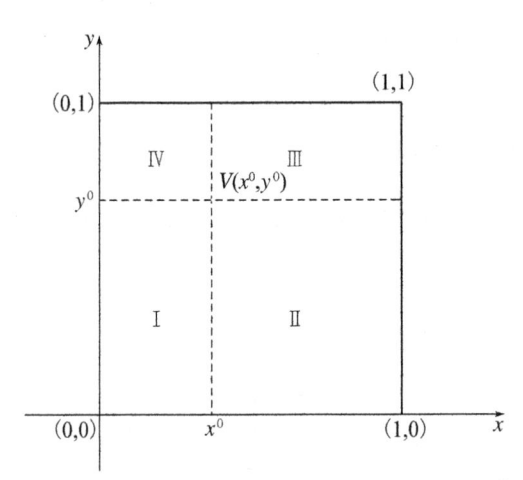

**图 2-1 战略资源供应商间演化博弈平衡点分布图**

战略资源供应合作博弈动态系统可以由点 $V\left(\dfrac{(1-\alpha)C + \eta R_2 - L_1}{(1-\beta)E - e_2 - L_1 + L_2}, \dfrac{\alpha C + \eta R_1 - L_2}{\beta E - e_1 + L_1 - L_2}\right)$ 将 $S$ 分为四个部分，分别为第一、第二、第三、第四象限。

(1) 在第一象限内，$0<x<x^0$，$0<y<y^0$，所以 $\frac{dx}{dt}<0$，$\frac{dy}{dt}<0$。这就表明了在第一象限内 $x$ 逐渐减小，$y$ 逐渐减小；

(2) 在第二象限内，$X^0<x<1$，$0<y<Y^0$，所以 $\frac{dx}{dt}<0$ 且 $\frac{dy}{dt}>0$，这就表明在第二象限内 $x$ 逐渐减小，$y$ 逐渐增大；

(3) 在第三象限内，$X^0<x<1$，$Y^0<y<1$，所以 $\frac{dx}{dt}>0$ 且 $\frac{dy}{dt}>0$，这就表明在第三象限内 $x$ 逐渐增大，$y$ 逐渐增大；

(4) 在第四象限内，$0<x<x_0$，$y_0<y<1$，$\frac{dx}{dt}>0$，$\frac{dy}{dt}<0$，所以 $\frac{dx}{dt}>0$ 且 $\frac{dy}{dt}<0$，这就表明在第四象限内 $x$ 逐渐增大，$y$ 逐渐减小。

根据第一、第二、第三、第四象限内的分析，可以得出战略资源供应合作博弈的演化趋势如图 2-2 所示：

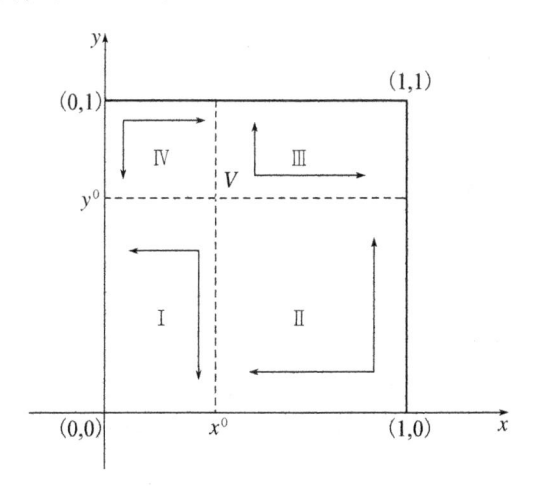

**图 2-2 战略资源供应商间合作演化趋势图**

根据战略资源供应合作博弈的演化趋势，可以得出战略资源供应合作博弈的动态演化图如图 2-3 所示：

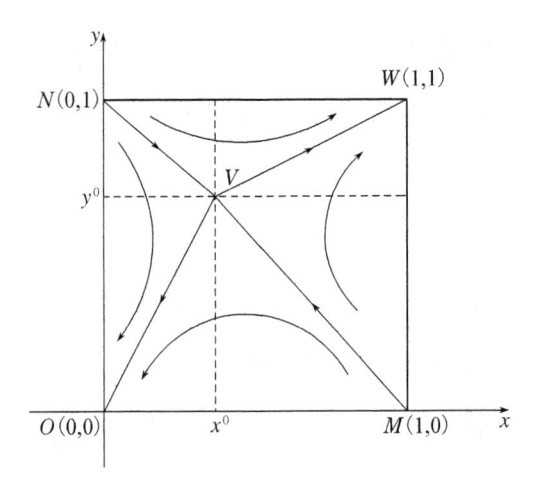

图 2-3 战略资源供应商间合作动态演化图

根据战略资源供应合作博弈的动态演化图,双方博弈的最终结果趋向于两个:一种是供应商 1 选择合作,供应商 2 选择合作;另一种是供应商 1 选择不合作,供应商 2 选择不合作。最终收敛到两点:$O(0,0)$ 和 $W(1,1)$。点 $O(0,0)$ 和点 $W(1,1)$ 为战略资源供应合作博弈系统的 ESS,如何趋向取决于初始的点所在的位置。当初始的点处于战略资源供应合作博弈的动态演化图的四边形 ONVM 区域中时,系统向 $O(0,0)$ 收敛,供应商 1 和供应商 2 最终会选择不合作策略;当初始点处于战略资源供应合作博弈的动态演化图的四边形 NVMW 区域中时,系统向 $W(1,1)$ 收敛,供应商 1 和供应商 2 最终会选择合作策略。

供应商 1 和供应商 2 最终选择(合作,合作)以及(不合作,不合作)两个策略中的一个,取决于四边形 ONVM 区域和四边形 NVMW 区域面积大小。观察供应商 1 和供应商 2 趋向合作的概率,就是看四边形 NVMW 区域面积和各个假设要素之间的关系。

四边形 ONVM 面积:

$$S_{四边形ONVM}=\frac{1}{2}\left[\frac{(1-\alpha)C+\eta R_2-L_1}{(1-\beta)E-e_2-L_1+L_2}+\frac{\alpha C+\eta R_1-L_2}{\beta E-e_1+L_1-L_2}\right] \quad (2-9)$$

四边形 NVMW 面积:

$$S_v=1-\frac{1}{2}\left[\frac{(1-\alpha)C+\eta R_2-L_1}{(1-\beta)E-e_2-L_1+L_2}+\frac{\alpha C+\eta R_1-L_2}{\beta E-e_1+L_1-L_2}\right] \quad (2-10)$$

由此可以探索供应商1、供应商2合作的概率与预期投入的总成本 $C$、合作带来的总额外收益 $E$、一方不合作搭便车需支付的租金 $L$、一方不合作搭便车带来的额外收益 $e$、供应商因合作经营风险造成的损失 $R$、经营风险发生的概率 $\eta$ 之间的关系。具体分析如下：

为合作投入总成本的承担系数 $\alpha$ 与供应商合作的概率之间关系：

$$\frac{\partial S_v}{\partial \alpha} = -\frac{1}{2}\left[\frac{-C}{(1-\beta)E-e_2-L_1+L_2}+\frac{C}{\beta E-e_1+L_1-L_2}\right]$$

令 $\dfrac{\partial S_v}{\partial \alpha}=0$，$(1-\beta)E-e_2-L_1+L_2=\beta E-e_1+L_1-L_2$

令 $\dfrac{\partial S_v}{\partial \alpha}>0$，$(1-\beta)E-e_2-L_1+L_2>\beta E-e_1+L_1-L_2$

令 $\dfrac{\partial S_v}{\partial \alpha}<0$，$(1-\beta)E-e_2-L_1+L_2<\beta E-e_1+L_1-L_2$

当双方合作时供应商1的收益，比单独合作与不合作时收益的差值小于供应商2时，$\alpha$ 越小，合作概率越大；当双方合作时供应商1的收益比单独合作与不合作时收益的差值大于供应商2时，$\alpha$ 越大，合作概率越小。这是因为合作与其他策略相比时，供应商1的收益大于供应商2的收益，供应商1投入的成本越多，供应商1越偏向于选择非合作策略，因此合作的概率越小；当合作与其他策略相比时，供应商1的收益小于供应商2的收益，供应商1投入的成本越多，供应商2投入的成本越少，供应商2越偏向于选择合作策略，因此合作的概率越大。

**结论**：当供应商合作时获得的超额收益与另一供应商的比值越大，其投资额分担也应越多，双方合作的概率则越小。

对合作总额外收益的分配比例 $\beta$ 与供应商合作的概率之间关系：

$$\frac{\partial S_v}{\partial \beta}=-\frac{1}{2}\left\{\frac{-[(1-\alpha)C+\eta R_2-L_1](-E)}{[(1-\beta)E-e_2-L_1+L_2]^2}+\frac{-(\alpha C+\eta R_1-L_2)E}{[\beta E-e_1+L_1-L_2]^2}\right\}$$

令 $\dfrac{\partial S_v}{\partial \beta}=0$，$\dfrac{[(1-\alpha)C+\eta R_2-L_1]E}{[(1-\beta)E-e_2-L_1+L_2]^2}=\dfrac{(\alpha C+\eta R_1-L_2)E}{[\beta E-e_1+L_1-L_2]^2}$

$$\beta^*=\frac{E-e_1-e_2}{E\left[\sqrt{\dfrac{(1-\beta)E-e_2-(1-\alpha)C-\eta R_2+L_2}{-(\alpha C+\eta R_1-L_2)}}+1\right]}+e_1-L_1+L_2$$

当 $\beta$ 过大或过小时，存在双方利益分配不均的情况，合作的概率较小；

当 $\beta=\beta^*$ 时，双方收入达到了一个均衡点，因此合作的概率达到最大。

**结论**：当 $\beta>\beta^*$ 时，伴随着总额外收益的分配比例的增加，供应商合作的概率增大；当 $\beta<\beta^*$ 时，伴随着总额外收益的分配比例的增加，供应商合作的概率减少。

预期投入的总成本 $C$ 与供应商合作的概率之间关系：

对(2-9)式中关于预期投入的总成本 $C$ 求一阶偏导如下：

$$\frac{\partial S_v}{\partial C}=-\frac{1}{2}\left[\frac{1-\alpha}{(1-\beta)E-e_2-L_1+L_2}+\frac{\alpha}{\beta E-e_1+L_1-L_2}\right]$$

由前式中的积分方程稳定性知：$\beta E-e_1+L_1-L_2>0$ 且 $(1-\beta)E-e_2-L_1+L_2>0$。

因此 $\frac{\partial S_v}{\partial C}=-\frac{1}{2}\left[\frac{1-\alpha}{(1-\beta)E-e_2-L_1+L_2}+\frac{\alpha}{\beta E-e_1+L_1-L_2}\right]<0$。

**结论**：预期投入的总成本 $C$ 越大，供应商合作的概率越小。

供应商合作的总额外收益 $E$ 与供应商合作的概率之间关系：

对(2-9)式关于供应商合作的总额外收益 $E$ 求一阶偏导如下：

$$\frac{\partial S_v}{\partial E}=-\frac{1}{2}\left\{\frac{-[(1-\alpha)C+\eta R_2-L_1](1-\beta)}{[(1-\beta)E-e_2-L_1+L_2]^2}+\frac{-(\alpha C+\eta R_1-L_2)\beta}{[\beta E-e_1+L_1-L_2]^2}\right\}$$

因为对于供应商1，虽然可以获得租金，但由于重大工程关键部件的高标准和高技术要求，使得租金远不及投资额及风险期望，即 $\alpha C+\eta R_1-L_2>0$；同样对于供应商2，$[(1-\alpha)C+\eta R_2-L_1](1-\beta)>0$。

因此，

$$\frac{\partial S_v}{\partial L_1}=\frac{1}{2}\left\{\frac{(1-\beta)E-e_2-(1-\alpha)C-\eta R_2+L_2}{[(1-\beta)E-e_2-L_1+L_2]^2}+\frac{(\alpha C+\eta R_1-L_2)}{[\beta E-e_1+L_1-L_2]^2}\right\}>0$$

**结论**：供应商合作收到的总额外收益越大，供应商合作的概率越大。

搭便车所获得的额外收益 $e$ 与供应商合作概率之间的关系：

$$\frac{\partial S_v}{\partial e_1}=-\frac{1}{2}\left[\frac{\alpha C+\eta R_1-L_2}{(\beta E-e_1+L_1-L_2)^2}\right]<0$$

$$\frac{\partial S_v}{\partial e_2}=-\frac{1}{2}\frac{(1-\alpha)C+\eta R_2-L_1}{[(1-\beta)E-e_2-L_1+L_2]^2}<0$$

**结论**：搭便车所获得的收益越大，供应商合作的概率越小。

供应商搭便车所支付的租金 $L$ 与供应商合作概率之间的关系：

对(2-9)式关于供应商搭便车所支付的租金 $L$ 求一阶偏导如下：

$$\frac{\partial S_v}{\partial L_1} = \frac{1}{2}\left\{\frac{(1-\beta)E-e_2-(1-\alpha)C-\eta R_2+L_2}{[(1-\beta)E-e_2-L_1+L_2]^2} + \frac{(\alpha C+\eta R_1-L_2)}{[\beta E-e_1+L_1-L_2]^2}\right\}$$

$$\frac{\partial S_v}{\partial L_2} = \frac{1}{2}\left\{\frac{(1-\alpha)C+\eta R_2-L_1}{[(1-\beta)E-e_2-L_1+L_2]^2} + \frac{\beta E-e_1+L_1-\alpha C-\eta R_1}{[\beta E-e_1+L_1-L_2]^2}\right\}$$

令 $\frac{\partial S_v}{\partial L_1}=0$，则可以得到如下的公式：

$$\frac{(1-\beta)E-e_2-(1-\alpha)C-\eta R_2+L_2}{[(1-\beta)E-e_2-L_1+L_2]^2} = \frac{-(\alpha C+\eta R_1-L_2)}{[\beta E-e_1+L_1-L_2]^2}$$

$$\frac{(1-\beta)E-e_2-(1-\alpha)C-\eta R_2+L_2}{-(\alpha C+\eta R_1-L_2)} = \frac{[(1-\beta)E-e_2-L_1+L_2]^2}{[\beta E-e_1+L_1-L_2]^2}$$

由上文知，$\alpha C+\eta R_1-L_2>0$，则可以推断出如下结论：

(1) 若 $(1-\beta)E-e_2-(1-\alpha)C-\eta R_2+L_2>0$，$\beta E-e_1+L_1-\alpha C-\eta R_1>0$，则 $\frac{\partial S_v}{\partial L_1}>0$，$\frac{\partial S_v}{\partial L_2}>0$ 成立，即假设当一方选择合作策略时，对于另一方来说，选择合作比不合作的收益更大。当此假设成立时，供应商搭便车所支付的租金越大，供应商合作的概率越大。

(2) 若 $(1-\beta)E-e_2-(1-\alpha)C-\eta R_2+L_2<0$，则存在 $L_1^*$ 取值使得：

$$\frac{\partial S_v}{\partial L_1}=0\quad L_1 = \frac{E-e_1-e_2}{\sqrt{\frac{(1-\beta)E-e_2-(1-\alpha)C-\eta R_2+L_2}{-(\alpha C+\eta R_1-L_2)}}+1} - \beta E+e_1+L_2$$

当 $L_1 > \dfrac{E-e_1-e_2}{\sqrt{\dfrac{(1-\beta)E-e_2-(1-\alpha)C-\eta R_2+L_2}{-(\alpha C+\eta R_1-L_2)}}+1} - \beta E+e_1+L_2$ 时，$\frac{\partial S_v}{\partial L_1}$

$<0$，即供应商搭便车所支付的租金越大，供应商合作的概率越小。

当 $L_1 < \dfrac{E-e_1-e_2}{\sqrt{\dfrac{(1-\beta)E-e_2-(1-\alpha)C-\eta R_2+L_2}{-(\alpha C+\eta R_1-L_2)}}+1} - \beta E+e_1+L_2$ 时，$\frac{\partial S_v}{\partial L_1}$

$>0$，即供应商搭便车所支付的租金越大，供应商合作的概率越大。

(3) 若 $\beta E-e_1+L_1-\alpha C-\eta R_1<0$，则存在 $L_2^*$ 取值使得：

$$\frac{\partial S_v}{\partial L_2}=0\quad L_2 = -\frac{E-e_1-e_2}{\sqrt{\frac{(1-\alpha)C+\eta R_2-L_1}{-(\beta E-e_1-\alpha C-\eta R_1+L_1)}}+1} + \beta E-e_1+L_1$$

当 $L_2 > -\dfrac{E-e_1-e_2}{\sqrt{\dfrac{(1-\alpha)C+\eta R_2-L_1}{-(\beta E-e_1-\alpha C-\eta R_1+L_1)}+1}}+\beta E-e_1+L_1$ 时，$\dfrac{\partial S_v}{\partial L_2}>0$，

即供应商搭便车所支付的租金越大，供应商合作的概率越大。

当 $L_2 < -\dfrac{E-e_1-e_2}{\sqrt{\dfrac{(1-\alpha)C+\eta R_2-L_1}{-(\beta E-e_1-\alpha C-\eta R_1+L_1)}+1}}+\beta E-e_1+L_1$ 时，$\dfrac{\partial S_v}{\partial L_2}<0$，

即供应商搭便车所支付的租金越大，供应商合作的概率越小。

**结论：** ① 假设当一方选择合作策略时，对于另一方来说，选择合作比不合作的收益更大。当此假设成立时，供应商搭便车所支付的租金越大，供应商合作的概率越大。② 当一方选择合作策略时，对于另一方来说选择合作比不合作的收益更小。当此假设成立时，当 $L_1>L_1^*$ 时，供应商搭便车所支付的租金越大，供应商合作的概率越小；当 $L_1<L_1^*$ 时，供应商搭便车所支付的租金越大，供应商合作的概率越大。

合作经营风险 $R$ 与供应商合作概率之间的关系：

对（2-9）式关于合作经营风险 $R$ 求一阶偏导如下：

$$\dfrac{\partial S_v}{\partial R_1}=-\dfrac{1}{2}\left(\dfrac{\eta}{\beta E-e_1+L_1-L_2}\right)<0$$

$$\dfrac{\partial S_v}{\partial R_2}=-\dfrac{1}{2}\left(\dfrac{\eta}{(1-\beta)E-e_2-L_1+L_2}\right)<0$$

**结论：** 合作经营风险越大，供应商合作的概率越小。

合作经营风险发生概率与供应商合作概率之间的关系：

对（2-9）式关于合作经营风险发生概率求一阶偏导如下：

$$\dfrac{\partial S_v}{\partial \eta}=-\dfrac{1}{2}\left[\dfrac{R_2}{(1-\beta)E-e_2-L_1+L_2}+\dfrac{R_1}{\beta E-e_1+L_1-L_2}\right]<0$$

**结论：** 合作经营风险概率越大，供应商合作的概率越小。

（五）小结

本节从演化博弈的视角出发，由供应商互相独立生产原始收益、双方合作所预期投入的总成本、双方预期投入的总成本分配比例、合作带来的总额外收益、总额外收益的分配比例、合作经营风险造成的损失、经营风险发生的概率、搭便车支付的租金、搭便车的额外收益等工程实践中的战略资源供应可能出现的参数进行假设，基于假设构建出战略资源供应合作演化博弈

模型,经分析得出以下结论。

**结论1**:当供应商合作时获得的超额收益与另一供应商的比值越大,其投资额分担也应越多,双方合作的概率越小。

**结论2**:当 $\beta > \beta^*$ 时,伴随着总额外收益的分配比例 $\beta$ 的增加,供应商合作的概率增大;当 $\beta < \beta^*$ 时,伴随着总额外收益的分配比例 $\beta$ 的增加,供应商合作的概率减少。

**结论3**:预期投入的总成本 $C$ 越大,供应商合作的概率越小。

**结论4**:供应商合作收到的总额外收益越大,供应商合作的概率越大。

**结论5**:搭便车所获得的收益越大,供应商合作的概率越小。

**结论6**:假设当一方选择合作策略时,对于另一方来说选择合作比不合作的收益更大。当此假设成立时,供应商搭便车所支付的租金越大,供应商合作的概率越大。当一方选择合作策略时,对于另一方来说选择合作比不合作的收益更小。当此假设成立时,且当 $L_1 > L_1^*$ 时,供应商搭便车所支付的租金越大,供应商合作的概率越小;当 $L_1 < L_1^*$ 时,供应商搭便车所支付的租金越大,供应商合作的概率越大。

**结论7**:合作经营风险越大,供应商合作的概率越小。

**结论8**:合作经营风险概率越大,供应商合作的概率越小。

本节讨论的模型是不考虑业主参与情况下的战略资源供应商合作演化博弈模型,具有一定的理论性。但在工程管理实践中,业主往往参与较多,因此本节可作为基础模型,探讨除业主以外的影响因素,并为下节打好基础。

## 第三节 模型二:考虑业主的资源供应商合作模型

### 一、考虑业主的资源供应商合作分析

重大工程主要以项目业主需求为目标,因此在重大工程的整个生命周期中,业主都需要参与,并对工程的各个方面产生重要影响。工程项目设计、采购、施工三个主要过程中的物流、资金流、信息流,将其所涉及的各供应商、分包商、总承包商等都围绕业主形成一个功能型网络组织。由于战略资源对重大工程拥有着全局性的影响,业主往往也会对战略资源供应商实

施一些措施,保证战略资源的顺利供应。如对于顺利进行战略资源供应的供应商进行奖励,对于愿意合作技术开发的供应商进行奖励等。

因此,在第二节的基础上,本节构建了业主参与情境下的战略资源供应商合作演化博弈模型,考虑了业主的奖励和惩罚对于供应商合作概率的影响,对第二节的模型进一步深化,使其更贴近实际情况。

## 二、合作演化博弈模型

### (一)模型假设

分析前,同样做如下基本假设。

假设1:有限理性。即博弈参与方并不是完全理性的,所以供应商之间的合作不是立即形成的,而是博弈方通过调整和影响而不断调整和改进,并逐渐发现更优策略的过程。

假设2:合作前提。供应商双方进行合作时的互惠性和利益是双方进行合作的前提。

假设3:基本策略。供应商的基本策略包括:合作与不合作,两种策略在博弈中供应商通过不断调整、互相影响和犯错修改进行策略转换。假设辨别合作和不合作策略在供应商的比例分别为 $X$ 和 $1-X$。

### (二)模型建立

根据以上的模型假设,考虑供应商1和供应商2的合作关系,进行如下模型建立:

(1) 供应商1和供应商2独立生产的原始收益为 $P_i(P_i>0, i=1,2)$。

(2) 当供应商1与供应商2选择合作时,双方租赁拼装场地、人力资源成本等因合作预期投入的总成本 $C$。

(3) 当供应商1与供应商2选择合作时,供应商1对总成本的承担系数为 $\alpha$,供应商2对总成本的承担系数为 $1-\alpha$。

(4) 如果供应商之间合作生产,则提高了场地、设备、人员的利用率,并且战略资源部件之间技术标准吻合的可能性提升,由于合作带来的总额外收益为 $E$。

(5) 如果供应商之间合作生产,供应商1对总额外收益的分配比例为 $\beta$ ($\beta>0$),供应商2对总额外收益的分配比例为 $1-\beta(1-\beta>0)$。

(6) 如果供应商之间合作生产,则风险发生概率为 $\eta(\eta>0)$。

(7) 当供应商们选择合作策略时,由于合作经营风险对供应商1和供应商2造成的损失为 $R_i(R_i>0, i=1,2)$。

(8) 当一供应商合作、另一供应商不合作,不合作方支付给合作方的借用各种资源的费用 $L_i(L_i>0, i=1,2)$。

(9) 当一供应商合作、另一供应商不合作,不合作方得到的额外收益 $e_i$ $(e_i>0, i=1,2)$。

(10) 业主对于选择合作策略的供应商给予奖励 $M$,对于选择不合作策略的供应商给予惩罚 $N$。

将以上参数列表,如表2-3所示:

表2-3 考虑业主参与情况下战略资源供应合作演化博弈假设参数表

| 参数 | 参数意义 | 参数范围 |
| --- | --- | --- |
| $P_i$ | 供应商互相独立生产时,原始收益 | $P_i>0, i=1,2$ |
| $C$ | 当供应商们选择合作时,因双方合作所预期投入的总成本,如租赁拼装场地、人力资源成本等 | $C>0$ |
| $\alpha$<br>$1-\alpha$ | 当供应商们选择合作时,双方预期投入的总成本分配比例 | $\alpha>0$<br>$1-\alpha>0$ |
| $E$ | 当供应商们选择合作时,由于合作带来的总额外收益 | $E>0$ |
| $\beta$<br>$1-\beta$ | 当供应商们选择合作时,总额外收益的分配比例 | $\beta>0$<br>$1-\beta>0$ |
| $R_i$ | 当供应商们选择合作策略时,由于合作经营风险分别对供应商造成的损失 | $R_i>0, i=1,2$ |
| $\eta$ | 供应商选择合作时,经营风险发生的概率 | $\eta>0$ |
| $L_i$ | 当一方合作、一方不合作时,不合作需支付给合作方的借用各种资源的租金 | $L_i>0, i=1,2$ |
| $e_i$ | 当一方合作、一方不合作时,不合作因为搭便车所得到的额外收益 | $e_i>0, i=1,2$ |
| $M$ | 业主对于选择合作策略的供应商给予奖励 $M$ | $M>0$ |
| $N$ | 对于选择不合作策略的供应商给予惩罚 $N$ | $N>0$ |

(1) 若供应商1和供应商2都选择合作,供应商1的期望支付为 $P_1+\beta E-\alpha C-\eta R_1+M$,供应商2的期望支付为 $P_2+(1-\beta)E-(1-\alpha)C-\eta R_2+M$。

(2) 若供应商1选择合作,供应商2选择不合作,则供应商1未获得额外收益,得到供应商2支付的租金,供应商1的期望支付为 $P_1+L_2-\alpha C-\eta R_1+M$;供应商2支付租金,并获得额外收益,供应商2的期望支付为 $P_2+e_2-L_2-N$。

(3) 若供应商1选择不合作,供应商2选择合作,则供应商1支付租金,并获得额外收益,供应商1的期望支付为 $P_1+e_1-L_1-N$;供应商2未获得额外收益,得到供应商1支付的租金,供应商2的期望支付为 $P_2+L_1-(1-\alpha)C-\eta R_2+M$。

(4) 若供应商1和供应商2选择不合作,则供应商1的期望支付为 $P_1-N$,供应商2的期望支付为 $P_2-N$。

将以上期望支付汇总到战略资源供应合作演化支付矩阵中,得到如表2-4所示结果:

表2-4 考虑业主参与情况下战略资源供应合作演化博弈支付函数

| 期望支付 | | 供应商2 | |
|---|---|---|---|
| | | 合作 | 不合作 |
| 供应商1 | 合作 | $P_1+\beta E-\alpha C-\eta R_1+M$<br>$P_2+(1-\beta)E-(1-\alpha)C-\eta R_2+M$ | $P_1+L_2-\alpha C-\eta R_1+M$<br>$P_2+e_2-L_2-N$ |
| | 不合作 | $P_1+e_1-L_1-N$<br>$P_2+L_1-(1-\alpha)C-\eta R_2+M$ | $P_1-N$<br>$P_2-N$ |

### (三) 演化均衡求解

根据支付矩阵,假设 $x$ 表示供应商1采取合作策略的概率,那么供应商1采取不合作的概率为 $1-x$;假设 $y$ 表示供应商2采取合作策略的概率,那么供应商2采取不合作的概率为 $1-y$。

则供应商1选择合作、不合作策略的收益值以及平均期望收益如下:

(1) 供应商1选择合作策略的期望收益:
$$E_{11}=y(P_1+\beta E-\alpha C-\eta R_1+M)+(1-y)(P_1+L_2-\alpha C-\eta R_1+M) \tag{2-11}$$

(2) 供应商1选择不合作策略的期望收益:
$$E_{12}=y(P_1+e_1-L_1-N)+(1-y)(P_1-N) \tag{2-12}$$

(3) 供应商1的混合策略的平均期望收益:
$$\overline{E_1}=xE_{11}+(1-x)E_{12} \tag{2-13}$$

则供应商 2 选择合作、不合作策略的收益值以及平均期望收益如下：

（4）供应商 2 选择合作策略的期望收益：

$$E_{21}=x[P_2+(1-\beta)E-(1-\alpha)C-\eta R_2+M]+(1-x)[P_2+L_1-(1-\alpha)C-\eta R_2+M] \quad (2-14)$$

（5）供应商 2 选择不合作策略的期望收益：

$$E_{22}=x(P_2+e_2-L_2-N)+(1-x)(P_2-N) \quad (2-15)$$

（6）供应商 2 的混合策略的平均期望收益：

$$\overline{E_2}=yE_{21}+(1-y)E_{22} \quad (2-16)$$

根据演化博弈基本原理，由公式(2-11)、(2-12)、(2-13)得到供应商 1 的复制动态方程：

$$\frac{dx}{dt}=x(E_{11}-\overline{E_1})=x(1-x)(E_{11}-E_{12})$$
$$=x(1-x)[y(\beta E-e_1+L_1-L_2)+(-\alpha C-\eta R_1+L_2+M+N)] \quad (2-17)$$

根据演化博弈基本原理，由公式(2-14)、(2-15)、(2-16)得到供应商 2 的复制动态方程：

$$\frac{dy}{dt}=y(E_{22}-\overline{E_2})=y(1-y)(E_{21}-E_{22})$$
$$=y(1-y)\{x[(1-\beta)E-e_2-L_1+L_2]-[(1-\alpha)C+\eta R_2-L_1-M-N]\} \quad (2-18)$$

令 $\frac{dx}{dt}=0$，$\frac{dy}{dt}=0$，则供应商合作动态博弈的五个平衡点为：$(0,0)$、$(1,0)$、$(0,1)$、$(1,1)$、$\left(\frac{(1-\alpha)C+\eta R_2-L_1-(M+N)}{(1-\beta)E-e_2-L_1+L_2},\frac{\alpha C+\eta R_1-L_2-(M+N)}{\beta E-e_1+L_1-L_2}\right)$。

（四）模型分析（如表 2-5 所示）

表 2-5　考虑业主参与情况下战略资源供应合作演化平衡点及其稳定性

| 满足条件 | 平衡点及其稳定性 | | | | |
|---|---|---|---|---|---|
| | (0,0) | (0,1) | (1,0) | (1,1) | $(X^*,Y^*)$ |
| $M+N<\min\{\beta E-e_1+L_1-L_2,(1-\beta)E-e_2-L_1+L_2\}$ | ESS | 鞍点 | 鞍点 | 不稳定 | — |

(续表)

| 满足条件 | 平衡点及其稳定性 | | | | |
|---|---|---|---|---|---|
| | (0,0) | (0,1) | (1,0) | (1,1) | (X*,Y*) |
| $min\{\beta E-e_1+L_1-L_2,(1-\beta)E-e_2-L_1+L_2\}<M+N<min\{\alpha C+\eta R_1-L_2,(1-\alpha)C+\eta R_2-L_1\}$ | ESS | 不稳定 | 不稳定 | ESS | 鞍点 |
| $\alpha C+\eta R_1-L_2<M+N<(1-\alpha)C+\eta R_2-L_1$ | 鞍点 | 不稳定 | 鞍点 | ESS | — |
| $(1-\alpha)C+\eta R_2-L_1<M+N<\alpha C+\eta R_1-L_2$ | 鞍点 | 鞍点 | 不稳定 | ESS | — |
| $M+N>max\{\alpha C+\eta R_1-L_2,(1-\alpha)C+\eta R_2-L_1\}$ | 不稳定 | 鞍点 | 鞍点 | ESS | — |

### (五) 研究小结

奖惩力度决定了合作演化系统最终收敛的趋向。当业主的奖励与惩罚较小时,最终收敛趋向(0,0),供应商1和供应商2会采取不合作策略;当业主的奖励与惩罚处于一般水平时,(0,0)和(1,1)都是此博弈模型的进化稳定策略,因此最终收敛平衡点和供应商1、供应商2采取的策略取决于整个模型设置的初始状态;当业主的奖励与惩罚较大时,最终收敛趋向(1,1),即供应商均采取合作的策略。

由本节的讨论可以看出,业主的奖惩力度对于整个模型的影响十分之大,这与工程管理实践相吻合。因此,如果想要提升供应商合作概率来满足战略资源供应的需求,可以通过业主的奖惩措施来实现。

## 第四节 模型数值模拟

### 一、模型一数值模拟

为了验证模型和结论,使用Matlab进行数据模拟。

以重大工程任意两个供应商的合作为例,如表2-6所示:

表 2-6 战略资源供应合作演化博弈参数取值

| 参数 | 参数意义 | 参数取值 |
|---|---|---|
| $C$ | 当供应商们选择合作时,因双方合作所预期投入的总成本,如租赁拼装场地、人力资源成本等 | 2 000 |
| $\alpha$<br>$1-\alpha$ | 当供应商们选择合作时,双方预期投入的总成本分配比例 | 0.3<br>0.7 |
| $E$ | 当供应商们选择合作时,由于合作带来的总额外收益 | 8 000 |
| $\beta$<br>$1-\beta$ | 当供应商们选择合作时,总额外收益的分配比例 | 0.2<br>0.8 |
| $R_i$ | 当供应商们选择合作策略时,由于合作经营风险分别对供应商造成的损失 | 500<br>1 000 |
| $\eta$ | 供应商选择合作时,经营风险发生的概率 | 0.5 |
| $L_i$ | 当一方合作、一方不合作时,不合作方需支付给合作方的借用各种资源的租金 | 100<br>200 |
| $e_i$ | 当一方合作、一方不合作时,不合作方因为搭便车所得到的额外收益 | 1 000<br>2 000 |

$$S_v = 1 - \frac{1}{2}\left[\frac{(1-\alpha)C + \eta R_2 - L_1}{(1-\beta)E - e_2 - L_1 + L_2} + \frac{\alpha C + \eta R_1 - L_2}{\beta E - e_1 + L_1 - L_2}\right]$$

**1. 参数 $\alpha$、$\beta$**

其他参数如上表设置,$\alpha$ 在 [0.1,0.35] 范围内变动散点图如图 2-4 所示;
其他参数如上表设置,$\beta$ 在 [0.2,0.6] 范围内变动散点图如图 2-4 所示。

**分析 1**:在本例中,$(1-\beta)E - e_2 - L_1 + L_2 > \beta E - e_1 + L_1 - L_2$,即当双方合作时供应商 1 的收益,比单独合作与不合作时收益的差值大于供应商 2 时,$\alpha$ 越大,合作概率越小。这是因为,当供应商 1 合作的收益大于其他途径的收益时,供应商 1 投入成本的比例越大,合作的概率经验证,与上文模型假设结论一致。

**分析 2**:在本例中,$S_v = 1 - \frac{1}{2}\left[\frac{1\ 800}{8\ 000(1-\beta) - 1\ 900} + \frac{650}{8\ 000\beta - 1\ 100}\right]$,令 $\frac{\partial S_v}{\partial \beta} = 0$,$\beta^* \approx 0.37$。因此,由图 2-4 可以看出,当 $\beta > \beta^*$ 时,伴随着总额收益的分配比例 $\beta$ 的增加,供应商合作的概率增大。当 $\beta < \beta^*$ 时,伴随着总额收益的分配比例 $\beta$ 的增加,供应商合作的概率减少。经验证,与上文模型假设结论一致。

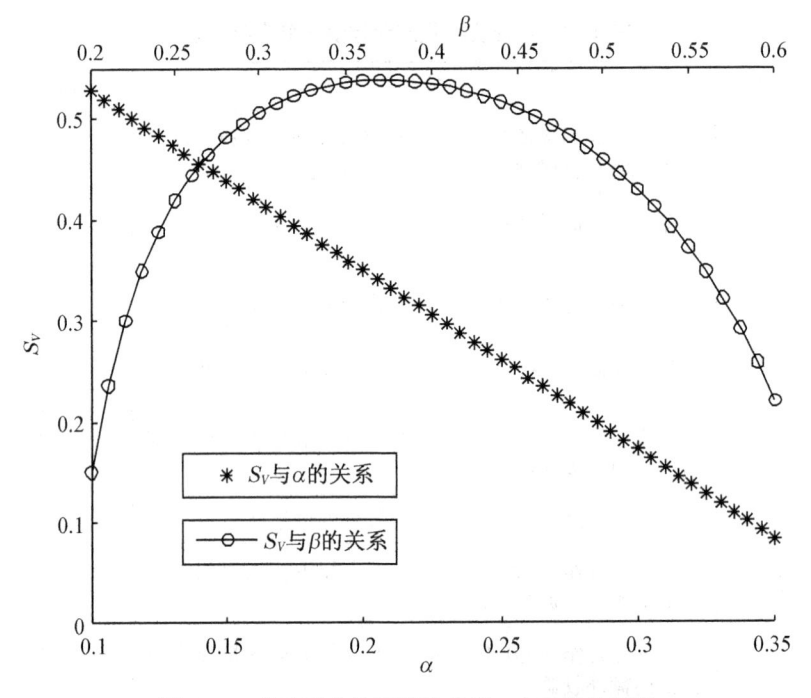

图 2-4　供应商合作概率与参数 α、β 二维关系图

其他参数如上表设置，α 在 [0.1, 0.35]、β 在 [0.2, 0.6] 范围内变动散点图如图 2-5 所示：

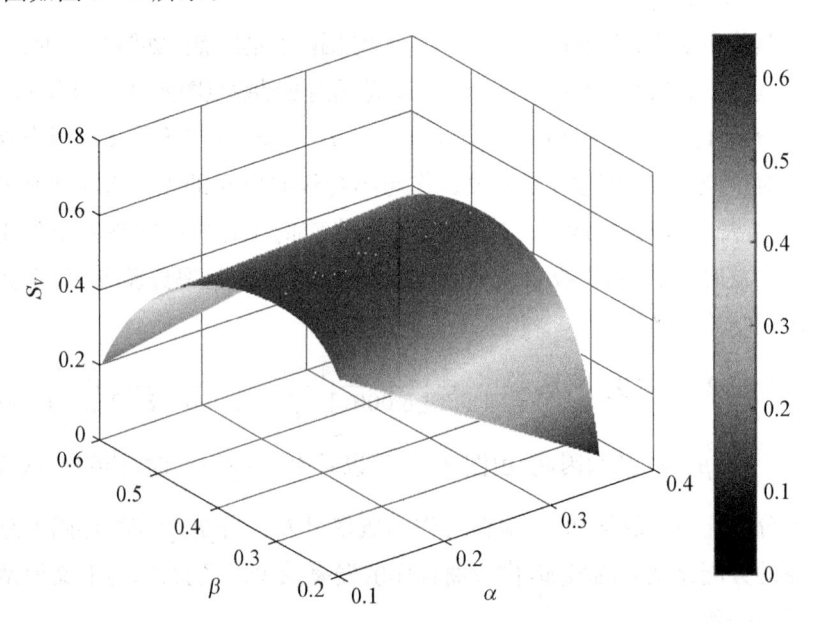

图 2-5　供应商合作概率与参数 **α、β** 三维关系图

**分析 3**：① $\beta$ 轴整体上仍然呈现先增大，后减小的趋势，主要是因为当 $\beta$ 过大或过小时，存在双方利益分配不均的情况，合作的概率较小；当 $\beta=\beta^*$ 时，双方收入达到了一个均衡点，因此合作的概率达到最大。② 当双方合作时供应商 1 的收益，与单独合作或不合作时收益的差值，大于供应商 2 时，$\alpha$ 越大，合作概率越小；

2. 参数 $E$、$C$

其他参数如上表设置，$E$ 在 [8 000, 16 000] 范围内变动散点图如图 2-6 所示。

其他参数如上表设置，$C$ 在 [100, 2 000] 范围内变动散点图如图 2-6 所示。

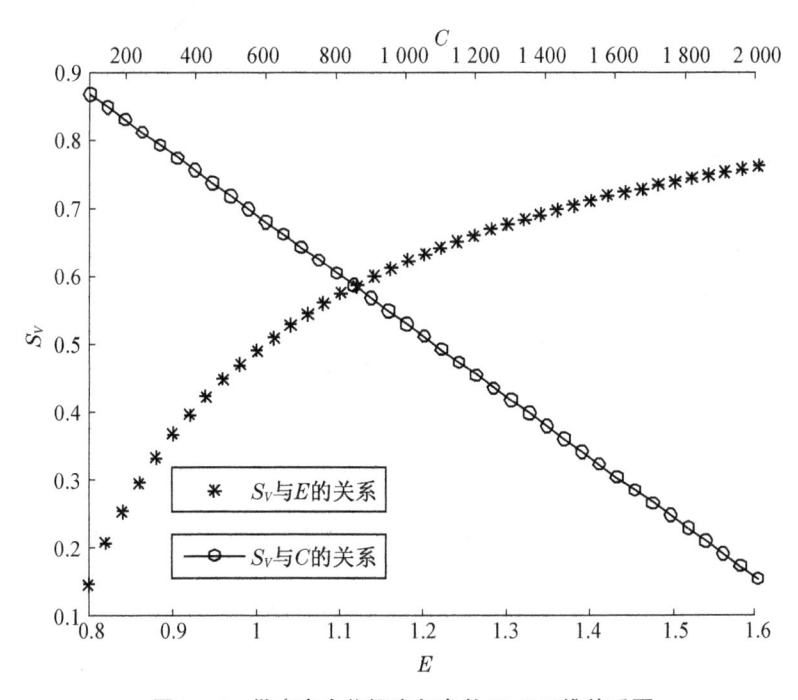

**图 2-6　供应商合作概率与参数 $E$、$C$ 二维关系图**

**分析 1**：伴随着总额外收益 $E$ 的增加，供应商合作的概率增加。但是，可以看出随着总额外 $E$ 的增加，供应商合作增加的速度越来越小。因此对于供应商合作来说，在总额外收益 $E$ 较小的情况下增加，对于供应商合作增加的刺激较大；当总额外收益 $E$ 增加到一定量时，对于供应商合作增加的刺激就会逐渐消失。因此总额外收益 $E$ 与供应商合作之间的关系，经验证与上文模型假设结论一致。

**分析2**:伴随着合作总成本 $C$ 的增加,供应商合作的概率减小。经验证,与上文模型假设结论一致。

3. 参数 $e_1$、$e_2$

其他参数如上表设置,在 $e_1[50,1\,000]$ 范围内变动散点图如图 2-7 所示。

其他参数如上表设置,在 $e_2[50,3\,000]$ 范围内变动散点图如图 2-7 所示。

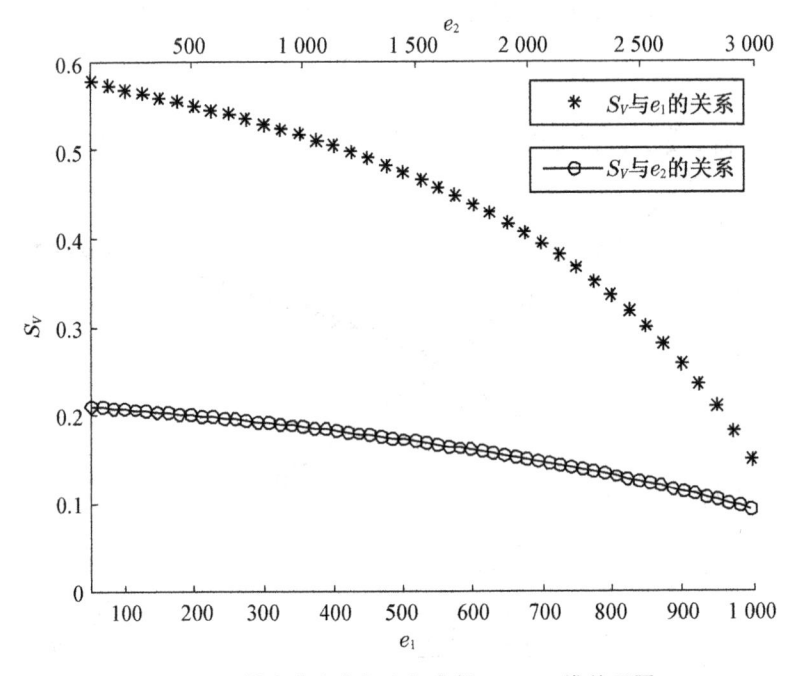

**图 2-7 供应商合作概率与参数 $e_1$、$e_2$ 二维关系图**

**分析1**:伴随着搭便车额外收益 $e_1$ 的增加,供应商合作的概率减少。但是,可以看出随着 $e_1$ 的增加,供应商合作减少的速度越来越大。因此对于供应商合作来说,在搭便车额外收益 $e_1$ 较小的情况下,对于供应商合作概率降低的刺激较小;当搭便车额外收益 $e_1$ 增加到一定量时,对于供应商合作概率降低的刺激就会爆发。因此,搭便车额外收益 $e_1$ 与供应商合作之间的关系,经验证与上文模型假设结论一致。

**分析2**:伴随着搭便车额外收益 $e_2$ 的增加,供应商合作的概率减少。但是,可以看出随着 $e_2$ 的增加,供应商合作减少的速度越来越大。因此对于供应商合作来说,在搭便车额外收益 $e_2$ 较小的情况下,对于供应商合作概率降低的刺激较小;当搭便车额外收益 $e_2$ 增加到一定量时,对于供应商合作概率降低的刺激就会爆发。因此搭便车额外收益 $e_2$ 与供应商合作之间的关系,经验证与上文模型假设结论一致。

其他参数如上表设置,在 $e_1[50,1\,000]$、$e_2[50,3\,000]$ 范围内变动散点图如图 2-8 所示:

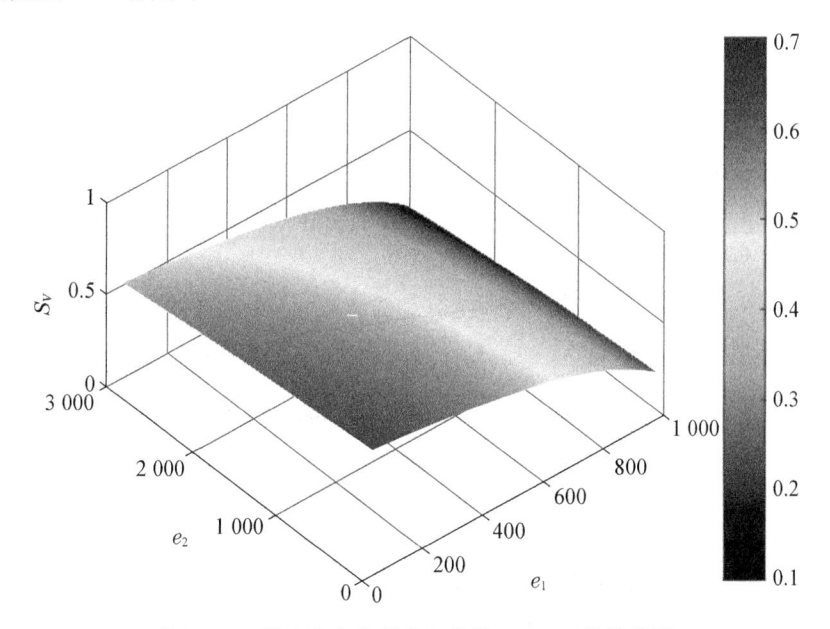

图 2-8 供应商合作概率与参数 $e_1$、$e_2$ 三维关系图

**分析 3**:当对于供应商 1、供应商 2 来说,搭便车的收益都趋向于 0 时,两供应商合作的概率最大。

4. 参数 $L_1$、$L_2$

其他参数如上表设置,$L_1$ 在 $[200,1\,000]$ 范围内变动散点图如图 2-9 所示。

其他参数如上表设置,$L_2$ 在 $[200,450]$ 范围内变动散点图如图 2-9 所示。

**分析 1**:在本数值模拟中,对于 $L_1$,$(1-\beta)E-e_2-(1-\alpha)C-\eta R_2+L_2>0$,$\rho E-e_1+L_1-\partial C-\eta R_1>0$,则 $\frac{\partial S_v}{\partial L_1}>0$,当供应商 1 选择合作策略时,对

于供应商 2 来说选择合作比不合作的收益更大。在这种背景下,供应商 1 搭便车所支付的租金越大,供应商 1 越偏向于合作而不支付搭便车租金,供应商之间合作的概率越大。

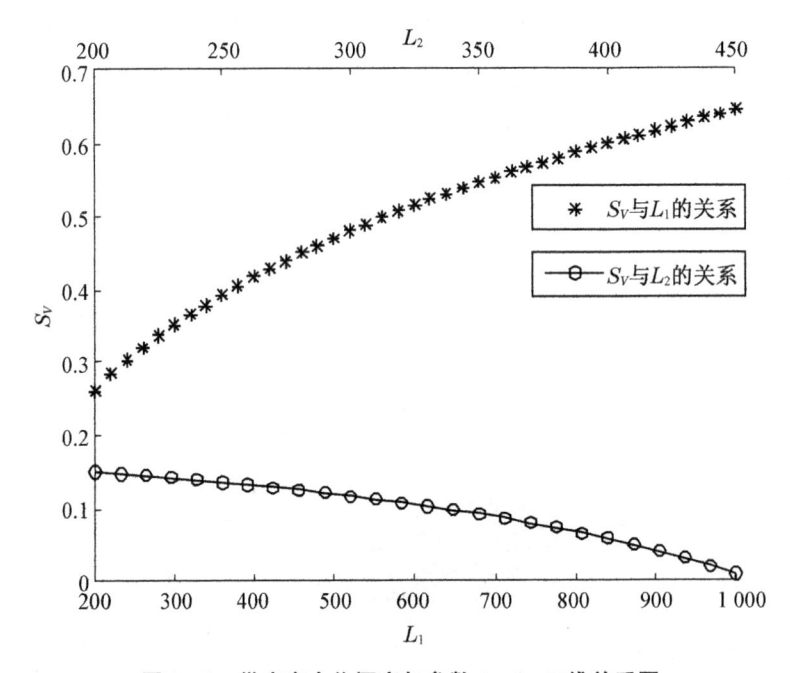

**图 2-9 供应商合作概率与参数 $L_1$、$L_2$ 二维关系图**

**分析 2:** 在本数值模拟中,对于 $L_2$,$\beta E - e_1 + L_1 - \alpha C - \eta R_1 < 0$,$\frac{\partial S_v}{\partial L_2} < 0$,供应商搭便车所支付的租金越大,供应商合作的概率越小。当供应商 2 选择合作策略时,对于供应商 1 来说选择不合作比合作的收益更大。在这种背景下,供应商 2 搭便车所支付的租金越大,不合作收益大于合作收益,供应商之间合作的概率越小。如图 2-10 所示。

**分析 3:** 由图 2-10 所示可以看出,供应商 1 搭便车付出的租金越大,供应商 2 搭便车付出的租金越小,供应商合作的概率越大。

5. 参数 $R_1$、$R_2$

其他参数如上表设置,$R_1$ 在 [50,600] 范围内变动散点图如图 2-11 所示。

其他参数如上表设置,$R_2$ 在 [50,3 500] 范围内变动散点图如图 2-11 所示。

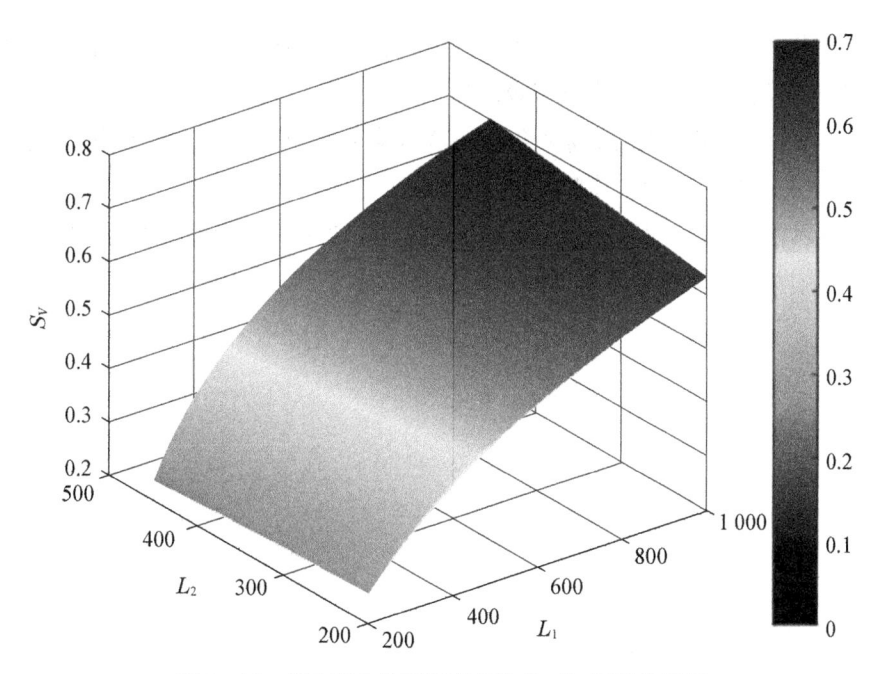

图 2‑10　供应商合作概率与参数 $L_1$、$L_2$ 三维关系图

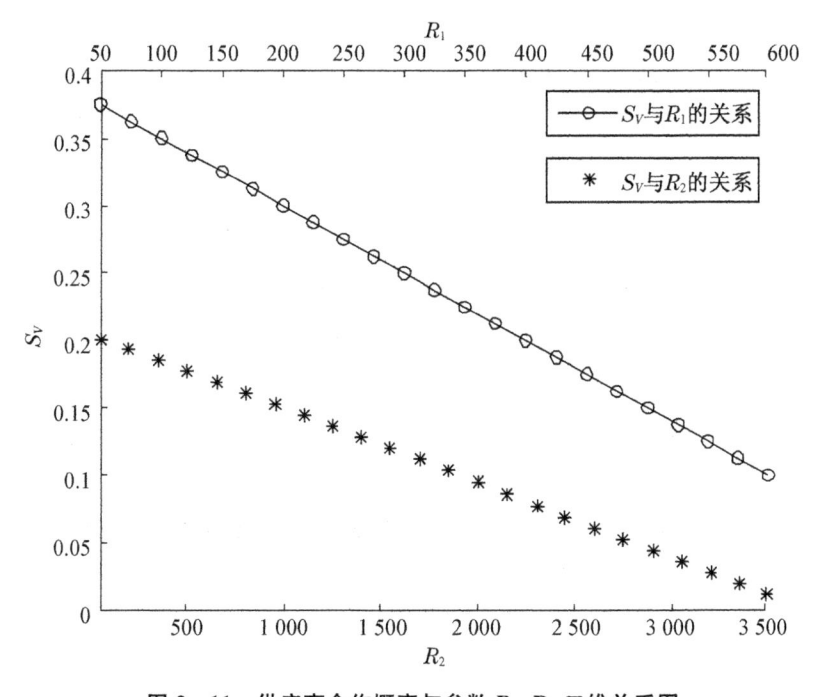

图 2‑11　供应商合作概率与参数 $R_1$、$R_2$ 二维关系图

**分析 1**:伴随着供应商 1 合作经营风险 $R_1$ 的增加,供应商合作的概率减小。经验证,与上文模型假设结论一致。

**分析 2**:伴随着供应商 2 合作经营风险 $R_2$ 的增加,供应商合作的概率减小。经验证,与上文模型假设结论一致。

其他参数如上表设置,$R_1$ 在[50,600]、$R_2$ 在[50,3 500]范围内变动散点图如图 2-12 所示。

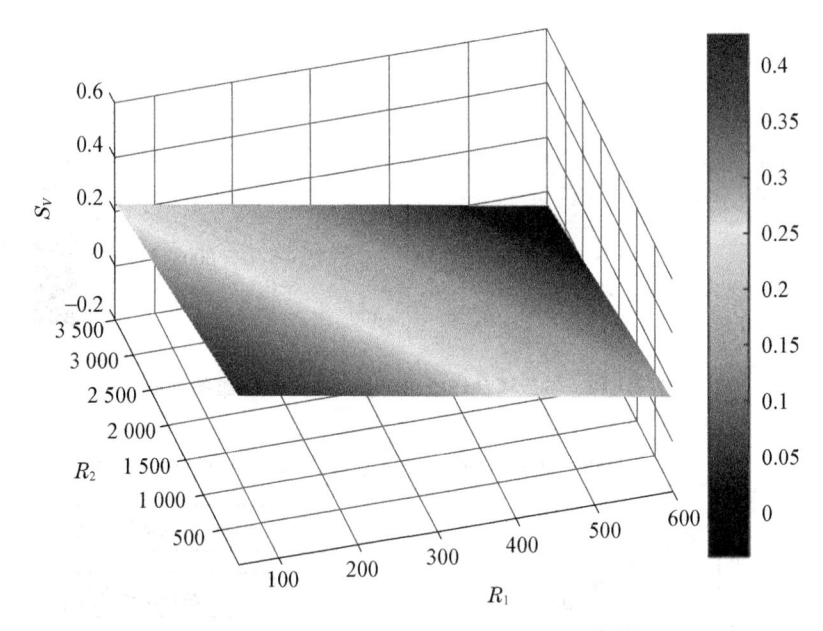

图 2-12 供应商合作概率与参数 $R_1$、$R_2$ 三维关系图

**分析 3**:从图 2-12 所示中可以看出,当供应商 1 和供应商 2 因合作带来的风险值 $R_1$、$R_2$ 趋向于 0 时,供应商间合作的可能性越大。

6. 参数 $\eta$

其他参数如上表设置,$\eta$ 在[0.2,0.7]范围内变动散点图如图 2-13 所示。

**分析 1**:伴随着供应商合作经营风险概率 $\eta$ 的增加,供应商合作的概率减小。经验证,与上文模型假设结论一致。

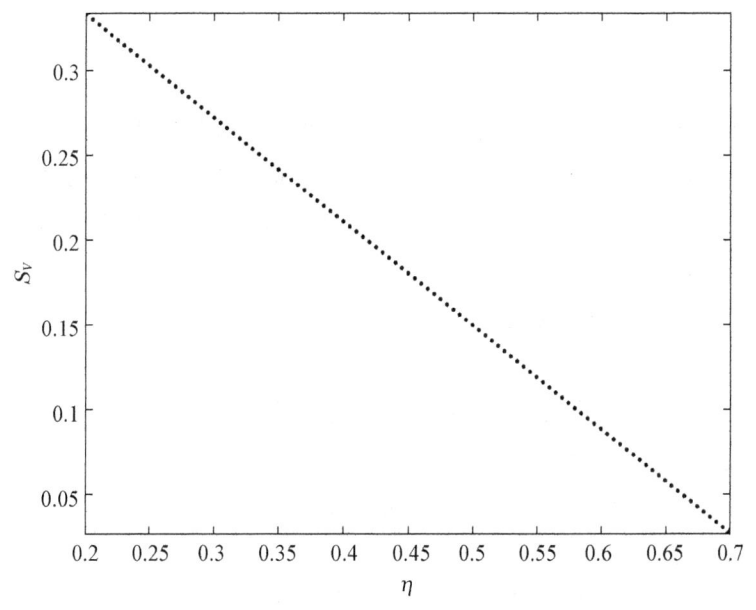

图2-13 供应商合作概率与参数$\eta$二维关系图

## 二、模型二数值模拟

当业主参与时,假设激励收益$M=1\,200$万元,惩罚成本$N=800$万元,其他参数不变,得到业主参与下供应商合作博弈的支付矩阵如表2-7所示。供应商1和供应商2的占优决策均是合作策略,在此情形下,供应商合作博弈的纳什均衡为(合作,合作)。这证明$M+N>\max\{\alpha C+\eta R_1-L_2,(1-\alpha)C+\eta R_2-L_1\}$时,即奖惩力度较大时,合作演化系统最终收敛到(合作,合作)。这是因为奖惩力度足够大时,可以使一方不合作时合作方的损失得到弥补,从而双方一致选择合作。

表2-7 考虑业主参与情况下战略资源供应合作演化博弈支付矩阵

| 期望支付 | | 供应商2 | |
|---|---|---|---|
| | | 合作 | 不合作 |
| 供应商1 | 合作 | $P_1+1\,950$<br>$P_2+5\,700$ | $P_1+550$<br>$P_2+1\,000$ |
| | 不合作 | $P_1+100$<br>$P_2-600$ | $P_1-800$<br>$P_2-800$ |

### 三、研究小结

本节通过 Matlab 对两个模型(不考虑业主的战略资源供应商合作演化博弈模型,考虑业主的战略资源供应商合作演化博弈模型)进行数值模拟。对第二、三节中两个模型结论进行了数值验证,并且指出了提升供应商合作概率的影响因素。

通过对于模型一的数值模拟,我们可以得到从以下几个方面来提升供应商合作的概率:

(1) 某一供应商合作时获得的超额收益与另一供应商的比值越大,其投资额分担也应越少。

(2) 调整供应商总额外收益的分配比例。

(3) 减少预期投入的总成本。

(4) 扩大供应商合作收到的总额外收益越大。

(6) 调整供应商搭便车所支付的租金越大。

(7) 降低供应商的合作经营风险。

(8) 增强业主对于供应商合作的奖惩力度。

在实际的应用中,业主及主承包商可以利用以上得到的结论对供应商的合作和协同进行调整,以达到工程管理优化的效果。

**参考文献**

[1] 仲勇,陈智高,周钟.大型建筑工程项目资源配置模型及策略研究——基于系统动力学的建模和仿真[J].中国管理科学,2016,24:125-132.

[2] 时茜茜,盛昭瀚,朱建波,李迁.重大工程工厂化预制的动态协调激励[J].系统工程,2015,33:94-100.

[3] Penrose, E. T. The Theory of the Growth of the Firm. New York: John Wiley, 1959.

[4] Wernerfelt B. A resource based view of the firm [J]. Strategic Management Journal, 1984, 5(2): 171-180.

[5] Barney. Firm resources and sustained competitive advantage [J]. Journal of Management, 1991, 17(1): 99-120.

[6] Collis D., Montgomery C. Competing on resources: strategy in the 1990s [J]. Harvard Business Review, 1995, 73: 118-128.

[7] Coff RW. When competitive advantage doesn't lead to performance: the resource-based view and stakeholder bargaining power [J]. Organization Science, 1999, 10(2): 119-133.

[8] Chi, Tailan. Trading in Strategic Resources: Necessary Conditions, Transaction Cost Problems, and Choice of Exchange Structure [J]. Strategic Management Journal, 1994, 15 (4): 271-290.

[9] Barney, J. B., Clark, D. N. Resource-based Theory: Creating and Sustaining Competitive Advantage [M]. Oxford: Oxford University Press, 2007.

[10] Autry C. W. Natural resource scarcity and the closed-loop supply chain: a resource-advantage view [J]. International Journal of Physical Distribution & Logistics Management, 2013, 43(5): 351-379.

[11] Lavin F., Cohan P. Resource the Strategy [M]//Export Now: Five Keys to Entering New Markets. John Wiley & Sons, Inc., 2015.

[12] Joe Miemczyk, Mickey Howard, Thomas Johnsen. Dynamic development and execution of closed-loop supply chains: a natural resource-based view[J]. Supply Chain Management: An International Journal, 2016, 21(4).

[13] 杨杰. 战略资源与核心能力[J]. 经营与管理, 2000(10):28-29.

[14] 罗辉道. 企业资源、战略集团对企业业绩的影响[D]. 浙江大学, 2006.

[15] 朱国军, 杨晨. 基于战略资源论的企业知识产权资产管理内涵探析[J]. 科学学与科学技术管理, 2006, 11:161-165.

[16] 周建, 于伟, 崔胜朝. 基于企业战略资源基础观的公司治理与企业竞争优势来源关系辨析[J]. 外国经济与管理, 2009, 31:23-32.

[17] 陶莎, 胡志华, 盛昭瀚. 基于关键资源优先的三级装卸搬运分时协调策略[J]. 控制与决策, 2015, 30(8):1441-1446.

[18] 张晓玲, 赵毅, 葛沪飞. 商业模式典型特性对企业经营绩效的中介影响——基于企业关键资源视角[J]. 技术经济, 2015, 34(2):1-12.

[19] Akintoye A., McIntosh G., Fitzgerald E. A survey of supply chain collaboration and management in the UK construction industry [J]. European Journal of Purchasing & Supply Management, 2000, 6(3): 159-168.

[20] Saad M., Jones M., James P. A review of the progress towards the adoption of supply chain management (SCM) relationships in construction [J]. European Journal of Purchasing & Supply Management, 2002, 8(3): 173-183.

[21] Song M., Benedetto C. A. D. Supplier's involvement and success of radical new product development in new ventures [J]. Journal of Operations Management,

2008,26(1):1-22.

[22] Laan A., Voordijk H., Dewulf G. Reducing opportunistic behaviour through a project alliance [J]. International Journal of Managing Projects in Business, 2011, 4(4):660-679.

[23] Ylimaki J. A dynamic model of supplier—customer product development collaboration strategies [J]. Industrial Marketing Management, 2014, 43(6):996-1004.

[24] Xu L., Liang D., Duan Z., et al. Stability analysis of R&D cooperation in a supply chain [J]. Mathematical Problems in Engineering, 2015, 2015(8-9):1-10.

[25] Kovacs G., Grzybowska K. Supply chain coordination between autonomous agents—a game theory approach[C]. Computer Science and Information Systems. IEEE, 2015.

[26] 王红卫,马新安,费奇.大型工程物资供应组织中的合作伙伴选择[J].计算机集成制造系统,2001,7(7):47-52.

[27] 宋波,黄静.非对称性合作视角下战略联盟的稳定性分析——基于鹰鸽博弈模型[J].软科学,2013,27(2):28-31.

[28] 宗胜亮,柴国荣,刘佩.制造链中合作研发的契约设计研究[J].软科学,2012,26(12):14-17.

[29] 陈洪转,方志耕,刘思峰,等.复杂产品主制造商—供应商协同合作最优成本分担激励研究[J].中国管理科学,2014,9:98-105.

[30] 丁绒,孙延明,叶广宇.增强惩罚的企业联盟合作规范机制:自组织演化视角[J].管理科学,2014,27(1):11-20.

[31] 袁泉.工程供应链的合作、协同与绩效关系实证研究[J].经营管理者,2015(10).

[32] 吴文清,刘晓英,赵黎明.消费者学习与政府补贴下的制造商—供应商合作研发[J].系统工程,2015(10):1-7.

[33] Nash J. Non-cooperative games [J]. Annals of Mathematics. 1961(54):286-291.

[34] Smith J. M., Price G. R. The logic of animal conflicts [J]. Nature, 1973, 246:15-18.

[35] Taylor P. D., Jonker L. Evolutionary stable strategies and game dynamics [J]. Mathematical Biosciences, 1978, 40(1):145-156.

[36] Weibull J. Evolutionary Game Theory [M]. Cambridge: MIT Press, 1995:1-105.

[37] Friedman D., Fung K. C. International trade and the international organization of

[38] Guttman J M. On the evolutionary stability of preferences for reciprocity [J]. European Journal of Political Economy, 2001(6): 5 - 16.

[39] David K. Levine, Wolfgang pesendorfer. The evolution of cooperation through imitation [J]. Games and Economic Behavior. 2007, 58(4): 35 - 44.

[40] Cai L., Sijun W. U., Chen S., et al. A system dynamics model for evolutionary game between suppliers and retailers [J]. Journal of Shantou University, 2015.

[41] Esmaeili M., Allameh G., Tajvidi T. Using game theory for analysing pricing models in closed-loop supply chain from short- and long-term perspectives [J]. International Journal of Production Research, 2015: 1 - 18.

[42] 谢识予. 有限理性条件下的进化博弈理论[J]. 上海财经大学学报, 2001, 5: 3 - 9.

[43] 王永平, 孟卫东. 供应链企业合作竞争机制的演化博弈分析[J]. 管理工程学报, 2004, 18(2): 96 - 98.

[44] 石岿然, 肖条军. 零售市场价格策略的演化博弈分析[J]. 管理工程学报, 2005, 4: 147 - 150.

[45] 黄敏镁. 基于演化博弈的供应链协同产品开发合作机制研究[J]. 中国管理科学, 2010, 18(6): 155 - 162.

[46] 张弓亮, 张成科, 曹铭, 等. 基于演化博弈的高速路收费通道选择研究[J]. 交通运输系统工程与信息, 2015(2): 29 - 35.

[47] 时茜茜, 朱建波, 盛昭瀚, 陶莎. 重大工程关键部件供应商合作机制研究[J]. 软科学, 2015, 29: 124 - 129.

# 第三章　重大工程供应资源协同研究：基于PPP模式

我国从20世纪80年代开始，就已在基础设施领域如高速公路、水电站等领域引入PPP模式(Public-Private-Partnership,公私合作伙伴关系)，在一定程度上缓解了政府在这些项目建设上的资金短缺困境，其项目建设管理主要是以BOT模式为主(Build-Operate-Transfer,即建设—经营—转让)，而随着亚洲金融危机的到来，其发展也逐渐陷入低谷。进入21世纪后，随着我国四万亿计划的推出，地方政府越来越多的开始选择债务融资来完成基础设施项目的建设，而随后地方债务问题逐渐积累和暴露，PPP模式才重新获得了政府的青睐，并相继出台了一系列的政策、法规等鼓励私有资本参与各类公共基础设施项目的投资建设和运营管理等。按国务院研究发展中心测算数据来看：到2020年，城镇化相关的资金需求超过40万亿元，而根据国务院43号文和财政部351号文等相关规定的推算，未来地方债务中PPP项目债务的占比必将逐步增长。可见，应对未来城镇化巨大的资金缺口，PPP模式承担着重大的任务。

从近几年的PPP工程项目建设管理的结果来看，虽然取得了一定的社会和经济效益，但从中也发现了不少问题。由于PPP项目的诸多特点，如投资额巨大、建设周期较长、参与方众多等，因此也经常会出现资源配置过程复杂、资源浪费严重、参与方协调程度低且管理效果难以评价等问题。

而PPP模式的关键和本质就在于它能将政府和市场有效地结合在一起，实现资源的最优化配置和工程项目的市场化。因此，针对PPP工程项目，我们更加关注的是怎样实现资源的优化配置、管理评价等，而目前针对PPP项目的资源管理在实践运用中的研究较少。本章也正是基于上述背景，在工程建设PPP模式的基础上，针对PPP工程项目开展资源协同管理的基础理论和实践运用研究，以期推动工程项目管理的模式、方式和方法上的创新，也为工程项目资源管理的实践运用提供价值有效、可行可靠的指导和意见。

# 第一节 文献综述

**一、PPP 模式文献综述**

(1) 自 PPP 模式自诞生以来,无论理论界,还是实践界,对其看法与争论从未间断过,基于不同的视角,形成了若干独具特色和代表性的观点、理论和方法。下面主要通过对国外文献的梳理和总结,多视角、多层次的对 PPP 模式进行解读和分析:

关于 PPP 模式产生的动因。Fourie 和 Burger[1]认为政府公共部门的管理能力不足是 PPP 模式产生的主要原因,其职能是提供公共设施或服务,而当其受到了财政资金紧张或者公众不满意等压力时,才会采用 PPP 模式;Grimsey 和 Lewis[2]也认为政府部门邀请私人部门参与项目建设及运营的主要原因是建设资金的不足;Savas[3]认为在基础设施中运用 PPP 模式,不仅能够有效降低政府负担、减少投资者的风险,更能使工程项目高效高质量的完成;Hammami[4]等发现采用 PPP 模式更加普遍的是政府债务负担沉重的国家或地区。

关于 PPP 模式的风险。Hatask 和 Shaked[5]通过 Analytic Hierarchy Process 方法将风险分为三个层面,即国家、市场和项目;Grimesy 等[2]将 PPP 项目风险划分九大类:包括技术、运营、管理、不可抗力等;Li[6]等人通过问卷调查分析表示:不同部门应承担相对应的风险,如政府部门应多承担政治风险、回购风险等,而如市场风险、系统性风险等则应由双方共同承担。

关于 PPP 模式的治理。PPP 项目成功的重要保障,即要求良好的项目治理,而其治理的关键则在于风险分担的合理性;基于将 PPP 项目风险分为三个级别(宏观、中观和微观)的基础上,Li Bing[6]建立了风险分担的模型;Looseraore 等[7]针对 PPP 模式提出了风险分担的条件,如合作双方必须能识别和评估各种相关风险、有阻止风险产生的能力、主动承担风险的意愿或承受风险所带来的后果等,而最有主导权的一方应该承担主要的风险后果等。

(2) 国内关于 PPP 模式的研究起步较晚,主要集中在以下几个方向:

① 关于 PPP 项目中政府的职责。赵有亮[8]分析了 PPP 模式中政府的角色和职能等,并应用"公共物品理论"解释了 PPP 项目中政府监管及管理的必要性;徐霞等[9]在分析了国际 PPP 项目经验的基础上,结合我国国情从多个层面对 PPP 项目中政府的监管政策提出了意见和建议;程连于[10]认为政府应主动改变观念成为 PPP 项目成功的保障,除了监督管理,还应该给予整个项目大量的支持,尤其是政策支持。

② 关于 PPP 项目风险识别及分类。通过分析 PPP 项目的融资风险,范小军等[11]构建了关于 PPP 融资风险的动态模糊评价模型。王全新[12]在研究 PPP 的基本理论和运作方式的基础上,建立了风险评价模型(该模型中运用了模糊评价法、层次分析法等),这为 PPP 模式在实践运用中提供了科学可靠的实证依据。冯燕[13]将风险分为三大类:国别的、不可抗力的和特定的。柯永健等[14]通过实际项目案例的分析,识别并深入剖析了 PPP 失败的主要风险因素。

③ 关于 PPP 项目风险分担。刘新平等[15]认为风险分担主要分为三个阶段,即"初步分配—全面分配和跟踪—再分配"的过程。邓小鹏等[16]认为风险分担的目的是为了"一高一低",即(项目运作的)高效率和低风险,同时提出了"公平、规则、风险成本最低"三原则等;柯永建等[17]以另一种方式提出风险分担的原则:愿意承担风险;最有控制力的一方承担风险;风险与收益合理分配。

**二、工程项目协同管理文献综述**

(1) 随着经济、文化、信息和技术等的快速发展和膨胀,社会竞争环境越来越严峻,竞争趋势也越来越明显,因此工程项目管理的一系列模式和方法等都面临着新的挑战和要求。为了应对激烈竞争的形式、跟上时代前进的步伐,相关领域的专家、学者以及从业人员都开始积极探索和研究新形势下的工程项目管理理念、管理方法和管理模式,并不断引进其他研究领域相关的先进思想和理念。在结合了源于物理学的"协同学"后,其项目管理研究更上一个台阶,大大拓宽了研究视野,也因此形成了一系列有价值的科研成果和实践经验,现综述如下。

Walid Belassi[18]深入分析了建设工程行业的发展状况,在研究了项目主要成功因素的基础上指出,工程项目的各个参与方之间高效的沟通和有效的合作是项目成功实施的最重要因素。

Eddie[19]对Partnering模式进行了研究,归纳了该模式下各项目参与方之间协同管理的一般性过程,在分析了各个关键影响因素的基础上,给Partnering模式的成功实施提供了理论指导和建议。

针对工程项目各阶段参与方之间的协同管理问题,A.F.Griffith[20]指出项目能否成功实施关键在于前期规划阶段,而前期规划成功与否关键又在于各参与方的协同,因此特意提出了前期规划阶段各项目参与方关注的十个方面。

针对项目参与方之间的关系及冲突问题,Douglas[21]等定量化分析了不同冲突解决方案的效果;Sai-On Cheung[22]运用层次分析法分析了解决争端的关键影响因素,同时指出要使解决争端更加富有效率就要特别关注这些因素;Feniosky等[23]首次定义了建设工程项目全生命周期中的"相互作用空间理论"和"冲突空间",建立了相互作用效力模型和冲突解决的评价指标体系,不仅解释了其特征及变化规律,还提出了解决冲突的五大要素和缓解冲突的计划框架。

针对项目参与方之间的谈判和沟通问题,Stephen[24]在研究了对项目参与方沟通产生影响的重要因素的基础上,提出了一个合理有效的沟通改善方案。Feniosky[25]认为不同的工程项目建设管理模式对其协作谈判的影响方式不同,他还通过定量研究不同管理模式对项目沟通的影响程度,研究指出工程项目参与方之间存在潜在冲突最少的是DB模式。

有的学者借鉴了并行工程的理念,综合研究了工程项目实施的各阶段之间的协同问题,如A.Jaafari[26]提出了并行建造工程的概念,并提出了在项目协同管理中实施并行建造的框架和方法;PED Love[27]将工业工程中的并行思想运用于工程项目采购管理中,他还指出,在实际中若仅仅简单地将协同管理的理念强行施加于各项目参与方,而没有具体的、可操作性的实施方案,这并不能消除工程项目管理中的不协同问题。

有的学者对工程项目的组织结构问题进行了优化研究,如Cheng[28]构建了一个项目组织内部的协同程度评价模型,通过这个模型进一步来评价组织结构的效率和协同程度。

此外,对工程项目的目标管理协同的研究方面也有了很大进展,很多学者在关键路径法、PERT法、模糊数学等理论、技术方法的基础上,通过建立诸多的数理模型,深入研究和分析工程中费用、时间、进度、质量等目标的协同问题,如 William J. Rasdorf[29]通过收工程项目的周期、成本等数据并构建相关模型,由此而提出了关于成本和工期目标的协同管理方案;A. J. G Babu[30]创建了三大目标(时间、成本和质量)的协同管理及优化模型;Do Ba Khang[31]在上述协同管理模型的基础上,通过实证分析验证了其在实际工程实践中的可行性和合理性。

(2)国内在协同管理理论的研究上晚于国外,尤其是工程项目协同管理的研究方面。从已有的工程项目协同管理的研究文献来看,国内学者主要是从工程项目的集成化管理来体现其协同管理的思想,他们从不同的角度对工程项目的集成化管理、协同管理中计算机技术的应用等领域进行较为深入的研究。

韩洪云等[32]对工程项目的整个生命周期的价值链协同管理进行了研究;李瑞涵[33]主要研究了工程项目的集成化管理,以及全生命周期集成化的模式、机制和方法等;陈光等[34]对全生命周期的工程建设项目的整个目标体系的协同过程进行了研究。

此外,刘尔烈等[35]对工程项目管理中的时间、成本多目标的协同过程及优化等进行了一系列研究;丁士昭[36]研究了工程项目中组织的协同管理模式;马智亮等[37]进行了项目集成管理中的计算机技术应用研究。

此外,还有很多专业学者基于各种不同的理论,如协同论、控制论、突变论等探讨了大型工程项目的协同管理问题(李迁[38],乐新军等[39],郭孝峰[40],彭琼芳[41]等);何寿奎等[42]还对项目群管理模式进行了探索,为加强多个项目之间的协同管理而创新性地提出了建立协同管理风控平台;汤丹[43]从协同学的视角出发,并结合功能涌现和系统力学的分析,首次构建了协同管理的"钻石模型";王广斌等[44]基于雪堆博弈理论,针对工程建设项目的参与方构建了信息博弈模型,不仅分析了不同因素对各参与方合作的影响,还研究了协同效应系数对合作双方的惩罚约束强度的敏感性等。

### 三、资源配置模式文献综述

(1)《国富论》①中认为,"自由的市场交易"是实现资源配置合理化的唯一方式,而政府仅仅是市场交易活动中的行为主体之一,它本质上是从属于市场的。亚当·斯密的这一看法被称为"资源配置一元论"。

随后,越来越多的学者通过研究发现:产权主体有时在获取某些必要资源时,需要以高成本甚至低回报作为代价,其最主要的原因在于这些资源的稀缺性等特点和人们的机会主义倾向。科斯在《企业的性质》②中指出,可互相替代的资源配置制度有两种组织方式——市场和企业,区别在于:于市场而言,其资源的配置信号是价格机制,而企业则以组织的监督管理为标准。同时认为,在一定条件下,两种方式既可互相替代,又存在竞争关系,而其关键在于配置方式的高效性和交易费用。科斯的这一观点被称为"资源配置二元论"。

威廉姆森(被称为"西方制度经济之父")认为,在资源配置过程中,当内化成本较低、组织间缺乏信任且对某些资源的依赖程度较高时,这部门资源可能由"组织内化制度"来实现配置;当外化成本较低、组织对某些资源的依赖程度较低时,这部门资源可能由"市场交易方式"来实现配置;其他情况下则可能主要以"组织间合作协调"的方式来实现配置。

国外学者主要是基于宏观经济学的视角,探索和研究了资源配置和方式等,资源配置,即在不同生产阶段资源的使用过程;配置方式,即将资源在不同主体、时间或空间使用的分配模式。

(2) 国内也有很多学者已对资源的分配、配置方式及模式等进行了研究,对其探讨一直是学术理论界的研究热点。

周文等[45]认为,基于资源竞争模式,若中央和地方在纵向竞争中博弈往往会导致区域发展走向低水平化;而在横向竞争中,可开拓创新发展模式促进区域发展。因此,针对资源配置的竞争模式国家鼓励采用横向竞争。

林衡博等[46]指出,在中国经济转型时期,政府主导下进行的资源配置

---

① 全名为《国民财富的性质和原因的研究》,是有"现代经济学之父"美誉的苏格兰经济学家、哲学家亚当·斯密的一本经济学专著。
② 该论文《企业的性质》是 Ronald H. Coase 于 1937 年发表的,该论文是获得 91 年诺贝尔经济学奖的作品之一。

模式是最佳选择;而彭华涛[47]通过研究交易成本理论指出,若市场活动的交易成本低于政府的管制成本,则运用市场机制来进行资源配置将更有效果。

此外,还有些学者认为,采用政府配置与市场调配相结合的方法在特定情况下会取得更好的成效。袁丽丽[48]认为,若市场与政府均有所失灵,既要通过市场机制实现资源配置高效性,又要利用国家行政手段实现配置公平性。程翼[49]认为,在市场经济环境下,只有通过政府与市场相结合的方式才能实现社会资源的最优化配置。

综上可知,关于PPP模式、工程项目协同管理和资源配置的研究,国内外已经取得了不少成果。但从已有的针对PPP项目协同管理的研究文献来看,其研究成果大多集中于较为抽象的概念探讨、局部的问题分析以及非资源的协同管理问题,缺乏针对性、实用性和操作性。而针对PPP项目的资源管理,在实践运用中的研究较少,尤其是对资源管理协同效果的评级以及优化方面的研究。因此,迫切需要对PPP项目的资源协同管理以及协同程度评价等进行研究,从而有针对性地进行资源优化,提高资源管理效率,实现最终的管理目标。

## 第二节　PPP模式

### 一、PPP模式的定义

PPP模式源于英文全称"Public-Private-Partnership",中文一般译为"公私合作伙伴关系"(简称为"公私合营")。它最初起源于英国(于1992年提出了PFI的概念,系PPP模式的前身),之后得到了广泛认可,而我国PPP模式的出现则晚于欧美,但在近两年也形成了一定的社会热度。事实上,PPP是一个非常广泛的概念,加之意识形态的差异、社会文化不同等原因,其观点也都不同,因此国际上对PPP的定义或确切内涵也均未达成一个共识,各国都有自己对PPP的定义,如表3-1所示则着重比较了有代表性的PPP定义:

表3-1 部分具有代表性的PPP定义

| 国家、机构或个人 | PPP的定义 |
| --- | --- |
| 联合国培训研究院 | PPP主要包含两层含义：① 它是为了满足公共产品的需要而建立的"公共"和"私人"之间的某种合作关系；② 它所满足的公共产品需要，主要指大型公共项目的投资、建设、运营和管理等[50] |
| 欧盟委员会 | 它是指为了改变传统的由公共部门提供公共项目或服务模式而与私人部门进行合作的一种特殊关系[51] |
| PPP国家委员会（美国） | 它结合了外包和私有化两者的特点，其特殊点在于政府通过充分应用私人资源来进行公共基础设施的规划设计、建设投资、经营管理等来满足公共的需求[52] |
| 英国财政部 | 于2000年出版的《公私伙伴关系——政府的举措》从三点来解释PPP：① 在国有部分行业中引入私人部门的制度；② 公共部门长期购买商品或服务，并鼓励私人的投资行为，利用其财力、技术、管理等优势；③ 扩大出售范围，开发公共资产的商业潜力[53] |
| 香港效率促进会 | 它是指政府为了提供公共项目或服务而与私人部门成立一种协定，协定双方保有各自的参与程度及责任，并提供互补的技能和优势等来共同完成项目[54] |
| 天则经济研究所建设部政策研究中心 | PPP模式应译为公共事业合作化，表示以维护公共权益为目的的政府和以营利为目的的私人投资者形成的合作伙伴关系，在政府能履行服务职责的同时，也能使投资者获得合理回报。它主要包含如DB、DBO、BOO、BOT、BOOT等模式[55] |

综合上述PPP定义，我们可以发现它有广义和狭义之分。而通过研究相关文献发现，国外文献中多数是指广义的PPP：为了提供公共的（工程项目）产品或服务而建立的公私合作关系；但国内文献多数将其理解为狭义的PPP：PPP模式是一系列项目融资模式（如BOT、TOT、DB等）的总称，它更加强调项目建设过程中的风险分担、利益分配机制等。但不论是广义的，还是狭义的，它都不是特定指某一项目模式，而是属于一个宽泛的概念。

**二、PPP模式的特征**

通过对大量文献的归纳总结和诸多案例的研究分析，总结来看，PPP模式的本质在于有效地结合了政府和市场，实现了资源的最优化配置和公共型工程项目的市场化。因此，了解PPP模式特征的目的并不仅仅在于如何去提供公共产品或服务,而更加注重的是怎样实现资源的优化配置以满足社会公众的需求。对PPP模式的本质及特征的理解,可以从以下三个方面来把握:

### (一) 合伙关系

合伙关系,即合作伙伴关系,它意味着在PPP模式中的政府部门与私人部门之间不是竞争对立的关系,而恰恰是这一特征使得PPP项目具有了成功的保障。只有充分发挥双方各自的优势,扬长避短,优化资源配置,才能实现共赢。合伙关系是凭借着契约精神而建立的,其关系的核心在于项目目标的一致性,可简单理解为:用最少的资源来实现最大的利益——私人部门追求的自身经济利益和政府部门追求的社会公共利益。

### (二) 利益共享

利益共享,即在PPP模式中,除了能让公私双方共享工程项目所带来的社会成果外,也能让私人部门(民营企业或机构、个人等)取得相对的投资回报。这里所共享的是利益,而并不是利润。事实上,在实际的PPP项目应用过程中,政府部门会较严格地控制私人投资者的利润。这里,我们应了解PPP项目应用的初衷所在——PPP模式主要用于基础建设等公共产品或服务,最主要的是满足社会公众的需要,其社会公益性明显强于个人收益性。若仅为了追求利润,或者获得超额利润,就有可能造成浪费公共资源、损害社会福利、引起公众不满的现象,这自然是违背了PPP模式的初衷。此外,利益共享也是PPP模式伙伴关系可持续性的关键所在。

### (三) 风险共担

风险共担,是PPP模式区别于其他工程建设管理模式的一大标志。它是指公私双方应共同承担项目风险,且风险的分配要合理(即对于自身有优势承担的风险因多分配),而不是弱化自己承担的风险。毫无疑问,若能达到共担风险且分配合理,这对PPP项目顺利完成起到了绝对的关键性作用,这也必然能使整个项目的资源高效利用,成本最小化。因此,在实际的PPP项目中,针对风险我们应更多考虑的是公私双方的最佳应对策略以及最优分配方案,由此而将整个工程项目的风险最小化,为可持续性的合作与发展提供坚实的基础。

### 三、PPP 模式的优缺点

PPP 模式比较典型的结构(如图 3-1 所示)是公共部门与私营投资主体通过签订特许合同而组成特殊目的公司(或称为项目法人),由这个项目法人负责规划建设、经营管理等。这种形式本质上是政府为了解决财政困境,以特许经营权和收益权等为代价来换取公共基础产品或服务。

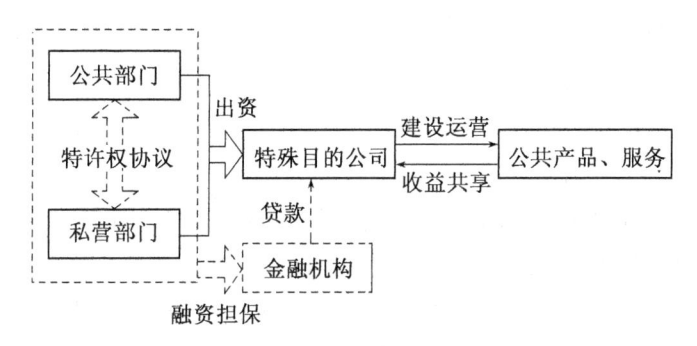

**图 3-1 PPP 模式项目运营的典型结构**

从某种意义上讲,BOT 模式也可视为是 PPP 的一种。但区别在于:BOT 中企业是受到政府的授权后而独立建设、运营工程项目的,而不是与政府合作;PPP 则更加强调政府与私营机构的合伙关系,其利益和风险都是共同承担的。于政府而言,BOT 的最大优点是它最大可能地避免了其投资损失,而缺点在于私营资本面对如此大的投资风险可能望而止步,因此很难调动社会闲散资源和满足各方利益相关者的诉求。

PPP 的优点主要在于:它引入了社会资源,可以由私营部门承担工程项目的部分工作并承担相应的风险,与政府直投模式相比,它有助于地方债务(无论是消化存量债务,还是缓解新增债务)的治理,而且可以分担政府的投资风险,有效利用社会闲散资源,形成经济利益和社会利益最大化。

但从目前 PPP 项目的实践情况来看,其缺点在于现有的相关法律、法规保障体系不健全,其项目的审批程序复杂、决策周期长。此外,政府信用风险高、配套设施不健全、项目收益无保障、资源浪费较严重等均成为 PPP 模式大力推广的阻碍因素。

## 第三节 重大工程资源协同管理模式

### 一、管理要素

#### (一)内涵分析

宏观层面来看,最大程度上的节约、保护资源,并能合理高效的利用有限的资源,以此保质保量顺利完成PPP工程项目,维护项目参与各方的平衡稳定关系,为实现最终目标而进行的各类活动均属于资源协同管理的范畴。

而从微观层面来看,资源协同管理从某种意义可以理解为资源的优化配置过程。作为一种配置对象,资源自身的有限性、深度广度的局限性,与人们需求的无限性形成客观矛盾,导致资源配置过程中受到各种约束,难以达到人们的预期产出结果,因此,这就要求人们对资源的使用具有选择性、合理性,即优化配置资源、协同管理资源。

总体来看,资源协同管理的内涵有三点:① 明确利用方向,即资源用于何处、产出何物等;② 匹配使用过程,即资源使用合理性;③ 实现产出最大化,即经济效益、社会效益等最大化[56]。

#### (二)对比分析

通过大量科学文献的研究,以及对实践案例的经验理解,本文主要对三种不同模式下的资源管理进行对比分析[57],其基本的情况比较如表3-2所示:

表3-2 三种不同模式的基本情况对比

|  | 政府投资模式 | BOT模式 | | PPP模式 | |
|---|---|---|---|---|---|
| 投资主体 | 政府或直/下属机构 | 外商/民营资本 | | 政府与私营机构 | |
| 资金来源 | 财政拨付、信贷资金 | 自有资金/信贷资金 | | 财政资金、自有资本等 | |
| 资源使用/管理效率 | 较高 | 高 | | 高 | |
| 适用范围 | 非经营性项目 | 纯经营性项目 | | 准经营、经营性项目 | |
| 部门 | 公共部门 | 公共部门 | 私营部门 | 公共部门 | 私营部门 |

(续表)

| | 政府投资模式 | BOT 模式 | | PPP 模式 | |
|---|---|---|---|---|---|
| 责任 | 大 | 小 | 大 | 共同 | |
| 风险 | 大 | 小 | 大 | 共同 | |
| 控制权 | 大 | 小 | 大 | 共同 | |
| 关系协调 | — | 弱 | 弱 | 强 | 强 |
| 所有权 | 政府公共部门 | | | | |

政府单一投资项目所需的资源基本全部由政府提供和支出,即资源主体是政府,而资源管理的方式较单一、过于简单,计划性明确缺乏灵活性,且缺少全面的人才、技术和能力等,导致资源浪费较为严重。

与政府单一投资模式相比,BOT 模式能比较好地利用社会资源。但由于该模式中,私营部门只有在项目招投标之后才逐步介入项目工作,其存在信息不对称的隐患,缺少对项目全生命周期的了解,依然存在沟通、协调机制不完善的问题,因此难以实现资源的优化配置和使用以及项目整体利益的最大化。

PPP 模式则综合了上述两种模式的优点,更加合理地利用了社会闲散资源,实现了资源计划性、自主性和市场化的有机结合。PPP 项目各方主体的参与(且是项目生命周期全程化参与),实现了信息对称透明、沟通便捷有效、资源运用合理高效,实现了资源协同的效果。

**(三)要素分析**

资源协同管理主要涉及三个基本要素:主体、客体和方式。主体,即资源的主导方,PPP 模式下资源主体主要是政府公共主体和私营投资主体;客体,即资源的种类,按不同的标准有不同的分类方式,针对 PPP 模式本文将资源客体分为人力、物力、财力、信息和技术五大类;方式,即资源的配置或管理手段,微观上看有若干种资源管理或配置的方式,但均有其各自的局限性,最终只能接近而无法实现理想值,本书也正是基于微观层面对资源管理的方式进行了探索。

**二、管理流程**

虽然,许多工程项目的参与方已经逐步认识到工程项目资源协同的重要性,但实践中并不是特别清楚哪些资源可以协同,如何实现资源的协调配置,以及如何把握协同管理工作的效果等。本文基于前人的研究成果和实践经验,构建了PPP项目资源协同管理的实施流程图(如图3-2所示)。

由上述流程图可以看出:首先根据不同的协同条件,对PPP项目的所有资源进行判断,找出满足条件的协同资源并进行分类;第二阶段根据上述的判断和分析进一步明确资源协同的主体和对象,上述流程即完成资源协同管理

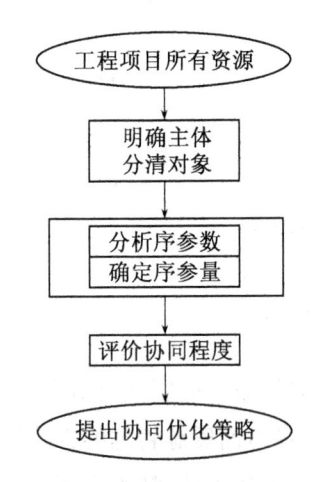

图 3-2 工程项目资源协同管理实施流程图

三维框架系统的全部工作。第三阶段是十分关键的阶段,主要是在分析各序参量指标的基础上构建PPP项目资源协同管理评价指标系统,从而进一步通过协同度测度模型来评价和测度PPP项目资源协同管理的效果,最终提出PPP项目资源协同管理的优化策略。由此基本上完成了PPP项目资源协同的管理、测度和优化等全流程工作。

### 三、管理框架

#### (一) 基本思路与原则

(1) 基本思路

PPP项目资源协同管理的核心是"协同",对象则是"资源",其基本思路,即"将工程组织的所有资源视为一个整体,在不同特定的过程中通过资源要素的共享、加工、重组、优化等方式,相互联系相互合作,从而形成合理结构,实现资源高效利用、协调发展,最终完成项目共同的目标"。

PPP项目资源协同管理是一种新的管理思想,一种先进的管理理念。它用解决复杂系统问题的协同学理论和方法对整个工程项目的资源进行组织、实施、控制和协调,通过各项目参与方之间的沟通、合作、协调和妥协,达到并实现最终的最佳整体效应,即实现所谓的"1+2>2"的协同效果,满足各方的利益期望。

(2) 基本原则

① 资源共享原则

在资源协同过程中,资源共享是最基本也是最重要的原则。这一原则要求资源主体需要相互分享资源,可以达到"一处资源多处使用"的效果,从而使得有限资源得以最大限度的利用。通常,共享效应主要通过同质性资源的协同而产生。

② 优势互补原则

资源协同主体均有各自的具有核心竞争力的资源优势,而在资源协同管理的过程中,"以彼之优势,补己之劣势",可以使系统整体达到最佳的合作效果。通常,互补效应主要通过异质性资源的协同而产生。

③ 互利共赢原则

通常来说,资源协同对所有的参与者均有利,即形成多方共赢的局面时,也就是建立了良好稳固的资源协同关系。往往所获得的利益并非是某一个参与主体的最优利益,或者并不一定每个参与主体均能获得完全公平的利益分配,但从系统的整体角度来看,只要能达到系统整体的利益最大、最优化,也就达到了资源协同管理的最终目的。

④ 求同存异原则

在PPP项目资源协同管理系统中,各参与主体或部门之间的共同利益和利益冲突是并存的(既有着共同努力的奋斗目标,又存在着不同的风险承受能力等),而化解矛盾、求同存异是系统发展变化的根本动力。

**(二)协同管理三维框架**

本节参照A.D. Hall(美国学者)提出的三维结构法[58],经修改初步构建了PPP项目资源协同管理的三维概念框架模型(如图3-3所示)。此模型有助于对工程资源协同管理的理解和对其实质性的把握,同时也为工程建设的管理人员提供了直观而深刻的印象。

(1) 资源协同管理的主体维

认识和把握PPP项目资源协同管理的主体是资源管理中的重要内容,此主体是构建整体关系的根本要素,也是形成协同管理系统的基础。而对于PPP工程项目而言,其整个项目的参与行为主体有很多,如政府公共部门、私营投资部门、贷款方、设计施工方、运营管理方、最终用户方等,而本文仅选取了PPP工程项目的投资主体(即公共政府主体和私营投资主体)作为研究对象。

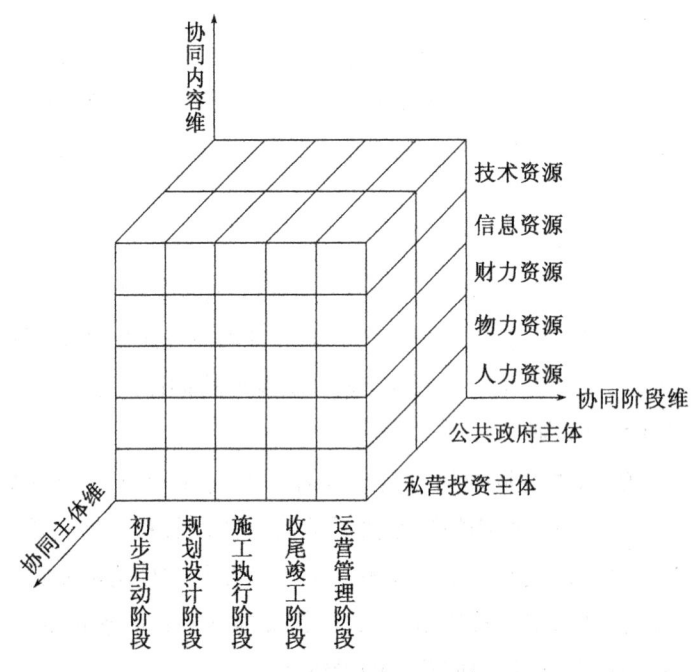

图 3‑3 PPP 项目资源协同管理的三维概念框架模型

公共政府主体和私营投资主体作为各自独立的运营主体,通过 PPP 项目的投资行为及契约精神等从而形成伙伴关系,或者称为某种意义上的"联盟组织"。其整个组织的内部资源可以分为独立性资源和系统性资源。独立性资源主要是指资源主体可以调用的自身资源,因其具有封闭性和功能差异性,所以难以实现此类资源的协同,或者说对其协同的研究意义不大。系统性资源是指组织内部不为单独占有,而是广泛地为组织内部共有的一类资源,它是实现资源协同的关键所在。通常情况下,系统性资源对于组织内部参与者是相对不足的,或者在项目进行的某一时期或阶段是无法满足整体性需求的,在这种情况下,资源的协同就显得尤为重要了。

(2) 资源协同管理的阶段维

PPP 工程项目的资源系统是一个开放的、动态的系统,系统内部之间以及与外界环境之间不断地进行物质、能量和信息等的交换,其工程项目的建设目标处于动态过程中。因此,资源的分配使用过程也必然处于一个动态变化中,如何保障资源分配过程随着项目的不同阶段调整节拍以及维持资源的可持续利用是资源协同适应性的评价目的和后续改进的方向。

对于一个完整生命期的 PPP 工程项目,从最初构思的产生到最终投入使用或运营,本文将其分为五个阶段(如图 3-4 所示),即初步启动阶段、规划设计阶段、施工执行阶段、收尾竣工阶段和运营管理阶段。在这些不同的阶段,都有不同的参与者承担着相应阶段的不同工作任务和目标,而其内部资源的分配使得各参与方的项目目标之间不可避免地会发生冲突;即使是在同一个阶段,各参与方之间也要进行项目质量、成本、进度、安全等各个目标的协调。

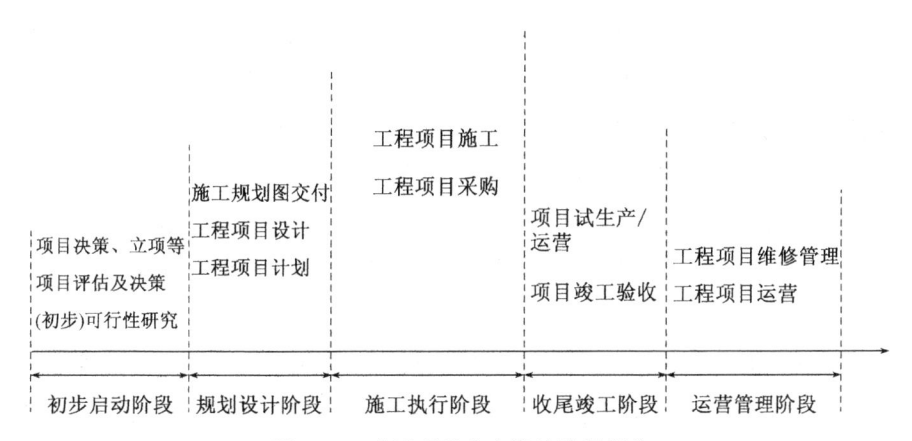

| 初步启动阶段 | 规划设计阶段 | 施工执行阶段 | 收尾竣工阶段 | 运营管理阶段 |
|---|---|---|---|---|
| 项目决策、立项等<br>项目评估及决策<br>(初步)可行性研究 | 施工规划图交付<br>工程项目设计<br>工程项目计划 | 工程项目施工<br>工程项目采购 | 项目试生产/运营<br>项目竣工验收 | 工程项目维修管理<br>工程项目运营 |

**图 3-4 建设项目生命期的阶段划分**

(3) 资源协同管理的内容维

资源的分类标准有很多,按照不同的分类标准得到的资源内容也迥然不同。通过对相关文献的分析,结合 PPP 工程项目管理的实践经验,本文总体上将资源管理内容分为五子系统,即人力、物力、财力、信息和技术。正是这五大资源子系统的协同使得整个 PPP 项目资源管理系统的宏观整体运行自然而然地涌现出来。

事实上,这些资源之间并未存在着非常明显的界限和明确的目标,其大多处于较为混沌的状态,各参与主体的资源子系统之间虽然存在着广泛的联系,但更多的时候是在进行无序的竞争。当经过一段时间的运行和管理之后,这种无序渐渐地会被一种有序所取代,并最终形成一个成熟的资源系统。

**(三)序参量分析**

作为协同学中的重要概念,序参量是一个体现各个子系统之间协同程度的重要参数。子系统之间通过非线性的相关作用从而产生协同效应,对整个系统及子系统的运行起着关键性的支配作用。序参量作为宏观层面的参数,描述了子系统运动演化和相互作用的整体模式。

协同学理论为PPP工程项目的管理提供了新的视角和方法论指导,因此,影响工程项目资源协调的各关键要素可以看成是决定整个工程项目系统走向有序(或者说是工程项目资源协同度提高)的序参量,研究各序参量间如何通过自身竞争、协同等来提高系统协同度对于丰富和发展工程项目管理理论和指导PPP项目资源管理的实践都有着极其重要的意义。

整个系统运动的过程其实就是"子系统相互竞争及协同——产生序参量——序参量反作用于子系统"的过程。因此,确认了系统的序参量,也就揭开了系统协同演化规律的神秘面纱。通常描述系统状态的变量有很多,当系统处于刚建立或无序的状态时,将有一个或某几个变量的值为零,而当系统由无序逐步转变为有序时,这类变量将有所变化,或者由零变正,或由小变大,用这类变量(即序参量)就可以描述系统的有序程度或协同的程度。

此外,协同学原理还告诉我们:按照某一参数在整个系统的协同管理过程中影响时间的长短,可将其分为快参数、中参数和慢参数。顾名思义,慢参数即在系统协同过程中影响时间最长的,因此是系统从无序演化为有序的协同过程中起决定性作用的参数,也称为序参数。

而对于PPP工程项目而言,如上文的工程资源协同管理框架体系所述,本文将PPP工程项目的所有资源视为一个系统,即工程资源系统。实践证明,资源管理系统中,人是最重要的资源因子,人力资源参数也是五个参数中最为重要的。一方面,整个系统得以正常运转当然依靠的是人的作用,只有在各个发展阶段有源源不断的合适人才输入到各个岗位,这样才能保证整个项目的顺利实施,如具有丰富经验的管理人员、具备专业能力的技术人员、财务人员等。另一方面,工程资源系统趋于复杂和混乱的根本原因是人的协调和管理未到位,通常情况下,人力资源之间的不协同是影响项目时间最久的,也是导致未达到项目目标的根本原因,它在整个项目生命期中起着决定性作用。因此,人力资源参数为工程资源系统的慢参数(即序参数)。

由于PPP项目的参与者众多,而每个参与者都有自身的专业知识、实践经验和操作标准等,信息在不同的行为主体间传递,这个过程必然会出现信息的阻塞。此外,由于各个参与者均有各自的既定目标,虽然其表面上是目标协同一致的,实际在初期的混沌时期存在着激烈的竞争,竞争的结果往往是信息的延迟或虚假,造成信息的失真。信息流在系统的传递过程中会反映出不同子系统之间、不同行为主体之间、不同人之间的差异,其及时性、准确性和流畅性等因素使得信息资源协同成为人力资源协同过程中不可或缺的环节。正是由于信息资源协同在实现人力资源协同和系统协同道路上的重要性,本文将信息资源参数定义为工程资源系统的中参数。

物力、财力和技术是工程资源系统运行过程中操作层面上的三个重要变量,它们对信息资源协同有着直接的影响。如果这三个变量的协同无法实现,项目各参与者之间的信息传递和人力协调差异会被成倍放大,致使信息不协同,或者人力不协同。但由于操作层面上的变量通常情况下可以通过良好的规则和完善的制度安排加以限制、实现协同,且其对整个系统呈现阶段性短期影响,因此本文将物力资源、财力资源和技术资源定义为工程资源系统的快参数。

基于上述的序参数分析,可建立基于协同学视角的工程项目资源系统分析结构图(如图3-5所示)。

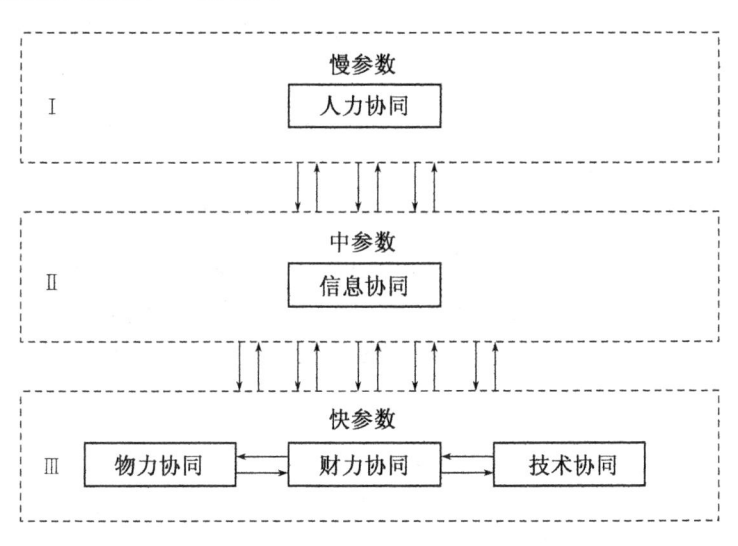

**图3-5 基于协同学视角的工程项目资源系统分析结构图**

按照协同学的役使原理,在系统由无序转为有序的过程中,慢参数起着决定性作用。于是在整个系统的演化过程中,形成了"慢参数引导中参数、中参数引导快参数"的局面;反过来,快参数反作用于中参数,通过推动中参数继而推动慢参数,最终通过慢参数的协同实现系统整体的协同和稳定。

## 第四节 重大工程资源协同评价体系

### 一、选取原则

评价PPP项目的资源协同管理系统必须要有一套科学合理且有效的指标体系。因此,构建评价指标体系是资源协同管理的核心部分,它同时严重影响到评价结果的可信度。因此确定各子系统的评价指标、构建一个科学合理的资源协同管理评价指标体系时,应遵循科学性、系统性、可操作性和动态性的基本原则。

(1) 科学性原则

选取的指标必须是能够通过观察、讨论或计算等方式得出较明确结论的定性或定量指标,并结合调查研究(定性或定量的),要较为客观和真实地反映所研究的资源系统协同发展演化的状态,从不同角度和侧面进行资源协同能力和程度的衡量。因此,应坚持统筹兼顾、科学合理的原则选取指标,把握其发展规律,提高指标质量,使其做出的评价真实而有效。

(2) 系统性原则

"系统性"要求选取指标过程中坚持全局意识、整体观念,将各个资源子系统的评价指标参数看成整个PPP项目资源系统评价的一部分。指标体系还必须综合地反映整个PPP项目资源系统中各子系统或要素的行为方式、强度和关系等各方面的内容。因为资源是多种要素构成的综合体,因此资源协同工作具有极强的综合性,仅仅根据某单一要素进行分析判断,很可能做出不正确甚至偏颇、错误的判断。因此,必须将资源视为一个系统问题,应综合平衡各要素,考虑周全、统筹兼顾,通过多参数、多标准、多尺度的综合分析和评估,从系统整体出发,以求得最佳的系统效果。

(3) 可操作性原则

可操作性亦即可行性,主要包括三个方面的内容:数据或资料的可获得性、数据资料的量化可行性和评价变量适中性。此外,所构建的评价指标体系必须能较好地体现所评估对象的内涵、结构和特征等,因此所选取的评价指标要具有可行性,且能够真正反映资源协同发展的状况。

(4) 动态性原则

PPP 项目的资源管理本身就是一个动态的过程,其各要素之间的相互作用和联系也是在动态中逐步表现出来的。不变的东西是不存在的,资源系统协同的本质就是系统由无序转为有序的过程。整个 PPP 项目资源系统由于自身动因及人的作用而在不断的发生着变化,而且序参量始终随时间及周围条件的变化而产生变化,并具有非线性的变化规律,因此评价指标应能合理地反映出评价目标的动态性特点。

## 二、指标体系

(1) 人力资源子系统[59]

PPP 工程项目组织关系错综,社会网络复杂,其人力资源的协同过程往往伴随着多方利益(如资金分配、技术公用、设备共享等)的博弈,它是基于人力的合理分配和调用以及由此而产生的相关能力、技术、文化等转移、协调的过程。因此,人力的不协同实际是整个资源不协同的根源和重要体现。而人力资源的协同过程不仅存在于人眼可见的显性人力资源活动,如规划、招聘、培训、绩效考核、奖惩制度等,还存在于不可见的隐性人力资源活动中,如文化建设、知识经验共享、组织结构等。

人力资源的协同管理,首先是项目的参与各方(本文特指政府公共主体和私营投资主体)按照协同管理的思想建立起一套完整、系列的人力资源规划、招聘、培训、绩效考评、奖惩机制等内容、方法或原则,进而可促成整个项目人力资源的分配和调用、知识经验的交流和共享等人力资源活动。然后,又由这些显性的和隐性的人力资源活动反作用于工程资源系统,从而达到简化管理流程、优化管理制度、实现人力共享、降低沟通成本、提高工作效率等目标,实现人力资源子系统协同效果的最优化。

人力资源协同管理是以"人是经营活动中最基本的单位"为出发点的,这最充分、最客观和最全面地体现了——人本主义思想,是人本管理的升华。同时,人力资源协同管理更加系统、更加深入地体现了团队管理的精神,可以说是人力资源管理通过协同管理得到了一次深化。在工程项目中,实施人力资源协同管理所期望的目标如图 3-6 所示:

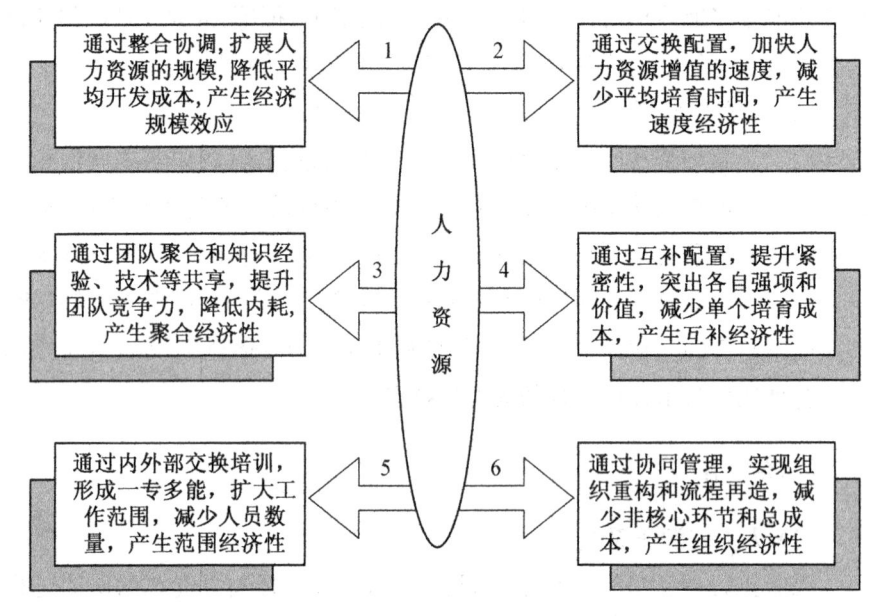

```
┌─────────────────┐         ┌─────────────────┐
│ 通过整合协调,扩展人│    1  2  │ 通过交换配置,加快人│
│ 力资源的规模,降低平│ ←──→   │ 力资源增值的速度,减│
│ 均开发成本,产生经济│         │ 少平均培育时间,产生│
│ 规模效应          │         │ 速度经济性        │
└─────────────────┘   人      └─────────────────┘
                      力
┌─────────────────┐   资      ┌─────────────────┐
│ 通过团队聚合和知识经│  源  3  4│ 通过互补配置,提升紧│
│ 验、技术等共享,提升│ ←──→    │ 密性,突出各自强项和│
│ 团队竞争力,降低内耗,│         │ 价值,减少单个培育成│
│ 产生聚合经济性    │         │ 本,产生互补经济性 │
└─────────────────┘         └─────────────────┘

┌─────────────────┐         ┌─────────────────┐
│ 通过内外部交换培训,│   5  6  │ 通过协同管理,实现组│
│ 形成一专多能,扩大工│ ←──→    │ 织重构和流程再造,减│
│ 作范围,减少人员数 │         │ 少非核心环节和总成│
│ 量,产生范围经济性 │         │ 本,产生组织经济性 │
└─────────────────┘         └─────────────────┘
```

**图 3-6　人力资源协同管理的六大目标**

要实现上述的六大(经济性)协同效益目标,从整个项目生命期来看是有阶段性的,但无论哪一项经济性效益的取得都是协同管理所追求的效果,当各个经济效益均有所实现,其效益之和往往能产生附加效益。

通过对相关文献的分析和总结,本文主要按人力资源各要素之间关系的协同管理内容来选取相应的序参量及评价指标。其协同管理内容主要包括:观念与态度、能力水平、人员分配与工作角色、知识与经验等。

观念——由人的思维导向所产生,继而形成了人们的为人处世的态度、方式等。人力资源协同管理的最基本要求即系统内各组分间要"志同道合,同心同意",即必须通过各种管理手段使得各组分间达到最基本的观念一致性,例如:① 在最初的人员招聘和筛选过程中,主要考察其观念取向是否与整个体系的价值观相符;② 在人员教育培训的过程中,首要进行的便是观念的培育等。系统不仅要按上述要求去接纳和评价那些符合相关要求的人,还要保持整个系统观念的创新性和先进性。所以,我们说人力资源的协同管理最基本的评判标准是其系统内各组分之间的观念一致性程度及系统价值观的创新性。

某些行为学家、学者认为,人的态度直接影响其行为,即存在这样一个循环过程"态度——行为——结果——态度",因此就有了积极(良性循环)

与消极(恶性循环)态度之分。因此,态度是人力资源协同的必备要素之一,它是人力资源协同管理中有关行为管理(包括制度体系等)的基础。态度的协同管理主要包括以下要求:① 各种管理行为在前期要有明确的态度要求和公示,而且后期要进行不断的态度考察和奖惩;② 各项管理制度的设计主要以对人的激励或奖励为原则;③ 要将心态培训作为对系统内所有人员进行的一项长期培训活动;④ 要建立完善的人员奖惩制度,提高人员工作积极性,即导引人员的态度进入良性循环;⑤ 所有的管理行为必须遵循"三公"原则等。

能力可以对各项资源进行整合,它是无形资产价值的体现,其主要包括管理能力、技术能力、业务能力、组织能力、宣传能力等。因此,能力的协同管理要求对系统中的各项能力进行系统性的规划和配置,基于共享互补的原则培养多方位、全面性的能力,在选拔人才时,也要注重整个系统或子系统内能力的差异性和互补性,在考核人员能力水平时,更要注重以团队及个人的绩效来进行综合考核。

在人力资源协同管理的过程中,最关键的影响因素是对人员分配和工作角色的关注,它主要关注点在于,团队运作要高效合理的设置、选定、分配和定位各个工作角色,确保各层级、各岗位的人员在知识经验、技术技巧等方面既能形成互补,又能产生共鸣,例如,在人员培训中,要加强进行系统培训(各组之间的团队合作)和专项性培训(按不同工作角色要求);在工作最初的规划设计时,建议按工作角色的要求进行工作职责和岗位的设计;在人员工作配置中,应强调统一调配并协调好系统内各组分间的平衡关系等。

知识与经验的协同管理,主要强调整个系统要建立起一个统一的、开放的知识及经验的交流氛围或共享平台,且要不断地与外界保持同步发展与进步。知识与经验作为人力资源系统投入和产出的双重变量,其协同管理要求必须对知识与经验的投入及产出的效果进行核算,强调资源管理系统的知识及经验的特性以及它们的增值效益。如表3-3所示:

表3-3 人力资源子系统协同管理评价指标体系

| 子系统 | 序参量 | 二级指标 |
| --- | --- | --- |
| 人力资源协同 | 观念与态度 | 各组分间观念一致性程度 |
| | | 系统价值观创新性 |
| | | 态度积极性 |
| | 能力水平 | 能力培养积极性 |
| | | 能力资源配置效益 |
| | | 能力水平考核合理性 |
| | 人员分配与工作角色 | 人员分配合理性 |
| | | 工作角色清晰度 |
| | 知识与经验 | 知识经验共享程度 |
| | | 投入产出的效果 |
| | | 知识经验增值效益 |

(2) 信息资源子系统

信息资源子系统的协同管理是指通过信息技术实现项目参与各方之间信息系统的集成,实现信息的实时更新和共享,从而保证项目参与各方更快、更好、更便捷地协同响应项目、各目标的需求。因此,实现信息资源的协同是协同管理的重点。

将协同学理论应用于研究信息资源系统时,要掌握信息资源协同系统的最主要特点:不同的资源主体或个人因其目标各有差异,故其愿意共享信息的意愿及程度也会有所不同。因此,针对信息资源系统的协同管理,在协调不同主体(个人)或不同问题的信息需求时,要根据不同的获取信息来源、信息传递通道、交流信息方式等,建立一个科学合理、全面完善的信息系统。

通过对相关文献的研究及现实经验的总结,本节将介绍信息资源协同的序参量信息共享和信息系统建设,其中:信息共享主要通过信息系统支持实现资源管理信息的获取、传递、利用、交流创新,以较好地辅助资源管理中的信息集成的实施。而信息系统建设是否完善,系统性能是否良好,以及系统效率的高低都会对信息共享产生较大的影响。信息资源协同子系统的评价指标体系构成如表3-4所示:

表 3-4　信息资源子系统协同管理评价指标体系

| 子系统 | 序参量 | 二级指标 |
| --- | --- | --- |
| 信息资源协同 | 信息资源共享 | 信息获取共享程度 |
| | | 信息传递共享程度 |
| | | 信息交流共享程度 |
| | | 信息评价共享程度 |
| | 信息系统建设 | 系统建设完善程度 |
| | | 系统性能良好程度 |
| | | 系统产生的效益 |

(3) 物力资源子系统[60]

物力资源是整个工程项目资源系统中极其重要的组成部分,它和资金之间有直接的联系,但并不是不可替代的关系,其主要是指一切工程项目活动所需的仪器设备、办公场地、土地、存货和原材料等有形物质资源的总和。充裕的物力资源是保障工程项目活动顺利实施的基础条件,也是工程项目成本、质量、进度管理的重要内容。实践经验表明:工程物资的良好使用效果已经成为了控制工程成本、提高工程质量、加快工程施工进度促进工程按期保质完成的主要因素。

为切实做好物力资源的协同管理工作,主要从事前、事中和事后三个角度进行控制和协调,追求以最少的投入完成最大的工程量,并能保质保量按期完成工程。例如:工程项目的事前审核、计划时,要在充分考虑施工方法、工作量、质量及进度要求等工程特点的基础上,分配和选用工程物资,使其效能得以最充分的发挥,要合理安排各子项目的施工顺序,各物资在相邻项目上综合多次使用,尽量避免停用少用等,要考虑综合的经济效果,使得各物力资源发挥安全高效的作用;工程项目的事中监督、控制时,要切实贯彻我国所推行的现代物资管理制度,不断完善物资设备的使用、保养和维修等管理方法和经验,吸收并应用物资管理的新理论、新方法,甚至可建立起各项目的物资管理数据库,提高物资管理水平等;事后的跟踪、分析时,要尽量建立合理有效的、符合工程项目实际情况的物资管理与控制评估体系,提高各物资的利用效率,有效解决其使用中的各种问题,要形成一个科学的、规范化的信息反馈管理体系,主要加强对物力资源的操作及维修等人员进行跟踪管理和控制,通过岗位职责制及各种奖惩制度提高人员积极主动性,从

而最大的发挥物力资源使用效能,创造经济效益。如表3-5所示:

表3-5 物力资源子系统协同管理评价指标体系

| 子系统 | 序参量 | 二级指标 |
| --- | --- | --- |
| 物力资源协同 | 事前审核、计划 | 物资审核的规范性 |
| | | 物资规划的合理性 |
| | 事中监督、控制 | 物资供应的充裕度与及时性 |
| | | 物资使用的合理性 |
| | | 物资使用的风险控制力度和有效性 |
| | 事后跟踪、分析 | 物资总体管理能力 |
| | | 物资控制体系科学性及效果 |
| | | 物资使用效能 |

(4) 财力资源子系统[61]

工程项目的完成要以充裕的资金投入作为保障,特别是一些大型的工程项目,在现有的市场经济体制下,若仅依靠财政补贴、科技经费支持及税收优惠政策等难以满足大量的资金需求,且各种弊端逐步显现。而PPP项目正是在一定程度上通过市场化途径,有效地吸纳了社会闲散资金以满足工程项目的资金需求,同时解决了传统的政府主导下工程建设的诸多问题。因此,作为PPP项目的主要投融资主体,它们之间的财力资源协同管理就显得尤为重要了。

工程项目的财力资源协同行为的出现并非偶然,它是在系统的内外部因素的共同驱动下而产生的。尤其投资主体追求经济效益和社会效益、分散经营管理风险等使得财力资源协同的产生成为必然,其交易成本的减少、参与主体的合作竞争、核心优势的博弈及利益的分配机制等也是财力资源协同产生的诱发因子。从整个工程项目系统的内外部环境来看,其财力资源协同管理的外因主要来源于:宏观经济、行业动向、市场状况以及工程目标需求等;其内因主要有:财务资源的稀缺性、财务风险分配的不确定性、财务利益分配的冲突性等。财力资源系统的协同行为及管理行为的关系如图3-7所示:

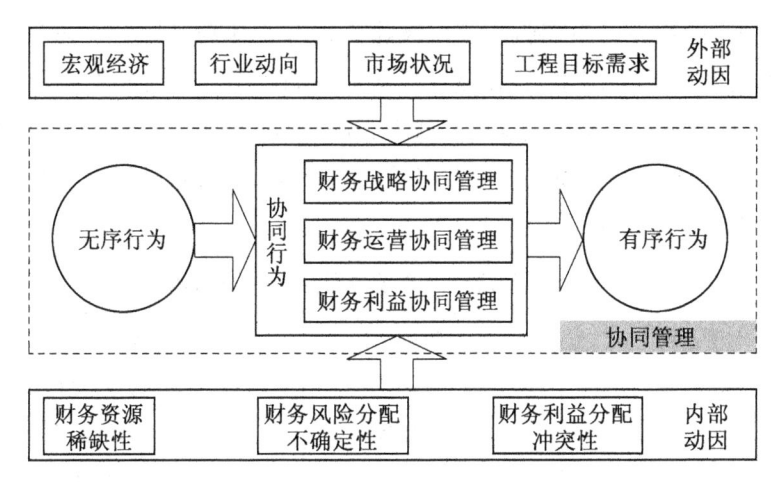

图 3-7　财力资源协同管理行为的成因及过程图

财务战略协同——作为一切工程项目财务活动的基础,其制定必须能够符合工程项目的要求,突出工程项目的特点,能着眼于整个工程项目的集体利益,而不能仅考虑某个参与主体的利益。针对 PPP 工程项目而言,其投资主体是共同的财务战略制定者,他们之间必定存在着诸多的竞争、冲突等,但为追求同一目标,就要统筹全局、合理规划,在分析和研究内部及外部环境的基础上制定财务战略。具体而言,主要关注以下几点:短中长期目标的衔接度、先进性与可行性的吻合度、合理性与柔韧性的协调度等。

财务资源协同——在一定程度上反映了财务资源的使用效率和保障能力。本文所指的财务资源是狭义的,主要指可货币化的流动性资产,例如:货币资金、银行存款/票据、有价证券等。投资主体合作效率低下或协同失效的原因,往往在于目标或需求的变动、资源数量有限、资金运作能力的欠缺、管理策略的判断失误等,也正是因此制约了资金的投入产出效率的水平,从而给整个工程项目带来了财务风险。因此在财务资源的运营管理过程中,应重点把握资金供给的充裕度与及时性、生产需求与资金供给的匹配性、资金使用的规范性与灵活性等。

财务利益协同正是财务协同管理的关键所在。针对 PPP 工程项目,这是一个涉及到多方利益关系(这里不仅仅指经济利益,还包括社会效益等)的集合体,利益相关者(尤指投资主体)往往会因为利益分配方面的矛盾及冲突而影响整个工程项目的质量或进度,也因此而波及整体的财务状况。

PPP项目的核心思想"利益共享、风险共担",正体现了利益与风险并存。因此,财务利益分配同时也伴随着其风险的分配,只有利益相关者对相关利益与风险的分配方案或制度达到共鸣和协同时,彼此之间才能更加信任和互助,才能共同有效地防止工程项目财务危机,才能达到最佳的系统财务效应。如表3-6所示:

表3-6 财力资源子系统协同管理评价指标体系

| 子系统 | 序参量 | 二级指标 |
| --- | --- | --- |
| 财力资源协同 | 财务战略制定 | 短中长期目标的衔接度 |
| | | 先进性与可行性的吻合度 |
| | | 合理性与柔韧性的协调度 |
| | 财务运营管理 | 资金供给的充裕度与及时性 |
| | | 生产需求与资金供给的匹配性 |
| | | 资源使用的规范性与灵活性 |
| | 财务利益分配 | 财务利益分配的合理性 |
| | | 财务风险分配的合理性 |

(5) 技术资源子系统[62]

技术资源是一种对工程来说不可或缺却十分稀缺的资源,如核心技术、关键工艺,甚至技术标准、专利专著等。它们不仅具有成本高昂、定制化程度高、供应商数目有限等特征,而且其高定位决定了它们的获取、配置和供应等不同于一般资源,呈现出更加复杂的系统性特征,它们在不同的主体间与其他资源融合与集成的过程中带来了巨大的挑战。通常某一工程项目所要面对和解决的是一个复杂甚至庞大的技术体系结构,单一的技术或是知识经验往往并不能独自发挥其作用,而是需要与其他技术相配合才能产生效应。

工程项目无论是任务要求,还是运行模式和环境等方面均存在着特殊性,因此技术资源的协同管理问题通常会带有探索性、复杂性和高风险性等特征。在前人研究的基础上,结合工程项目技术资源的特征,本书按技术管理的运作过程将其协同管理分为搜索、选择、执行和学习等四大管理活动。技术搜索是指协同主体在了解工程项目的内外部环境变化情况后,搜索相关技术及知识的过程;技术选择主要是对所有即将在工程中应用的技术资源进行分析、比较和判断,并进行最终决策选用的过程;技术执行是指在技术信息的搜集、整理并加以分析和判断的基础上,将相关的技术资源等应用于项目实施的过程中;技术学习则是指在技术资源管理的整个过程中,通过学习的方式,从内外部获取并掌握先进且丰富的知识和技术,从而积累工程技术和知识的过程。如表 3-7 所示:

**表 3-7 技术资源子系统协同管理评价指标体系**

| 子系统 | 序参量 | 二级指标 |
| --- | --- | --- |
| 技术资源协同 | 技术搜索 | 技术资源应用的广度 |
| | | 技术资源与工程目标的契合度 |
| | 技术选择 | 技术质量及先进性 |
| | | 技术资源的适用性 |
| | 技术执行 | 技术结构体系合理性 |
| | | 技术实施难度及有效性 |
| | | 技术风险控制能力 |
| | 技术学习 | 技术资源分享的程度 |
| | | 技术知识的学习难度 |

### 三、指标权重

**(一)数据收集**

基于上述各子系统协同管理评级指标体系,采用调查问卷的方式,结合专家打分法以及相关矩阵赋值法,从而确定指标体系中个指标的权重。

本问卷根据五级量表法将评级分数分为 1 至 5 分,该分数表示某一评价对象(指标)相对于该子系统的权重或相对于上一子系统的重要性程度,即分数越高,表示重要性程度越高:5 分表示非常重要(程度最高),3 分表示一般重要(程度一般),1 分表示非常不重要(程度最弱)。受问者将在完全独立的情况下跟据自身的专业知识及经验对每一项指标进行评分。

本次问卷调查主要向相关领域方面的学术专家、博士硕士等研究学者及部分工程项目公司部门管理人员发放,随机性较强,保证了分析结论的可靠性。共发放 60 份问卷,收回问卷 58 份,剔除不合格问卷(如未填写完整和未认真填写的问卷),剩余有效问卷 54 份,问卷有效率达到 90%。

## （二）信度分析

本调查问卷的数据结果采用 SPSS 软件对其指标进行主成分分析,以及 KMO 检验和巴特利球体检验,经计算得到：人力资源协同的 KMO 值——0.796；信息资源协同的 KMO 值——0.754；物力资源协同的 KMO 值——0.818；财力资源协同的 KMO 值——0.823；技术资源协同的 KMO 值——0.712。可以看出：各个子系统研究变量的 KMO 值均大于 0.5,此外,巴特利球体检验结果较好,从而说明各个研究变量指标存在较高的代表性和内在一致性,即调查问卷数据具有较高的可靠性。

## （三）权重计算

为客观反映工程项目资源协同管理各评价指标的重要程度,需要针对指标体系进行权重的计算。根据研究及实际的需要,指标体系的二级指标的权重采用相关矩阵赋权法来计算。

基于相关矩阵赋权法的思想,其基本步骤一般表述如下：

(1) 假设某一体系中包含了 $n$ 个指标,它们的相关矩阵：

$$X = \begin{bmatrix} x_{11} & x_{12} & \cdots & x_{1n} \\ x_{21} & x_{22} & \cdots & x_{2n} \\ \vdots & \vdots & \cdots & \vdots \\ x_{n1} & x_{n2} & \cdots & x_{nn} \end{bmatrix}$$

其中, $x_{ii}=1(i=1,2,\cdots,n)$。

(2) 令 $$X_i = \sum_{j=1}^{n} |x_{ij}| - 1, (i=1,2,\cdots,n) \quad (3-1)$$

$X_i$ 表示第 $i$ 个指标对其他指标或整个体系的总影响；若 $X_i$ 越大,表示第 $i$ 个指标在此体系中的作用越大,即其影响程度越高,故其权数较大。

(3) 由此,将 $X_i$ 归一化,即可得到相应的各指标的权数：

$$\lambda = \frac{X_i}{\sum_{i=1}^{n} X_i}, (i=1,2,\cdots,n) \quad (3-2)$$

(4) 由上式(3-2)计算,即可得工程项目资源协同管理的测度指标体系的各指标权重,如表 3-8 所示：

表3-8 工程项目资源系统协同管理评价指标体系权重

| 子系统 | 序参量 | 子权重 | 二级指标 | 二级权重 |
|---|---|---|---|---|
| 人力资源协同（权重：0.29） | 观念与态度 | 0.25 | 各组分间观念一致性程度 | 0.34 |
| | | | 系统价值观创新性 | 0.33 |
| | | | 态度积极性 | 0.33 |
| | 能力水平 | 0.28 | 能力培养积极性 | 0.27 |
| | | | 能力资源配置效益 | 0.39 |
| | | | 能力水平考核合理性 | 0.33 |
| | 人员分配与工作角色 | 0.28 | 人员分配合理性 | 0.50 |
| | | | 工作角色清晰度 | 0.50 |
| | 知识与经验 | 0.19 | 知识经验共享程度 | 0.35 |
| | | | 投入产出的效果 | 0.37 |
| | | | 知识经验增值效益 | 0.28 |
| 信息资源协同（权重：0.23） | 信息资源共享 | 0.56 | 信息获取共享程度 | 0.20 |
| | | | 信息传递共享程度 | 0.33 |
| | | | 信息交流共享程度 | 0.26 |
| | | | 信息评价共享程度 | 0.21 |
| | 信息系统建设 | 0.44 | 系统建设完善程度 | 0.35 |
| | | | 系统性能良好程度 | 0.34 |
| | | | 系统产生的效益 | 0.31 |
| 物力资源协同（权重：0.19） | 事前审核、计划 | 0.28 | 物资审核的规范性 | 0.50 |
| | | | 物资规划的合理性 | 0.50 |
| | 事中监督、控制 | 0.41 | 物资供应的充裕度与及时性 | 0.34 |
| | | | 物资使用的合理性 | 0.34 |
| | | | 物资使用的风险控制力度和有效性 | 0.33 |
| | 事后跟踪、分析 | 0.32 | 物资总体管理能力 | 0.31 |
| | | | 物资控制体系科学性及效果 | 0.36 |
| | | | 物资使用效能 | 0.33 |

（续表）

| 子系统 | 序参量 | 子权重 | 二级指标 | 二级权重 |
|---|---|---|---|---|
| 财力资源协同（权重：0.20） | 财务战略制定 | 0.33 | 短中长期目标的衔接度 | 0.32 |
| | | | 先进性与可行性的吻合度 | 0.33 |
| | | | 合理性与柔韧性的协调度 | 0.35 |
| | 财务运营管理 | 0.34 | 资金供给的充裕度与及时性 | 0.35 |
| | | | 生产需求与资金供给的匹配性 | 0.36 |
| | | | 资源使用的规范性与灵活性 | 0.28 |
| | 财务利益分配 | 0.33 | 财务利益分配的合理性 | 0.50 |
| | | | 财务风险分配的合理性 | 0.50 |
| 技术资源协同（权重：0.19） | 技术搜索 | 0.17 | 技术资源应用的广度 | 0.50 |
| | | | 技术资源与工程目标的契合度 | 0.50 |
| | 技术选择 | 0.30 | 技术质量及先进性 | 0.50 |
| | | | 技术资源的适用性 | 0.50 |
| | 技术执行 | 0.33 | 技术结构体系合理性 | 0.22 |
| | | | 技术实施难度及有效性 | 0.43 |
| | | | 技术风险控制能力 | 0.35 |
| | 技术学习 | 0.20 | 技术资源分享的程度 | 0.50 |
| | | | 技术知识的学习难度 | 0.50 |

如表 3-8 所示的指标体系权重表可以看出，人力资源协同子系统的权重最大，为 0.29，这与"在 PPP 工程项目资源的协同管理中，人力资源协同管理在整个项目生命期中起着决定性作用"的情况相一致。

## 第五节　重大工程资源协同度测度模型

### 一、模型构建

PPP 项目资源协同管理价值的大小主要体现在资源协同追求的目标，即使工程资源发挥整体效应从而产生更多、更大、更优的功能。本文在借鉴了序参量以及系统协同度模型的基础上，构建了 PPP 项目资源管理的协同度测度(协同度是指资源系统内部子系统之间或子系统组成要素之间在整个项目生命期中彼此协调或协同一致的程度)的模型[39],并以此用于评价PPP项目主体间各资源系统之间的协同程度,借具体实例来论证模型的科学性及实用性。

**(一) 模型假设**

**假设1**:PPP工程项目资源的协同过程为一个由若干个资源子系统或要素变量构成的复杂系统 $S=(S_1,S_2,\cdots S_n)$,其中 $S_i$ 为第 $i$ 个资源子系统或要素。

**假设2**:对于子系统或要素 $S_i(i\in[1,m])$ 而言,设其协同过程中的序参量变量为 $e_i=(e_{i1},e_{i2},\cdots e_{in})$,其中,$1\leqslant n,\beta_{ij}\leqslant e_{ij}\leqslant \alpha_{ij},j\in[1,n]$。

**(二) 参数定义**

**定义1**:根据协同学理论,序参量或要素的变化对于系统的有序度主要有两种效用,即正效用和负效用,前者是指随着序参量的增大,其系统的有序度有增大的趋势,后者则反之。一般性定义:假定 $e_{i1},e_{i2},\cdots e_{i\varphi}$ 的取值越小,表示其系统有序度越低,其取值越大表示其系统有序度越高;而假定 $e_{i\varphi+1},e_{i\varphi+2},\cdots e_{in}$ 的取值越小,表明其系统的有序度越高,取值越大则其系统有序度越低。

**定义2**:定义子系统或要素 $S_i$ 的序参量分量 $e_{ij}$ 的有序度如下式:

$$\mu_i(e_{ij})=\begin{cases}\dfrac{e_{ij}-\beta_{ij}}{\alpha_{ij}-\beta_{ij}},&j\in[1,\varphi]\\[2mm]\dfrac{\alpha_{ij}-e_{ij}}{\alpha_{ij}-\beta_{ij}},&j\in[\varphi+1,n]\end{cases} \qquad (3-3)$$

由上述定义2可以发现,$\mu_i(e_{ij})\in[0,1]$,其值越大表明 $e_{ij}$ 对系统协同有序的贡献程度越大。而在实际的运用时,系统中会由若干个 $e_{ij}$,但其取值并不是越大或越小就越好,而应该是集中在某一特定点周围的小范围区域最好。

**(三) 模型建立**

总体上看,序参量变量 $e_i$ 对系统 $S_i$ 协同的贡献程度可以通过对 $\mu_i(e_{ij})$ 的集成得以实现。但系统协同的总体效果不仅取决于各序参量的数值大小,更关键的还是取决于各序参量之间的组合形式,而对于不同的系统结构,它们又具有不同的组合形式,其组合形式反过来决定了它们的集成方

式。为了简便起见,本文主要采用线性加权求和法,即

$$\mu_i(e_i) = \sum_{j=1}^{n} \lambda_j \mu_i(e_{ij}) \qquad (3-4)$$

其中,$\lambda_j \geqslant 0, \sum_{j=1}^{n} \lambda_j = 1$。

根据上式(3-4),我们定义 $\mu_i(e_i)$ 为序参量变量的 $e_i$ 的系统有序度。

综合公式(3-3)和(3-4)可知,$\mu_i(e_i) \in [0,1]$,且 $\mu_i(e_i)$ 的值越大,表明序参量 $e_i$ 对系统有序的贡献程度越大,即系统协同有序的程度也就越高;反之亦然。在应用线性加权求和法的过程中,要重点关注权系数 $\lambda_j$ 的确定:不仅要考虑到现实中系统的运行状况,而且还要能反映系统在各个发展阶段的运行目标,就是指系统在保持有序运行过程中 $e_{ij}$ 所起的作用大小或地位的高低。

在既定的初始时刻 $t_0$,设各个子系统的序参量有序度为 $\mu_i^0(e_i)$,$(i=1, 2,\cdots m)$,对于整个系统而言,在其协同发展过程的 $t_1$ 时刻,则其各子系统的序参量有序度为 $\mu_i^1(e_i)$,$(i=1,2,\cdots m)$。因此,对于在 $t_0 \sim t_1$ 的时间段内,整个工程的资源管理系统协同度(The Synergy Degree of Resource Management System)如下:

$$SDRMS = \theta \sum_{j=1}^{n} \lambda_j \mid \mu_i^1(e_i) - \mu_i^0(e_i) \mid, (i=1,2,\cdots m) \qquad (3-5)$$

其中,$\theta = \dfrac{\min\limits_{i}[\mu_i^1(e_i) - \mu_i^0(e_i) \neq 0]}{\mid \min\limits_{i}[\mu_i^1(e_i) - \mu_i^0(e_i) \neq 0] \mid}$;$\lambda_j \geqslant 0, \sum_{j=1}^{n} \lambda_j = 1$。

对于上述在进行协同度测度的过程中,主要关注点及结论有以下几点:

(1) 由定义2可知,$\mu_i^1(e_i) - \mu_i^0(e_i) \in [-1,1]$。它主要用来表示子系统或要素 $S_i$ 在 $t_0 \sim t_1$ 这一时间段序参量有序度的变化情况,即子系统序参量有序程度有多大的变化。

(2) 从参数 $\theta$ 的定义上看,它主要表示:当且仅当 $\mu_i^1(e_i) - \mu_i^0(e_i) > 0$ 时,工程资源管理系统才会有正的协同度。

(3) 根据公式(3-5),可知工程资源管理系统协同度($SDRMS$)$\in [-1,1]$,其值越大,表明整个工程资源系统全面协同的程度越高;反之越低。

(4) 该测度模型比较综合地考虑了系统中各个子系统或要素的情况。若系统中某个子系统的有序度较高或增长幅度较大,而另外一些子

系统的有序度较低,或者下降(幅度较大),那么整个系统仍然不是处于一个良好的协同状况,甚至根本不协调,从测度结果上来看,即(SDRMS)∈[-1,0]。反过来,它也从侧面上论证了:若系统在 $t_0 \sim t_1$ 时间段处于非全面的协同状态,说明系统中至少有一个子系统或要素仍处于无序状态或向有序状态转换的程度极低。

(5)利用该协同测度模型,可以考察现实的系统中相对于某一基准时点而言,各个不同发展阶段的系统协同程度的特征以及变化趋势。通过对子系统或要素的序参量有序度的测算从而把握整个系统的协同状态,这对全面实施资源协同管理及效果的测度提供了一种较科学的方式。

## 二、实证分析

在实际的工程项目管理工作中,几乎不可能实现获得 PPP 项目各投资主体关于序参量的各个影响因素或指标的准确且客观的基础数据。因此,本文以问卷调查的评判打分为基础,结合综合评价法,从而在实践中实现协同测度。

### (一)数据收集

基于上文已构建的工程资源协同管理评价指标体系及协同度测度模型,根据某市智慧谷"三园一基地"PPP 工程项目,通过对该项目公司的实地调研及人员访谈、电子及纸质问卷调查(详见附件2),收集了关于此项目资源管理协同度测度各项指标的数据。此调查对象包含了该项目的政府及私营投资主体的各个不同部门(如人力资源部、财务部、工程部、信息管理部、技术研发部等)、不同层级(如决策层、管理层、经营层等)等项目参与人员,从而基本保障了数据来源的合理性和可靠性。问卷调查共发放 35 份,回收 34 份有效问卷,有效率达到 97%。由于各(二级)指标难以完全定量化,故采用半定量打分法(七分制:1=最差值,7=最优值或理想值),通过设计的调查表赋值,得到原始数据,如表 3-9 所示:

表 3-9 智慧谷"三园一基地"工程项目资源协同管理的调查统计情况

| 二级指标 | 项目阶段 | | | | |
|---|---|---|---|---|---|
| | 初步启动 | 规划设计 | 施工执行 | 收尾竣工 | 运营管理 |
| 各组分间观念一致性程度 | 4.46 | 4.54 | 5.33 | 4.91 | 4.43 |
| 系统价值观创新性 | 3.94 | 4.01 | 4.81 | 4.80 | 3.94 |
| 态度积极性 | 5.04 | 4.54 | 5.42 | 5.58 | 4.64 |
| 能力培养积极性 | 4.37 | 4.41 | 4.96 | 4.22 | 4.56 |
| 能力资源配置效益 | 3.82 | 3.93 | 4.31 | 3.90 | 3.81 |
| 能力水平考核合理性 | 4.18 | 4.08 | 4.78 | 4.51 | 4.39 |
| 人员分配合理性 | 4.00 | 4.67 | 5.52 | 5.47 | 5.38 |
| 工作角色清晰度 | 3.81 | 3.94 | 3.76 | 3.74 | 3.80 |
| 知识经验共享程度 | 3.91 | 4.52 | 4.45 | 4.39 | 4.17 |
| 投入产出的效果 | 4.08 | 3.95 | 4.53 | 4.98 | 5.18 |
| 知识经验增值效益 | 3.97 | 3.94 | 4.25 | 3.78 | 4.09 |
| 信息获取共享程度 | 4.60 | 5.00 | 5.16 | 4.60 | 4.68 |
| 信息传递共享程度 | 4.00 | 4.27 | 4.90 | 4.50 | 3.71 |
| 信息交流共享程度 | 4.80 | 4.91 | 5.07 | 4.51 | 4.65 |
| 信息评价共享程度 | 4.06 | 4.18 | 5.01 | 4.80 | 4.40 |
| 系统建设完善程度 | 3.71 | 3.80 | 4.41 | 4.68 | 4.73 |
| 系统性能良好程度 | 3.80 | 4.10 | 4.51 | 4.80 | 4.97 |
| 系统产生的效益 | 3.62 | 3.81 | 4.33 | 4.42 | 4.50 |
| 物资审核的规范性 | 4.11 | 4.20 | 4.80 | 4.31 | 4.59 |
| 物资规划的合理性 | 4.18 | 4.81 | 5.00 | 4.37 | 4.60 |
| 物资供应的充裕度与及时性 | 3.97 | 3.81 | 4.90 | 4.95 | 4.50 |
| 物资使用的合理性 | 4.13 | 4.27 | 4.91 | 4.66 | 3.71 |
| 物资使用的风险控制力度和有效性 | 4.82 | 3.80 | 4.48 | 4.95 | 4.67 |
| 物资总体管理能力 | 3.89 | 4.08 | 4.48 | 5.09 | 4.68 |
| 物资控制体系科学性及效果 | 4.01 | 4.20 | 4.72 | 5.11 | 4.76 |
| 物资使用效能 | 4.83 | 4.60 | 4.41 | 4.43 | 4.68 |

（续表）

| 二级指标 | 项目阶段 | | | | |
|---|---|---|---|---|---|
| | 初步启动 | 规划设计 | 施工执行 | 收尾竣工 | 运营管理 |
| 短中长期目标的衔接度 | 3.97 | 4.26 | 4.94 | 4.50 | 4.36 |
| 先进性与可行性的吻合度 | 3.72 | 3.75 | 4.43 | 3.90 | 4.09 |
| 合理性与柔韧性的协调度 | 3.80 | 3.90 | 4.77 | 4.43 | 3.93 |
| 资金供给的充裕度与及时性 | 4.42 | 4.27 | 5.08 | 4.51 | 4.50 |
| 生产需求与资金供给的匹配性 | 4.14 | 4.24 | 4.88 | 4.74 | 4.36 |
| 资源使用的规范性与灵活性 | 4.19 | 4.22 | 5.03 | 4.81 | 4.18 |
| 财务利益分配的合理性 | 4.43 | 4.65 | 4.75 | 4.41 | 4.43 |
| 财务风险分配的合理性 | 4.59 | 4.73 | 5.00 | 4.44 | 4.26 |
| 技术资源应用的广度 | 3.54 | 3.81 | 5.08 | 5.22 | 4.80 |
| 技术资源与工程目标的契合度 | 3.97 | 4.39 | 5.04 | 4.88 | 5.16 |
| 技术质量及先进性 | 3.74 | 3.80 | 4.43 | 4.52 | 4.05 |
| 技术资源的适用性 | 3.77 | 3.98 | 4.27 | 4.45 | 4.51 |
| 技术结构体系合理性 | 3.81 | 3.78 | 4.53 | 4.41 | 4.28 |
| 技术实施难度及有效性 | 3.77 | 4.89 | 4.39 | 4.40 | 4.50 |
| 技术风险控制能力 | 4.05 | 4.43 | 4.37 | 4.38 | 3.72 |
| 技术资源分享的程度 | 4.18 | 4.18 | 4.40 | 3.71 | 4.10 |
| 技术知识的学习难度 | 4.28 | 4.52 | 4.43 | 4.24 | 4.43 |

**（二）数据标准化处理**

各原始数据因量纲不同而不能进行直接的计算，因此要对上述数据进行无量纲化处理，即数据标准化。

经过标准化处理的人力资源协同数据如下：

$$\begin{bmatrix} 0.4971 & 0.5063 & 0.6192 & 0.5578 & 0.4932 \\ 0.4183 & 0.4296 & 0.5438 & 0.5429 & 0.4191 \\ 0.5763 & 0.5062 & 0.6318 & 0.6486 & 0.5171 \\ 0.4828 & 0.4906 & 0.5649 & 0.4613 & 0.5089 \\ 0.4046 & 0.4178 & 0.4736 & 0.4128 & 0.4027 \\ 0.4533 & 0.4378 & 0.5396 & 0.5012 & 0.4838 \\ 0.4402 & 0.5218 & 0.6469 & 0.6376 & 0.6247 \\ 0.4024 & 0.4184 & 0.3921 & 0.3887 & 0.4002 \\ 0.4134 & 0.5024 & 0.4962 & 0.4832 & 0.4528 \\ 0.4368 & 0.4217 & 0.5048 & 0.5692 & 0.5984 \\ 0.4233 & 0.4192 & 0.4649 & 0.3928 & 0.4398 \end{bmatrix}$$

经过标准化处理的信息资源协同数据如下：

$$\begin{bmatrix} 0.5144 & 0.5711 & 0.5928 & 0.5147 & 0.5233 \\ 0.4285 & 0.4676 & 0.5570 & 0.5000 & 0.4772 \\ 0.5428 & 0.5583 & 0.5792 & 0.5012 & 0.5196 \\ 0.4337 & 0.4536 & 0.5728 & 0.5439 & 0.4868 \\ 0.3802 & 0.3994 & 0.4886 & 0.5248 & 0.5327 \\ 0.4021 & 0.4420 & 0.5018 & 0.5439 & 0.5682 \\ 0.3722 & 0.4031 & 0.4773 & 0.4882 & 0.4997 \end{bmatrix}$$

经过标准化处理的物力资源协同数据如下：

$$\begin{bmatrix} 0.4448 & 0.4582 & 0.5430 & 0.4731 & 0.5132 \\ 0.4532 & 0.5449 & 0.5716 & 0.4828 & 0.5134 \\ 0.4232 & 0.4012 & 0.5547 & 0.5617 & 0.5004 \\ 0.4485 & 0.4671 & 0.5583 & 0.5209 & 0.4773 \\ 0.4084 & 0.4011 & 0.4982 & 0.5629 & 0.5218 \\ 0.4102 & 0.4382 & 0.4973 & 0.5849 & 0.5237 \\ 0.4413 & 0.4571 & 0.5308 & 0.5872 & 0.5394 \\ 0.5471 & 0.5147 & 0.4908 & 0.4889 & 0.5237 \end{bmatrix}$$

经过标准化处理的财力资源协同数据如下：

$$\begin{bmatrix} 0.4232 & 0.4669 & 0.5607 & 0.4992 & 0.4818 \\ 0.3831 & 0.3894 & 0.4937 & 0.4129 & 0.4393 \\ 0.4011 & 0.4120 & 0.5378 & 0.4884 & 0.4179 \\ 0.4923 & 0.4679 & 0.5838 & 0.5012 & 0.4998 \\ 0.4492 & 0.4637 & 0.5520 & 0.5336 & 0.4817 \\ 0.4539 & 0.4620 & 0.5748 & 0.5445 & 0.4538 \\ 0.4938 & 0.5193 & 0.5347 & 0.4902 & 0.4882 \\ 0.5131 & 0.5327 & 0.5718 & 0.4896 & 0.4664 \end{bmatrix}$$

经过标准化处理的技术资源协同数据如下：

$$\begin{bmatrix} 0.3628 & 0.4012 & 0.5837 & 0.6012 & 0.5431 \\ 0.4238 & 0.4838 & 0.5764 & 0.5521 & 0.5936 \\ 0.3864 & 0.4000 & 0.4893 & 0.5026 & 0.4327 \\ 0.3938 & 0.4258 & 0.4673 & 0.4898 & 0.4507 \\ 0.4012 & 0.3948 & 0.5046 & 0.4902 & 0.4681 \\ 0.3940 & 0.4102 & 0.4826 & 0.4831 & 0.4997 \\ 0.4328 & 0.4939 & 0.4831 & 0.4552 & 0.4795 \\ 0.4528 & 0.4533 & 0.4860 & 0.4774 & 0.4439 \\ 0.4682 & 0.5020 & 0.4884 & 0.4648 & 0.4921 \end{bmatrix}$$

## （三）协同度计算

(1) 各子系统序参量有序度

在上述数据标准化的基础上，可根据公式(3-4)以及指标体系权重表，分别计算出各子系统的序参量有序度，结果如表 3-10 所示：

表 3-10 智慧谷"三园一基地"工程项目资源管理子系统序参量有序度

| 序参量 | 项目阶段 | | | | |
| --- | --- | --- | --- | --- | --- |
| | 初步启动 | 规划设计 | 施工执行 | 收尾竣工 | 运营管理 |
| 观念与态度 | 0.4972 | 0.4810 | 0.5985 | 0.5828 | 0.4766 |
| 能力水平 | 0.4377 | 0.4399 | 0.5153 | 0.4509 | 0.4541 |
| 人员分配与工作角色 | 0.4213 | 0.4701 | 0.5195 | 0.5132 | 0.5125 |
| 知识与经验 | 0.4248 | 0.4492 | 0.4906 | 0.4897 | 0.5030 |

(续表)

| 序参量 | 项目阶段 | | | | |
|---|---|---|---|---|---|
| | 初步启动 | 规划设计 | 施工执行 | 收尾竣工 | 运营管理 |
| 信息共享 | 0.476 5 | 0.508 9 | 0.573 3 | 0.512 5 | 0.499 5 |
| 信息系统建设 | 0.385 2 | 0.415 0 | 0.489 6 | 0.519 9 | 0.534 5 |
| 事前审核、计划 | 0.449 0 | 0.501 6 | 0.557 3 | 0.478 0 | 0.513 3 |
| 事中监督、控制 | 0.431 2 | 0.427 6 | 0.542 8 | 0.553 8 | 0.504 6 |
| 事后跟踪、分析 | 0.466 6 | 0.470 2 | 0.507 2 | 0.554 1 | 0.529 4 |
| 财务战略制定 | 0.402 2 | 0.422 1 | 0.530 6 | 0.466 9 | 0.445 4 |
| 财务运营管理 | 0.461 1 | 0.460 1 | 0.564 0 | 0.520 0 | 0.475 4 |
| 财务利益分配 | 0.503 5 | 0.526 0 | 0.553 3 | 0.489 9 | 0.477 3 |
| 技术搜索 | 0.393 3 | 0.442 5 | 0.580 1 | 0.576 7 | 0.568 4 |
| 技术选择 | 0.390 1 | 0.412 9 | 0.478 3 | 0.496 2 | 0.441 7 |
| 技术执行 | 0.474 1 | 0.510 2 | 0.560 1 | 0.543 2 | 0.557 6 |
| 技术学习 | 0.460 5 | 0.477 7 | 0.487 2 | 0.471 1 | 0.468 0 |

(2)各子系统协同度

根据以上评价指标体系权重表及子系统序参量有序度表,可以计算得到各子系统的协同度,具体如表3-11和图3-8所示:

表3-11 智慧谷"三园一基地"工程项目资源管理系统各子系统协同度

| 序参量 | 项目阶段 | | | | |
|---|---|---|---|---|---|
| | 初步启动 | 规划设计 | 施工执行 | 收尾竣工 | 运营管理 |
| 人力资源协同 | 0.445 6 | 0.460 4 | 0.532 6 | 0.508 7 | 0.485 4 |
| 信息资源协同 | 0.436 3 | 0.467 6 | 0.536 4 | 0.515 8 | 0.514 9 |
| 物力资源协同 | 0.451 8 | 0.466 2 | 0.540 9 | 0.538 2 | 0.520 0 |
| 财力资源协同 | 0.455 7 | 0.469 3 | 0.549 4 | 0.492 5 | 0.466 1 |
| 技术资源协同 | 0.432 4 | 0.463 0 | 0.524 4 | 0.520 4 | 0.506 7 |

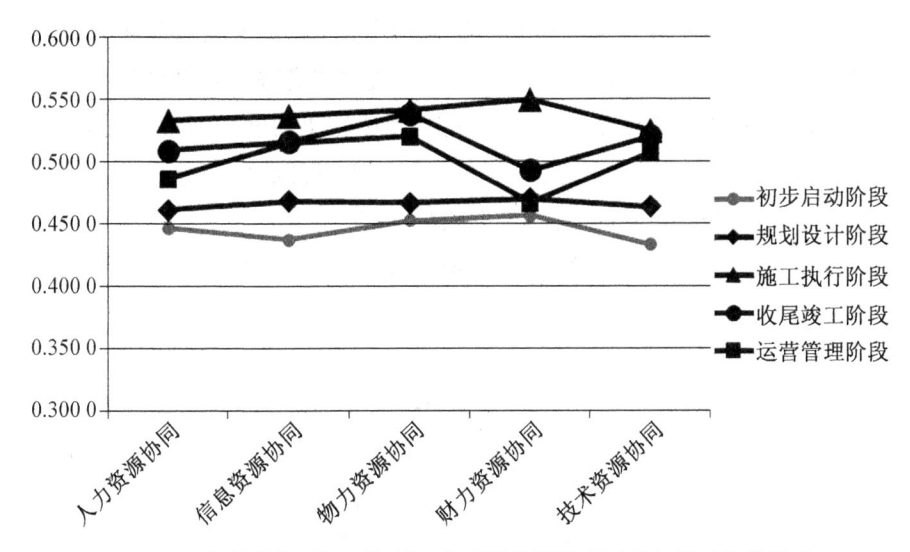

图 3-8 智慧谷"三园一基地"工程项目资源管理系统各子系统协同度

通过表 3-11 和图 3-8 所示,可以发现各个子系统的协同度都在 [0.4,0.6] 范围之内;而在项目生命期的不同阶段,呈现小幅度波动的态势,但总体呈现较稳定的状态。从本项目的整个阶段来看,其在施工执行阶段,各子系统的协同度最高,均在 0.5 以上,最高则达到 0.549 4;而在其初步启动阶段,各个子系统的协同度最低,均在 0.45 左右,最低只有 0.432 4。而对本项目各个资源子系统而言,其人力和财力资源子系统的平均协同度较低,而物力资源子系统的平均协同度最高。

(3) 系统协同度

如表 3-11 所示,若以初步启动阶段为基准时点,根据前述的 PPP 项目资源协同管理的协同度测度模型,可以得出智慧谷"三园一基地"工程项目资源管理系统协同度,如表 3-12 和图 3-8 所示:

表 3-12 智慧谷"三园一基地"工程项目资源管理系统协同度

| 协同度 | 项目阶段 | | | | |
| --- | --- | --- | --- | --- | --- |
| | 初步启动 | 规划设计 | 施工执行 | 收尾竣工 | 运营管理 |
| 系统协同度 | 0 | 0.030 4 | 0.103 6 | −0.031 3 | −0.023 9 |

通过图表可以看出,该智慧谷"三园一基地"项目资源管理系统协同度在项目前期,其协同度逐步提高,且在施工执行阶段达到协同度的峰值,此

后急剧下降至竣工收尾和运营管理阶段的负值,主要表现为系统不协同。这是因为在项目的不断深入过程中,各投资主体合作意愿逐渐增强,尤其在项目的规划和施工阶段受到较高的重视,因此其协同度较高且呈现增长的趋势,而在竣工阶段及其运营阶段,各方工作重点开始发生分歧,逐步涉及到分配利益和分担风险的阶段,各方成员对其产生了各不相同的理解,因此其协同度逐步降低,甚至产生不协同或者对立分歧的现象。如图 3-9 所示。

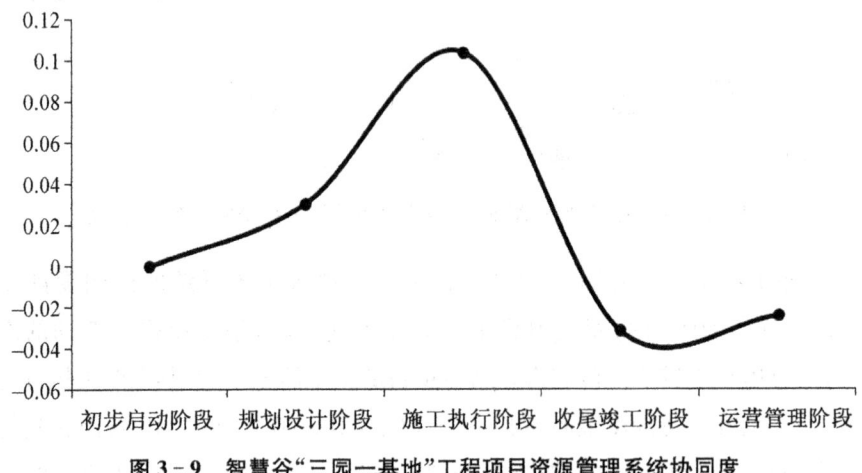

**图 3-9 智慧谷"三园一基地"工程项目资源管理系统协同度**

通过对此项目案例的实证研究可以发现,此智慧谷"三园一基地"工程项目资源管理各个阶段的协同度均不高,最低的甚至达到 $-0.0313$。所以从各个层面来看,该项目资源协同管理尚待优化,其协同度或者说项目资源管理的效率和效果还有大幅提升的空间。

## 第六节 重大工程资源协同管理优化

PPP 工程资源协同管理的过程是从无序转变为有序的过程,而在这个过程中,各管理的要素都在不断的接触、沟通、碰撞、冲突、调整和改变,从而实现最终的"1+1>2"的协同效果。在不断的解决旧问题、又产生新问题的过程中,由此而产生了或多或少的不协同现象,这便造成了协同低下、效率降低、资源浪费的现象,甚至会使得各主体间关系逐渐恶化、矛盾逐步升级。因此,为了能改善这些问题,实现高质量的协同效应,本部分对资源协同提供了简略的优化策略,其优化策略主要包含两个层次,即子系统级优化和系统级优化。

## 一、子系统级优化

子系统级优化,即针对整个资源系统中各个资源子系统进行的协同优化,旨在满足各个资源子系统的内部约束和需求,其优化的目标是各子系统的优化结果与系统级的优化目标之间的差异最小。从优化层次来看,可以理解为:子系统级优化是子系统内的优化,系统级优化是子系统间的优化。

在进行各个资源子系统协同管理时,必须充分考虑各类资源或要素的特殊属性,在科学统筹的原则下,灵活配置和调度,才能保证资源的合理且高效的使用,达到资源协同管理的最终目标。因此,针对不同的资源类别,可根据上文第四节中构建指标体系的思路,分别进行各子系统的资源协同优化(即人力资源协同优化、物力资源协同优化等五类),本部分仅以信息资源协同优化加以描述。

要对 PPP 项目信息资源协同进行优化,应先对项目中管理信息的属性、种类和基本特点等进行描述和总结,进而分析存在于各项目阶段的信息沟通困难的现象,从而提出信息协同优化的各阶段目标。有效的信息沟通是 PPP 项目资源协同管理成功实施的基础,它渗透到整个系统整个生命期的协同行为中,将各种协同活动联系在一起,因此其优化主要包括:① 详细分析 PPP 项目管理过程中几种重要的信息沟通方式,包括项目总管理方与各参与方、项目经理与业主、项目经理与各职能部门等之间的沟通和协同;② 在深入分析了信息沟通存在的问题及原因的基础上,要提出切实可行的有效促进沟通、解决沟通的方法,为项目的管理人员在实现信息协同管的过程中提供参考和指导;③ 各参与方应集合探讨在项目的整个生命期的各个阶段,对信息的辨识、收集、处理、存储和检索等如何进行有效的信息管理,并在此基础上建立一整套科学有效、合理完善的 PPP 项目信息管理系统来实现信息资源的协同管理。

## 二、系统级优化

要提高整个 PPP 项目资源管理系统的协同度,对其进行优化,则需要利用整个系统中资源之间的相互关系和作用,以此来提高整个系统的协同效果。而系统级优化的任务，即协调各个子系统使其相互之间的不一致性逐步缩小，最终达到整个系统的总体目标最优化。针对整个系统级别的优化，本文主要从三个层面加以总结：

（1）互补性协同优化

它首先表现为在实施资源协同时，应根据具体项目阶段的资源需求（PPP 项目中各阶段对资源的需求层次不一样）进行资源结构的分解，从而在某一阶段可以有针对性地对优劣势资源进行比较和选择，从而提高资源的利用效率。此外，无论各资源主体所处的地位和竞争优势如何，但作为一个完整的合作系统，彼此之间应优势互补，且应勇于承担具有自身相对优势方面的责任和风险，最终高效地利用各方资源的价值。

（2）相关性协同优化

相关性主要包括相同和相似两个方面，即在整个项目的不同阶段或者同一阶段的不同时刻和不同子项目上，针对各资源主体实施相同或相似的资源集成和配置。所谓相同，可字面理解为其集成可以形成规模经济效应，而相似性，即各资源要素之间无论是其性质、作用或功能等方面相互之间可以互通互换的特殊效果，其集成可以形成范围经济效应。通过相关性的协同，可以将各资源子系统更加紧密地联系在一起，且有利于彼此之间叠加效应的产生，上述两方面都是提高协同效果的有效方式。

（3）流动性协同优化

此优化策略与相关性协同中的相似性有异曲同工之处，但它更加强调具体的资源要素只在某一阶段发挥其作用和价值，而在其他阶段没有明显价值。实践证明，PPP 项目在其实施过程中，各资源子系统或要素在各阶段并不是都处于满负荷的运作，它们可能存在着低效利用或闲置状态，这就无形中造成一定程度的折旧，更进一步说，它就是资源的一种浪费和损失。而进行资源流动性的系统可以有效地避免这种损失，各资源要素并不是缺乏灵活地被独占使用，而是能被集成地共享使用和分配，增加了其流动性和使用价值。

**参考文献**

[1] Fourie F. C., Burger P. Fiscal implications of public-private partnerships(PPPS)[J]. The South African Journal of Economics, 2001, 69: 147–168.

[2] Grimsey D., Lewis M. K. Evaluating the risks of PPPs for infrastructure protects [J]. International Journal of Project Management, 2002, 20: 107-108.

[3] E. S. Savas, Privatization and Public Private Partnerships [M]. New York: Chatham House, 2000.

[4] Hammami M., Ruhashyankiko J-F., Yehoue E. B. Determinants of public-private partnerships in infrastructure [Z]. IMF Working Paper, 2006.

[5] Hastak M., Shaked A., ICRAM-1: model for international construction riskassessment [J]. Journal of Management in Engineering, 2000, 16(1).

[6] Li B., Akintoye A., Edwards P. J., Hardcastle C. The allocation of risk in PPP/PFI construction projects in the UK [J]. International Journal of Project Management, 2005, 23(1): 25-35.

[7] Looseraore M., Raftery J., Reilly C., Higgon D. Risk Management in Projects [M]. London: Taylor & Francis, 2006.

[8] 赵有亮. PFI 项目的政府管理机制研究[D]. 天津大学, 2008.

[9] 徐霞,郑志林,周松. PPP 模式下的政府监管体制研究[J]. 建筑经济, 2009, 7: 105-108.

[10] 程连于. PPP 模式与我国民间投资问题研究[J]. 河南社会科学, 2009, 3: 117-119.

[11] 范小军,王方华. 大型基础项目融资风险的动态模糊评价[J]. 上海交通大学学报, 2004, 3: 43-46.

[12] 王全新. PPP 模式在我国基础设施建设中的应用研究[D]. 武汉理工大学, 2005.

[13] 冯燕. PPP 项目融资风险识别及量化研究[D]. 重庆大学, 2007.

[14] 亓霞,柯永健,王守清. 基于案例的中国 PPP 项目的主要风险因素分析[J]. 中国软科学, 2009, 5: 107-113.

[15] 刘新平,王守清. 试论 PPP 项目的风险分配原则和框架[J]. 建筑经济, 2006, 2: 59-63.

[16] 邓小鹏,李启明. PPP 项目风险分担原则综述及运用[J]. 建筑经济, 2008, 9: 32-35.

[17] 柯永建,王守清,陈炳泉. 私营资本参与基础设施 PPP 项目的政府激励措施[J]. 清华大学学报(自然科学版), 2009, 9: 1480-1483.

[18] Walid Belassi, Oya Icmeli Tukel. A new framework for determining critical success/failure factors in projects [J]. International Journal of Project Management, 1996, 14(3): 141-151.

[19] Eddie W., L. Cheng, Heng Li. Construction partnering process and associated critical success factors: quantitative investigation [J]. Journal of Management in

Engineering, 2002, 18(4): 94-203.

[20] A. F. Griffith, G. E. Gibson Jr., Alignment during preproject planning [J]. Journal of Management in Engineering, 2001, 69-76.

[21] Douglas D. Gransberg, William D. Dillon, Lee Reynolds, Jack Boyd. Quantitative analysis of partnered project performance [J]. Journal of Construction Engineering and Management, 1999.

[22] Sai-On Cheung, Henry C. H. Suen, Tsun-lp Lam. Fundamentals of alternative dispute resolution processes in construction [J]. Journal of Construction Engineering and Management, 2002, 128(5): 409-417.

[23] Feniosky Pena-Mora, Sanjeev Vadhavkar. Geographically Distributed Team Interaction Space [C]. ICCCBEⅧ, 2000.

[24] Stephen R. Thomas, Richard L. Tucker, William R. Kelly. Critical communication variables [J]. Journal of Construction Engineering and Management, 1998, 124(1): 58-66.

[25] Feniosky Pena-Mora, Tadatsugu Tamaki. Effect of delivery systems on collaborative negotiations for complex infrastructure projects [J]. Journal of Management in Engineering, 2001.

[26] A. Jaafari. Concurrent construction and life cycle project management [J]. Journal of Construction Engineering and Management, 1997, 123(4): 427-436.

[27] PED Love, A. Gunasekaran and H Li. Concurrent engineering: a strategy for procuring construction projects [J]. International Journal of Project Management, 1998, 16(6): 375-383.

[28] Min-Yuan Cheng, Cheng-Wei Su and Horng-Yuh You. Optimal project organizational structure for construction management [J]. Journal of Construction Engineering and Management, 2003.

[29] William J. Rasdorf, Osama Y. Abudayyeh. Cost-and schedule-control integration: issues and needs [J]. Journal of Construction Engineering and Management, 1991, 117(3): 486-502.

[30] A. J. G. Badu, Nalina Suresh Project management with time, cost and quality consideration [J]. European Journal of Operational Research, 1996, 88: 320-327.

[31] Do Ba Khang, Yin Mon Myint. Time, cost and quality trade-off in project management: a case study [J]. International Journal of Project Management, 1999, 17(4): 249-256.

[32] 韩洪云,左进.我国建筑业全生命周期价值链管理现状及改进[J].建筑经济.2004(7).

[33] 李瑞涵.工程项目集成化管理理论与创新研究[D].天津大学,2002.

[34] 陈光,成虎.建设项目全寿命周期目标体系研究[J].土木工程学报,2004,37(10):87-91.

[35] 刘尔烈,张艳海.建筑施工项目进度、成本和质量目标的综合优化[J].天津理工学院学报,2001,17(2):90-93.

[36] 丁士昭.国际工程项目管理模式的探讨[J].土木工程学报,2002(1).

[37] 马智亮,莫方彬,陈娟.建筑施工项目信息化管理系统的面向对象建模[J].土木工程学报,2001,34(2):105-110.

[38] 李迁.基于综合集成管理的大型工程组织及相关机制研究[D].南京大学,2008.

[39] 乐新军,佘立中.大型集群工程项目协同管理模式创新研究[J].工程管理学报,2011,25(1):56-60.

[40] 郭孝锋.复杂大型创新项目UIG协同管理理论及实证研究[D].华北电力大学,2012.

[41] 彭琼芳.大型建设项目协同管理的研究[J].湖北第二师范学院学报,2013,30(2):77-79.

[42] 何寿奎,李红镝,刘涵.基于组织协同的大型建设项目群风险识别与管理[J].项目管理技术,2009,7(2):15-19.

[43] 汤丹.大型基础设施建设项目协同管理研究[D],中南大学,2010.

[44] 王广斌,何贵友,刘洪磊.建设项目跨组织协同技术应用动态博弈分析[J].软科学,2012,26(10):48-53.

[45] 周文,任丽彬.区域竞争与资源配置[J].经济问题探索,2006(6):24-27.

[46] 林衡博,高延鹏.论政府主导型资源配置模式的现实意义[J].商场现代化,2004(10):40-41.

[47] 彭华涛.区域科技资源配置的新制度经济学分析[J].科学学与科学技术管理,2006(1):141-144.

[48] 袁丽丽.城市土地资源配置的经济学分析[J].经济师,2006(9):7-8.

[49] 程翼.政府资源配置职能的理论综述[J].经济研究参考,2005:19-28.

[50] Tang, Li Yaning, Shen, Qi Ping, Cheng, Eddie W. L. A review of studies on public-private partnership projectsin the construction industry [J]. International Journal of Project Management, 2009:11-12.

[51] The European Commission. Guidance For Successful PPP, 2003.

[52] The National Council For PPP, USA. For the Good of the People: Using PPP To

Meet America's Essential Needs, 2002.

[53] 英国财政部. 公私伙伴关系——政府的举措,2000.

[54] Efficiency Unit. About Private Sector Involvement [R]. htto://www.eu.gov.hk/english/psi_psi/psi_psi_over/psi_psi_over.heml,2005.

[55] 刘晓明. 公用事业什么化?. 天则公用事业研究中心,2004(2).

[56] 余小芳. PPP 项目合作关系中的资源配置方式研究[D]. 重庆大学,2010.

[57] 闫煜喆. 内蒙古基础设施投资方式选择——BOT、TOT、PPP、PFI 模式[J]. 内蒙古科技与经济,2010(1).

[58] 祁连等. 企业建模框架的比较[J]. 系统工程理论与实践,2001,9:6-21.

[59] 李军鹏. 基于协同管理模式的企业人力资源管理模型模型研究[D]. 合肥工业大学,2005.

[60] 周利文. 工程设备管理与成本控制探索[J]. 装备制造技术,2009(3).

[61] 张宝强. 企业集团财务协同治理研究[D]. 武汉理工大学,2013.

[62] 吴伟伟,于渤,吴冲. 基于技术生命周期的企业技术管理能力评价研究[J]. 科学学与科学技术管理,2012(5).

# 第四章　重大工程资源供应系统合谋行为：基于工程招投标

拍卖理论最早起源于英国，主要应用于政府采购领域，而招投标理论是基于拍卖理论而产生的一种交易方式。迄今为止，经过200多年的发展，招投标制度不断完善，招投标方式也在不断丰富，招投标制度在许多国家得到了广泛应用，如政府或企业的集中采购、大型工程的建设服务等。

新中国成立后，我国在相当长一段时期内实行计划经济体制，政府分配因而作为一种最为常见的资源分配方式，在工程建设领域也是如此。然而，随着工程建设市场竞争的愈加激烈，很多工程领域相关企业的发展受到了体制约束，严重制约了行业的发展，束缚了企业走出地区、走出国门参与竞争的步伐。1978年，十一届三中全会之后，为了顺应时代的发展，我国逐步实行市场经济体制改革。为促进企业积极参与竞争、公平竞争，招投标制度也就自然成为各项政府采购与工程建设领域使用最为广泛的一项制度，由此竞争而又有序的工程建设市场交易制度逐步建立。

我国的招投标制度从最初引入到如今的全面施行，主要经历了试点、推行和逐步完善三个阶段。自2000年1月1日起施行的《中华人民共和国招投标法》为招投标市场的有序进行提供了法律保障，标志着我国的招投标市场进入了规范发展的新阶段。30多年的发展经验表明，招投标制度在规范我国工程建设市场、促进市场公平竞争、提高资源配置效率等方面都取得了卓越的成效。

价格是市场经济条件下的一种交易工具，市场交易的过程就是价格的形成过程，当供给与需求达成一致时，价格自然形成。但在市场交易中，各参与主体的所处地位不尽相同，因而导致了他们之间的信息不对称，造成市场价格不能完全反应市场信息，最终出现不公平交易，不能实现资源的合理配置。而招投标制度的价格发现功能能在信息不对称的情形下提高交易效率，弥补这种缺陷。因此，招投标制度作为一种有效的资源分配方式被广泛使用。

由于经济体制等历史原因,我国的招投标制度在理论与实践方面相比国外均较为滞后。同时,招投标的市场运行机制也不够完善,因此在招投标实践中出现了很多的问题。如本应按规定采取招投标方式的通过各种方法规避招标;招投标流程较为随意,不够科学合理,没有完全按照招投标法的规范流程实施;招投标过程中合谋,进行权力寻租,实现利益输送。其中合谋行为的发生危害性最为严重,因为很多投资额巨大、参与主体众多的工程项目均为政府投资,而具体负责招投标活动的主体与最终的权益主体并不统一,从而导致合谋行为时有发生,不仅严重损害了社会利益,还会扰乱市场秩序。因此,在当前国家大力推动基础设施建设的背景下,研究并不断完善招投标制度,优化资源配置效率,提升招投标的价格发现功能,对于建设一个有序规范的工程建设招投标市场具有十分重要的指导意义。

因此,在梳理招投标相关理论研究的基础上,本章运用演化博弈理论对工程项目招投标中的两种常见合谋行为进行了分析,揭示了合谋主体的行为规律,并在此基础上提出了静态和动态两种合谋防范策略,将理论应用于实践、指导实践,可以有效抑制合谋行为的产生。

## 第一节　文献综述

关于招投标问题的相关研究,Emblen D J[1]首先于 Competitive Bidding for Corporate Securities 中进行了相关的研究,1956 年 Friedman[2]则是最早在公开发表的学术文献中对招投标问题进行了研究,在该文章中,Friedman 研究了最低价中标法下的的密封式投标(Sealed Auction)问题,该竞标模型也即现在招投标研究领域最为重要的理论模型之一——Friedman 模型。接着,Gates[3]在对 Friedman 模型进行改进的基础上提出了 Gates 模型,这两类模型均为招投标领域的经典模型。

在招投标机制理论方面做出突破性贡献的还有 William Vickrey[4],他于 1961 年首次运用博弈论解决拍卖问题,发表了"Counter Speculation, Auctions, and Competitive Sealed Tenders";1962 年,他进一步研究了第二价格密封投标的问题,并提出了收益等价定理,该研究具有很好的理论性质,为之后的研究者们开拓了视野。Riley、Myerson 和 Samuelson[5,6]三人在1981年分别证明了Vickrey上述定理的一般性,推动了该定理在实践中的广泛应用。当前,对于招投标问题的研究主要聚焦在如下几个方面。

**一、招投标报价研究**

Friedman模型是最先采用博弈论研究拍卖模型的,该模型假设每个投标人的中标概率互不干扰,对每一个投标人单独计算其相对于其他竞争者的中标概率,并且投标人的总人数服从泊松分布,得出了第一价格密封投标机制下投标人的最优报价策略;Gate模型与Friedman模型的差异在于,他认为每个投标人的中标概率并不是独立的,因此每个投标人的报价之间也是有关联的。Milgrom和Weber[7]的研究提出中标者的收益取决于其个人偏好、竞争对手的偏好以及标的物的属性,在风险中性的假设下,对四种拍卖机制产生的平均价格进行了对比。Levin和Smith对投标人数与最优保留价之间的关联进行了研究,得出结论,越多的投标者参与投标,最优保留估价将越趋近于拍卖人的估价。

Hassman和Rivett[8]假设拍卖方式为第一价格密封拍卖,同时,投标人对潜在竞争对手数目已知,对他们的详细身份并不知晓,在该模型中最终中标者为出价最高者。Richard de Neufvilie[9]通过对成本的分析来进行投标报价策略的制定,对投标人参与投标的风险及参与投标工作的费用进行了研究。

随着招投标理论的丰富和实践的深入应用,国内学者也在该领域做了很多研究。张静、骆汉宾[10]从大型工程的基本特征出发,建立了对应的投标报价模型,并利用模拟方法进行求解,提供了在面对大型基础设施工程时的最优报价策略。徐雯、杨和礼[11]在投标报价决策中引入博弈论,提出了最优报价策略,并且证明了博弈论的采用可以使投标报价更具动态性,更符合招投标实践。刘树林、汪寿阳和黎建强[12]在分析了投标和拍卖的相互关系的基础上,研究了投标过程中的一些实用的决策方法。杨颖梅[13]基于对称独立私人价值模型,对投标人私有价值为一般分布情形下的第一、第二和第三价格密封招标的均衡报价进行了研究,同时对招标人如何选择招标方式提出了建议。

除了对传统博弈报价的研究,很多学者从主体行为等角度出发,做出很多大胆的探索,扩宽了招投标领域研究的视角。李建章[14]给出了SIPV假设下常相对风险下对称与不对称投标人在不同风险偏好时的投标策略。王韦达、潘懿敏[15]假设决策者目标函数为效用最大化,以此构建投标决策模型,从而得出投标者的最优策略,并讨论了投标人风险偏好程度对其投标策略的影响。毕志伟[16]、王彦[17]假设投标者是风险中性,研究了收取佣金对拍卖结果的影响。王文举[18]假设每个投标人对标的物的估值为均匀分布时,风险中性的投标人如何在 FPSA 招标中最大化自身的收益。Maskin E[19]对风险规避下的最优投标策略进行了研究,奠定了该领域研究的基础。此后,Fibich G[20]在此基础上研究了全支付拍卖中投标人为风险规避型时的投标策略。肖海燕[21][22]引入了佣金这一变量,研究了在投标人为风险规避型时,佣金的引入对投标结果的影响。王明喜、刘树林[23]引入"风险指标"概念,打破了之前投标者决策模型中单一风险类型假设条件的局限,但其均衡投标策略仅为关于原有模型的线性表达,存在一定的局限性。陈绍刚、安勇、赵丽霞[24]从招标商的角度出发,对投标商不同风险态度下的招标人的收益进行了对比,对传统的"收益等价定理"进行了拓展,为招标商选择评标机制提供了依据。杨颖梅、王文举[25]对第一价格密封招标中一个投标人和两个投标人情形下,招标人公开保留价和隐藏保留价时的最优保留价与成本估价的关系进行了研究与对比。沈登民、张云波[26]等应用机制设计理论对第二价格密封招标的均衡策略进行了研究,并通过一个案例对该模型的合理性进行了验证,为招标人选择评标机制提供了依据。周蓉、王徐[27]顺应招投标实践的发展,运用逆向归纳法对多物品二次拍卖中的、投标人的均衡策略和招标人的期望收益进行了研究,并将该模型运用于实践案例进行了测算与验证。

**二、招投标合谋研究**

对于招投标合谋问题,最先的研究是 Beckcer 的关于犯罪与"最优监督"理论的研究,他认为,在一定条件下,"最优的"惩罚强度是存在的。1974年 Krueger 提出了寻租理论,将防止腐败引入经济学,开创了经济学研究的新领域。1982年 Bhagwati 对寻租理论进行了深入研究,对非生产寻租进行了深入研究。张五常对"一般均衡"问题的研究表明,竞争是解决腐败问题的最佳方式。刘春晖[28]分析了合谋强弱程度的不同对最终拍卖的影响区别,研究了采购中的腐败问题,他建议从编制政府采购预算、完善法律体系和监管制度、加强人才培训和逐步采用电子化采购等几方面措施着手,以预防政府采购中腐败等行为的发生。黄居林、董志清[29]从激励相容和参与约束两方面对陪标的形成机制、陪标合谋瓦解措施等方面对当前招投标中的陪标问题进行了研究,对相关的治理措施进行了改进。敬辉蓉、李传昭[30]对参与合谋人数等于投标总人数和参与合谋人数小于总人数两种情形下第一和第二价格密封招标中招标人保留价的设置和合谋机制的效率进行了研究。马理[31]从自主创新的意义增强、衡量标准的确定和分层次招标等方面对政府采购中的招投标机制进行了设计,并对该过程中有可能出现的合谋行为进行了分析,并提出了相关的防范措施与建议。

### 三、基于声誉机制的招投标研究

基于声誉理论的多阶段重复博弈是当前博弈论研究中的热点问题。Kreps 和 Wilson[32]首先对声誉理论进行了研究,而在同期,Milgrom 和 Robert[33]也通过声誉机制对囚徒困境下的重复博弈问题进行了研究。Danial Houser 和 John Wooders[34]通过对 Ebay 网上数据的研究表明,相对于投标者,声誉机制对拍卖人更为重要。陈亚捷[35]基于 KMRW 声誉模型对建设工程招投标中的围标行为进行了分析,提出从信用建设和招标代理制度建设两方面出发的围标合谋防范建议。马理和牛勇[36]通过模型构建与仿真模拟,得出结论,在声誉机制下,无论投标人为何种类型,出于收益最大化目标的考虑,他们均会采取不合谋策略,该研究未对招标人之间共享投标人声誉的情形进行深入研究。MingZhou、Martin Dresner 和 Robert J. Windle[37]对网上拍卖中有无声誉反馈机制两种情形下的投标人行为进行了比较,得出结论是:没有声誉机制时,合作型招标人不能一直保持合作行为,而在有声誉反馈机制时,结果就会改变。Luis Cabra[38]的研究表明投标人建立自己的声誉需要持久的过程,而损失声誉却只是在一个短期过程,这主要是由于对于声誉低的投标人,他不得不以更低的价格和更低的频率来参与竞争,因此建立声誉的过程相对较为缓慢。

### 四、现有研究评价

从以上的国内外相关研究可以看出,国内外基于博弈论的投标报价行为研究大多是基于理性参与者的假设及传统期望效用理论,远远脱离了工程实践,而在行为经济学的研究中,越来越多的学者关注风险、有限理性等对人的行为的影响,所以对于理想的 SIPV 模型还有很多改进之处。

而在招投标合谋行为的研究中,较多的是基于委托代理理论对合谋主体的行为进行研究,并制定防范策略。然而,在工程供应链中,招投标市场上的各主体有很多的机会可能合作,因而它们之间的博弈可能是不止一次,甚至可能是很多次的,因此基于委托代理理论的缺陷就凸显出来了,而演化博弈理论正是解决该问题的有效方法。

此外,目前大多数对声誉机制的研究主要关注声誉机制如何发挥作用,以及声誉机制中主体行为的规律研究等,然而,对如何构建声誉、如何评价与监督声誉却缺少相关的研究。

## 第二节　重大工程招投标

### 一、招投标的基本定义与类型

招投标理论起源于西方的拍卖理论(Auction Theory),是拍卖理论研究发展中的一个新的分支。招标与拍卖虽有一定相似性,却也存在很多的区别,例如:

(1)在招标中,较为常见的拍卖形式为最低价中标法,该评标方法是第一价格密封拍卖的变化形式,与减价拍卖比较相似,在第一价格密封拍卖中,最终中标价为最高价,两者存在一定差异。而在常见拍卖中,以第一价格密封拍卖方式为主。

(2)在招投标领域,招投标的标的物在当期多为虚拟的,对标的物的质量和属性等存在较大的不确定性,未来可能会出现一定的风险,因此,招标人需要对投标人的资信状况、经营实力等严格把关,严防风险事件的发生,同时,需要在合同设计中对未来可能出现的随机干扰因素进行全面的考虑。而在拍卖中,拍卖标的物多为现实存在的,拍卖人对标的物是开放的态度,投标人可以独立对标的物的质量做出判断,从而据此报价,相比于招投标而言,在信用方面的风险会相对较小,但是,在很多艺术品拍卖领域,由于拍卖标的物的唯一性,可参照标的物较少,造成投标人对其估值的困难,因而拍卖中会较多出现估值风险。

常见的拍卖方式主要有四种：增价拍卖（英国式拍卖）、减价拍卖（荷兰式拍卖）、第一价格拍卖和第二价格拍卖。增价拍卖和减价拍卖都属于公开叫价方式，参与拍卖者公开举牌报价；而第一价格和第二价格拍卖则为密封式拍卖，参与拍卖者的报价都密封在信封里，再由拍卖人公开统一打开信封，参与拍卖者之间不能了解其他竞争者的报价。

在增价拍卖机制下，投标人不断报价，价格不断上升，当没有投标人愿意出价更高时，由此时报价最高者中标。由于这种拍卖机制起源于英国，因此增价拍卖也常称为英国式拍卖。

在减价拍卖机制下，招标人不断报价，报价逐渐降低，当有投标人愿意付出招标人的出价时，该投标人获得中标，拍卖结束，此时，最终中标价为所有拍卖者愿意付出的最高价。这种拍卖机制也因发源地而常被称为荷兰式拍卖。

在第一价格密封拍卖中，每个投标人的报价都是密封独立地提交，投标人彼此之间不知道其他竞争者的出价，再由招标人统一公开开标，最终报价最高者中标，中标人的支付为所有竞标人中报价最高，类似于增价拍卖机制，只是报价是封闭的。

第二价格密封拍卖是由 Vickrey 首先提出的，该机制具有很好的理论性质和研究价值，因而有许多经济学家在此基础上进行了很多深入研究。在该机制中，竞拍人报价形式与第一价格密封拍卖类似，唯一区别在于最终中标价为所有竞拍人报价的第二高价，该机制较好地解决了拍卖中投标人不诚实的问题。

在上述几种拍卖机制中，若出现多个竞拍人报价相同的情况，无法决定最终赢者时，拍卖人一般按照某种特定规则决定最终中标人，如在第一价格密封拍卖中，若有多个竞拍者报价相同，则以报价最先寄到的为最终赢家；若同时寄到，则以最先开标的为赢家。类似的规则在不同的拍卖中由拍卖人自行设计。

**二、工程招投标的流程**

工程招投标流程如图 4-1 所示。

首先，投标人通过获取到的招标信息，购买资格预审文件，并填写、提交资格预审文件，这是第一阶段；在通过资格预审后，投标人必须购买招标文件,并对招标文件进行研究评审,确定是否参与投标,如果参与投标,则要选择适当的合作伙伴,并组建一支专业的投标团队,这是第二阶段;接下来,在现场考察、质疑和招标人澄清后,着重进行材料、设备等的询价,在工程量清单的基础上进行组价,最终经复核后汇总,形成总的投标报价,以此为基础,准备投标文件,并进行投标文件的提交。

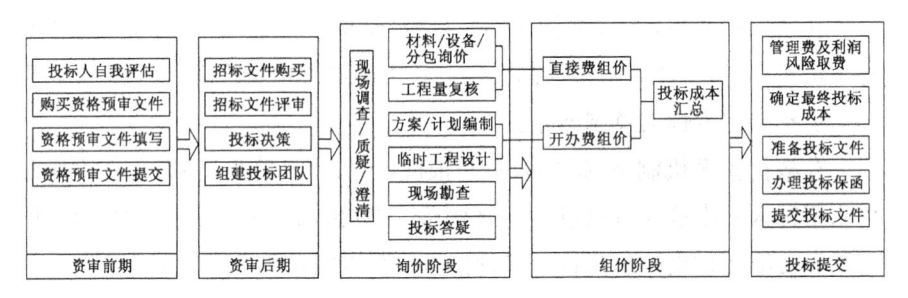

图 4-1 工程招投标流程

工程项目招投标中存在较多的环节,其中对投标而言,最为重要的是以下三个关键节点,需要严控风险事件的发生。

(1) 项目复杂程度分析

由于工程项目涉及要素众多,且各要素之间的关联性也较为复杂,并且由于工程建设过程中人的主观因素和影响极大。工程项目的复杂程度大致可以分为两类:环境复杂性和工程复杂性[39]。

环境复杂性可以分为两方面,一方面是自然环境复杂,自然环境复杂性包括气象环境、地质环境等,包含了很多方面的复合影响,如温度湿度、降水条件、风向风力以及土壤质量与环境、地质结构等因素;另一方面是社会环境复杂性,社会环境复杂性主要包括政治体制的差异、文化的多元性和经济体制和经济模式的不同。

工程复杂性也可以分为两个方面,一方面是技术复杂性,技术复杂性主要是指工程结构的复杂造成的技术上的缺陷、施工设备的短缺和不可预知的突发技术难题等;另一方面是管理复杂性,管理复杂性主要包括如何在参与主体多、协调难度大、决策组织复杂等环境下对工程进行项目管理。

(2) 成本效益分析

成本效益分析是指以工程建设目标为出发点,对可能的备选方案从收益性和风险性角度进行对比分析,通过对各方案的效益和成本进行综合评估,确定最佳的方案。其目的是在效用函数最大化的基础上,确定可行方案,有效地进行资源配置。

通常,人们较多地关注经济效益。然而随着可持续发展观念的深入人心,以及和谐社会理念的推广,很多工程的效益还必须兼顾社会效益,同时还要考虑生态效益。投标人在确定是否投标时,不仅需要考虑这项工程所带来的自身经济利益增加,还需考虑这项工程对增加就业、提高收入、改善环境等社会福利方面所做出的各种贡献,以及工程项目的实施对自然生态环境等带来的长久利益。

(3) 项目风险分析

在对业主单位有足够的了解、确定项目实施复杂度可以胜任、在成本效益方面可以取得不错业绩外,投标人还必须对实现工程质量、安全、成本等方面目标的过程中可能遇到的风险因素进行分析与评估,常见工程项目的风险评估体系如表4-1所示:

表4-1 工程项目风险评估体系

| 目标层 | 评价指标 | |
| --- | --- | --- |
| | 一级评价指标 | 二级评价指标 |
| 工程项目风险评估体系 | 社会与政治环境风险 | 日常安全状况 |
| | | 相关法律、政策 |
| | | 工程当地公众的文化水平 |
| | | 本企业与当地公众、政府的关系 |
| | | 当地的宗教、文化习俗 |
| | 经济与商务环境风险 | 经济波动情况 |
| | | 材料、设备市场价格 |
| | | 人员、材料设备的运输成本 |
| | | 资金支付方式 |
| | 自然环境风险 | 当地气候条件 |
| | | 当地地质条件 |
| | | 当地多见的自然灾害 |
| | | 环境与资源保护方面情况 |

(续表)

| 目标层 | 评价指标 | |
|---|---|---|
| | 一级评价指标 | 二级评价指标 |
| | 技术风险 | 业主提供的资料与数据的完备情况 |
| | | 业主对工程的定义、范围、功能要求 |
| | | 施工标准、规范与技术难度风险 |
| | | 地质勘查、工程设计风险 |
| | 管理风险 | 报价与竞标风险 |
| | | 合同谈判与管理水平 |
| | | 员工综合素质 |
| | | 项目管理能力 |
| | | 与业主沟通风险 |
| | | 各合作单位管理风险、合作协调风险 |

## 第三节 重大工程招投标合谋行为

大型工程一般在工程技术和项目环境方面都具有很高的复杂性，同时参与主体众多给项目管理人员的沟通与协调也带来较大的困难，这些都对项目质量的提升、项目进度、成本和安全的控制有着重大的影响。在工程管理方选择参与主体，如设计、施工、采购以及监理、咨询单位时，招投标过程的科学严格管理就成为实现廉洁工程的一项重要内容。然而在工程实践中，经常会不可避免地出现各种合谋现象，如围标和串标，这些都给工程带来了很大的隐患，是工程管理中不可忽视的重要环节。

所谓"围标"是指在工程招投标过程中，意向参与竞标的各投标人之间相互串通。常见的围标手段包括：相互串通投标价以恶意降低最终中标价，暗中陪标帮助某一投标人中标等，这些都将给给工程进度以及招投标管理成本造成不良后果。

所谓"串标"是指招标人（或招标代理人）与投标人之间上下级互相串通。常见串标手段包括：招标人向某投标人透露标底以帮助其中标，招标代理人在损害招标人利益的基础上违规确定中标人等。这种行为严重损害了业主方的利益,不仅在工程建设成本上造成资源配置的不合理,同时,有可能使不具备相应资格的投标人中标,从而对工程质量、工程整体的顺利实施造成不可估量的影响。

在工程建设交易市场中,不同的投标人可能会在多个项目的招投标中同时竞标,而招标人与投标人也有可能在多个不同的项目中有合作机会,因此虽然从单个项目来看,投标人之间的博弈和招标人和投标人之间的博弈仅有一次发生的可能,但从工程供应链长期的角度来看,这两种行为均可能发生多次,因此本文假设围标合谋和串标合谋行为的重复多次进行是科学合理的,符合演化博弈论的适用范围。在招投标的合谋中,围标行为发生在投标人互相串通的基础上,他们属于具有同种属性的群体,使用单种群演化博弈理论能较好地剖析和研究投标人的策略演化;而对于串标,招标人(招标代理方)与投标人属于两个不同的群体,使用多种群演化博弈能够较好地分析两种群之间博弈策略的演化。

### 一、围标合谋—单种群演化博弈

围标合谋中涉及到投标人种群内部的博弈,是对称博弈。对所有投标人之言,他们有两种博弈策略,即选择合谋或者不合谋。

首先,需要构造投标人之间单种群演化博弈的支付矩阵;其次,对于行为策略的演化过程需要用复制动态方程进行研究;最后,通过对演化稳定策略的分析得出相对应的决策建议。

#### (一)模型建立

基本假设:

(1)假设围标过程中,各投标人之间地位相等,参与合谋的所有投标人都将获得相同的收益,所有不参与合谋的投标人的效益也相同。假设共有 $n$ 人参与投标,其中 $m$ 人参与合谋。

(2)假设合谋团体的平均收益大于不合谋团体的平均收益,这比较符合现实情境中个人理性的利益出发点。假设最终中标价为 $b$,而工程总建设成本为 $c$,则有该工程总盈利为 $b-c$。

(3)由于在合谋 Cartel 中,每个参与主体均需考虑利益均衡,因此,若合谋团体成员的人均收益比不参与合谋时的利益增加值为 $e$,则有等式 $b-c=me$ 存在。投标人在准备投标文件过程中的总成本为 $g$。

(4)合谋中标的概率为 $p$,不合谋中标的概率为 $p'$,从合谋成立的角度看,合谋能提高中标概率的主要原因在于合谋团体中陪标人的报价对主投标人而言失去竞争力,主投标人的竞争对手减少,掌握更多信息的他更能提高中标概率。因此,合谋中标概率为 $p=\dfrac{1}{n-m+1}>p'=\dfrac{1}{n}$,这也是合谋 Cartel 组织存在的动力所在。

(5)合谋的风险除了在于不能获得中标外,还在于法律风险。监管部门对合谋现象的查处力度主要表现在两个方面,查处概率 $q$,查出合谋后给予的相应惩罚 $F$,由于在不中标的情况下,合谋现象依然有可能被查处并加以处罚,假设该情况下合谋参与者的惩罚为 $F'$,则会有 $F>F'$。

由以上假设可得:

合谋期望收益:

$$H=p[(1-q)(e-g)+q(e-g-F)]+(1-p)[(1-q)(-g)+q(-g-F')]$$

不合谋期望收益:$L=p'(b-c-g)+(1-p')(-g)$。

(6)假设投标人因参与合谋带来的无形的声誉损失为 $h$,而投标人因合规参与投标,给其声誉带来良好积极作用,声誉积累表示为 $l$。

则综合投标人的经济收益 $H,L$ 和非经济收益 $h,l$。投标人的博弈支付矩阵可构建如表 4-2 所示:

表 4-2 博弈支付矩阵

|  | 合谋 | 不合谋 |
| --- | --- | --- |
| 合谋 | $H,H$ | $H-h,L+l$ |
| 不合谋 | $L+l,H-h$ | $L,L$ |

### (二)复制动态分析

假设投标人采取策略合谋的比例为 $x$,即投标人以概率 $x$ 选择合谋;

则有:$u_1=xH+(1-x)(H-h)$

$u_2=x(L+l)+(1-x)L$

$\bar{u}=xu_1+(1-x)u_2$

因此,该博弈中投标人的复制动态方程可表示如下:

$$F(x)=\frac{\mathrm{d}x}{\mathrm{d}t}=x(u_1-\bar{u})=x[u_1-xu_1-(1-x)u_2]$$

$$= x[(1-x)u_1 - (1-x)u_2] = x(1-x)(u_1 - u_2)$$
$$= x(1-x)[(H-L-h) - x(l-h)]$$

令 $\dfrac{\mathrm{d}x}{\mathrm{d}t}=0$，则有 $x_1^*=0, x_2^*=1, x_3^*=\dfrac{H-L-h}{l-h}$，其中 $mh=(n-m)l$，由利益守恒而得。

由上式中可得，合谋期望收益可简化如下：
$$H = p(e-g) - pqF + (1-p)(-g) - (1-p)qF'$$
$$= p(e-qF) - g - (1-p)qF'$$
$$= \frac{e-qF}{n-m+1} - \frac{n-m}{n-m+1}qF' - g$$

不合谋的期望收益可简化如下：$L = \dfrac{me-g}{n} - \dfrac{n-1}{n}g$

则有：
$$H - L = \frac{e-qF}{n-m+1} - \frac{n-m}{n-m+1}qF' - g - \frac{me-g}{n} + \frac{n-1}{n}g$$
$$= \frac{e}{n-m+1} - \frac{me}{n} - \frac{qF}{n-m+1} - \frac{n-m}{n-m+1}qF'$$
$$= \frac{(1-m)(n-m)}{n-m+1}e - qF < 0 \text{（当 } F=F' \text{ 时）}$$

$$l - h = \frac{m}{n-m}h - h = \frac{2m-n}{n-m}h$$

根据 $m, n, H, L, l$ 的参数设置不同，对博弈的均衡状态可以分为以下三类情形进行讨论：

(1) 当 $m > \dfrac{1}{2}n$ 时，$l-h>0$，此时 $x_3^* = \dfrac{H-L-h}{l-h} < 0$；

此时，复制动态方程存在两个均衡点 $x_1^*=0, x_2^*=1, x_3^*$ 无效，动态相位图如图 4-2 所示。此时均衡解趋向于 $x_1^*=0$，即投标人趋向于选择不合谋。

(2) 当 $m < \dfrac{1}{2}n$ 时，$l-h<0$，若 $H-L<l$，则 $x_3^* = \dfrac{H-L-h}{l-h} > 1$。此时，复制动态方程存在两个均衡点 $x_1^*=0, x_2^*=1$，而 $x_3^*$ 无效，动态相位图如图 4-3 所示。此时均衡解趋向于 $x_2^*=1$，即趋向于选择合谋。

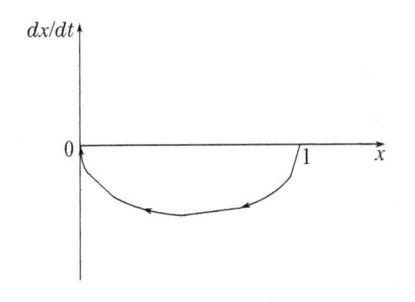

图 4-2　复制动态相位图 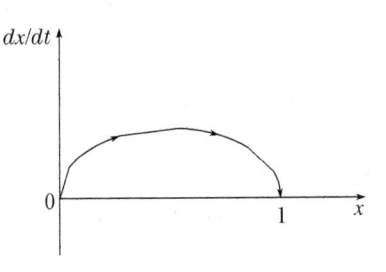　　　　　图 4-3　复制动态相位图

(3) 当 $m<\dfrac{1}{2}n$ 时，$l-h<0$，若 $H-L>l$，则 $0<x_3^*=\dfrac{H-L-h}{l-h}<1$。此时 $x_3^*\in(0,1)$，满足 $x$ 的定义域要求，复制动态方程存在三个稳定状态 $x_1^*=0, x_2^*=1, x_3^*=\dfrac{H-L-h}{l-h}$，动态相位图如图 4-4 所示。

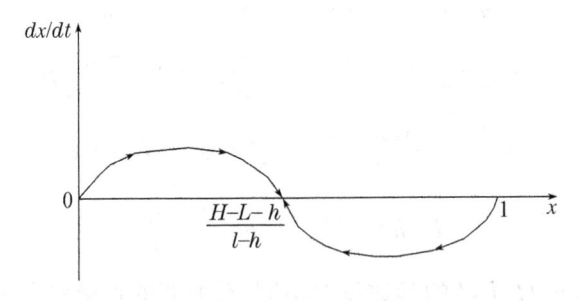

图 4-4　复制动态相位图

由演化稳定策略(ESS)的性质和复制动态方程的稳定性可知，$F'(x^*)<0$ 为演化稳定策略 ESS，则 $x^*=\dfrac{H-L-h}{l-h}$ 为该演化博弈的 ESS，即无论初始状态 $x\in\left(0,\dfrac{H-L-h}{l-h}\right)$ 或者 $x\in\left(\dfrac{H-L-h}{l-h},1\right)$，最终演化博弈的结果都将趋于稳定状态 $x^*=\dfrac{H-L-h}{l-h}$。

### (三) 结论分析

由上述复制动态分析可知，在该单种群演化博弈中，无论初始状态如何，最终都将演化稳定为 $\text{ESS}x^*=\dfrac{H-L-h}{l-h}$，即使初始状态为 $x=0$ 和 $x=1$。

在招投标实践中的具体含义：对每一个投标人而言，他将面临两种行为策略,一是合法参与投标,不主动合谋,也拒绝与其他投标人合谋,他将失去合谋可能带来的机会收益,但他将免于受到监管部门的惩罚,同时他也将能保持自身的声誉不受损失;二是投标人被合谋所带来的不法利益所诱惑而采取非合作型行为,主动选择合谋或接受其他投标人笼络,加入卡特尔合谋。

对初始状态为 $x=0$ 的不合谋投标人和初始状态为 $x=1$ 的合谋型投标人而言,他们的行为策略都会在多次重复博弈中根据对手的策略而改变,最终他们都将会偏离原本自身的选择,而达到 $x^* = \frac{H-L-h}{l-h}$,即他们都会以一定的概率选择合谋。任何一个不合谋的投标人不可能因为对手策略的演化和博弈次数的增多而确定性地转为合谋;而任何一个合谋性的投标人也不可能由于演化的进行最终确定性地转为不合谋,即一个好的投标人不可能完全变坏,而一个坏的投标人也不会完全变好。这两种投标人都将一直在合谋所带来的巨大利益诱惑和可能受到的监管和声誉损失中权衡,他们的行动策略永远是由策略集$\{x=0, x=1\}$组成的混合策略。

对招标人和监管部门来说,没有完全坏或完全好的投标人,有限理性的投标人不能完全按照自身的策略行动。有利的一方面是,有效的招投标或者监管机制设计,都将有助于将 $x^* = \frac{H-L-h}{l-h}$ 逐渐趋近于 0,降低投标人选择合谋策略的概率才是行之有效的。

由上面的分析可将有效建议分解如下。

(1) $l-h$:由上述情形可知,当 $l-h<0$ 时,$m<\frac{1}{2}n$,即此时参与合谋的人数小于总人数的一半。因此,对于招标人而言,必须建立不对称的声誉奖励与惩罚措施,当参与合谋获得的声誉损失远大于不参与合谋获得的声誉积累时($h \gg l$),才能进一步减少合谋人数 $m$。

(2) $H-L-h \to 0$:由上述可知,$H-L = \frac{(1-m)(n-m)}{n-m+1}e - qF$,则有有效监管措施为 $\frac{(1-m)(n-m)}{n-m+1}e \to qF+h$,即增加对合谋的查处力度从而有效地发现合谋行为;同时,增加惩罚力度,对合谋行为绝不留情;此外,应该对发现合谋行为的投标人采取更严厉的声誉惩罚,加大合谋所带来的声誉损失。唯有将上述两种手段结合使用,才能将合谋概率控制在较低的范围内,防范投标人之间围标合谋行为的发生。

(3) 由于 $b-c=me$,因此根据(2)中假设条件,合谋团体人均额外收益 $e$ 的增加取决于合谋中标价 $b$ 的增加,即投标报价的增加。

基于期望效用理论的分析表明,投标人的期望收益取决于中标收益和中标概率两方面,缺一不可。因而,投标人的风险态度也主要集中在中标收益和中标概率上。由于在工程项目的招投标中,大多采取最低价中标法,对于风险厌恶型投标人,从厌恶中标收益风险的角度看,他可能会采取出高价的策略,导致中标概率小,中标收益大;从厌恶中标概率风险的角度看,他可能采取出低价的策略,导致中标概率大,中标收益小;而对于风险偏好型投标人,从偏好中标收益风险的角度看,他可能会采取出低价的策略,导致中标概率大,中标收益小;从偏好中标概率的风险的角度看,他可能会采取出高价的策略,导致中标概率小,中标收益大。

因此,对于风险厌恶和风险偏好两类投标主体,可能存在上述四种相互矛盾的行为策略,投标人都将在上述任何中标概率和中标收益矛盾的策略寻求最优。这些矛盾的存在将诱使招投标中的相关主体采取违规行为,寻求增大收益的同时增加中标概率,此即为招投标中合谋行为发生的根源,因此,建立基于投标人风险态度的报价决策模型能为投标人如何在中标收益与中标概率的矛盾之间寻求最优提供解决方案,对于抑制合谋行为的发生有重要作用。

## 二、串标合谋—多种群演化博弈

### (一) 模型建立

串标合谋中涉及到投标人种群与招标人(或招标代理)种群的博弈,是非对称博弈,此处不考虑两种群内部的博弈。对两种群的参与人而言,它有两种博弈策略,即合谋、不合谋。

在串标行为中,投标人与招标人(招标代理人)他们各自的策略选择都将影响彼此的博弈策略。投标人给招标人的利益、查处概率、惩罚力度等都将影响着合谋行为,下面将通过对串标人、投标人之间建立的博弈分析,具体阐述各变量对他们的影响。

各自变量定义如下:

(1) 假设合谋后的中标概率为 $p'$,则相比不合谋状态下投标人的中标

概率 $p$，其中标概率增加值 $D_p = p' - p$，取决于招标人与投标人之间的利益输送值 $r$ 的大小；

（2）假设在招标人与投标人合谋后，被监管部门查处的概率为 $q$，他们各自遭受的惩罚均为 $F$（$F$ 包括合谋参与者受到的监管部门的经济处罚，同时包括由此带来的声誉上的损失）；

（3）由于在招标人与投标人同时选择合谋策略时，合谋行为才能发生，因此，假设当招标人与投标人只有一方选择合谋策略时，虽然合谋行为最终没有发生，也不会发生监管部门惩罚 $F$，但此时其个人声誉将会受到损失，表示为 $s$，不同于监管部门的公开惩罚 $F$，这是一种隐性的损失，表现为合谋行为暴露的成本。

（4）假设投标人为了与招标人达成合谋，需要与其进行利益共享，投标人支付给招标人的利益输送值为 $r$。同时假设该投标人与招标人合谋后，由于具有一定的信息优势，其中标概率会大大增加，本文假设其一定能中标。

根据以上假设，该多种群演化博弈的博弈支付矩阵可构建如表 4-3 所示矩阵：

**表 4-3 博弈支付矩阵**

| | | 投标人 | |
|---|---|---|---|
| | | 合谋 | 不合谋 |
| 招标人 | 合谋 | $U_1, U_2$ | $U_3, U_4$ |
| | 不合谋 | $U_5, U_6$ | $U_7, U_8$ |

其中，支付矩阵中各变量值可表达如下：

$U_1 = r + q(-F) + (1-q)s$

$U_2 = p'[q(b-c-g-F) + (1-q)(b-c-g)] + (1-p')[q(-g-F) + (1-q)(-g)]$

$U_3 = -s$

$U_4 = p(b-c-g) + (1-p)(-g)$

$U_5 = 0$

$U_6 = p(b-c-g) + (1-p)(-g) - s$

$U_7 = 0$

$$U_8 = p(b-c-g) + (1-p)(-g)$$

**（二）复制动态分析**

假设招标人以概率 $x$ 采取合谋策略，而投标人以概率 $y$ 采取合谋策略，则下面将分别计算招标人和投标人的期望收益，并进行复制动态分析，在此基础上，求得动态演化的稳定状态。

（1）招标人的期望收益计算

设招标人选择行动策略合谋和不合谋时的期望收益以及平均收益分别为 $U_{Ze}$、$U_{Zn}$、$U_{Za}$。

则有：$U_{Ze} = yU_1 + (1-y)U_3$

$U_{Zn} = yU_5 + (1-y)U_7$

$U_{Za} = xU_{Ze} + (1-x)U_{Zn}$

招标人的复制动态方程如下：

$$F(x) = \frac{dx}{dt} = x(U_{Ze} - U_{Za}) = x(1-x)(U_{Ze} - U_{Zn})$$
$$= x(1-x)[y(U_1 - U_5) + (1-y)(U_3 - U_7)]$$
$$= x(1-x)[y(r - qF + s - qs) + (1-y)(-s)]$$
$$= x(1-x)[y(r - qF - qs + 2s) - s]$$

令 $\frac{dx}{dt} = 0$，则有 $x_1^* = 0, x_2^* = 1, y^* = \frac{s}{r + 2s - qF - qs}$。

由于演化稳定策略 ESS 的存在条件为 $F'(x^*) < 0$，因此如图 4-5 至图 4-7 所示，将不同情况下的相位图及不同的动态趋势呈现出来，相应的稳定性也显示出来。

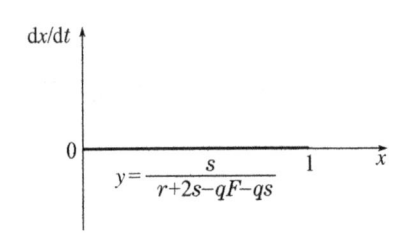

图 4-5　复制动态相位图 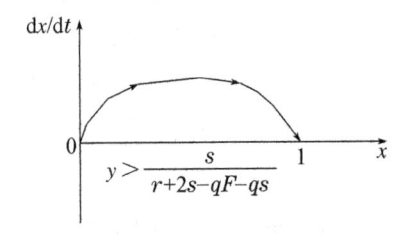　　　　图 4-6　复制动态相位图

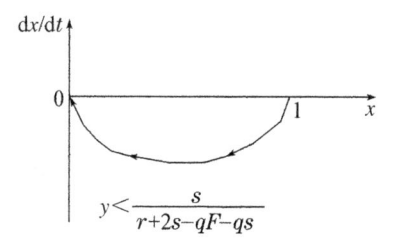

**图 4-7 复制动态相位图**

由上图可得,若 $y^* = \dfrac{s}{r+2s-qF-qs}$,则 $\dfrac{dx}{dt}=0$ 恒成立,即表示所有的 $x$ 水平都是稳定状态;若 $y^* \dfrac{s}{r+2s-qF-qs}$,那么 $x_1^*=0, x_2^*=1$ 是稳定的两个状态,当 $y^* > \dfrac{s}{r+2s-qF-qs}$ 时,$x^*=1$ 是 ESS,当 $y^* < \dfrac{s}{r+2s-qF-qs}$ 时,$x^*=0$ 是 ESS。

(2) 投标人的期望收益计算

设投标人选择行动策略合谋和不合谋时的期望收益以及平均收益分别为 $U_{Te}$、$U_{Tn}$、$U_{Ta}$。

则有:$U_{Te} = xU_2 + (1-x)U_6$

$U_{Tn} = xU_4 + (1-x)U_8$

$U_{Ta} = yU_{Te} + (1-y)U_{Tn}$

招标人的复制动态方程为:

$$F(y) = \dfrac{dy}{dt} = y(U_{Te} - U_{Ta}) = y(1-y)(U_{Te} - U_{Tn})$$

$$= y(1-y)[x(U_2-U_4)+(1-x)(U_6-U_8)]$$

$$= y(1-y)[((1-p)(b-c)-qF+s)x-s]$$

令 $\dfrac{dy}{dt}=0$,则有 $y_1^*=0, y_2^*=1, x^* = \dfrac{s}{(1-p)(b-c)-qF+s}$。

由于演化稳定策略 ESS 的存在条件为 $F'(x^*)<0$,因此如图 4-8 至图 4-10 所示,将不同情况下的相位图及不同的动态趋势呈现出来,相应的稳定性也显示出来。

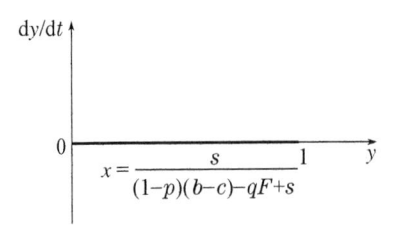

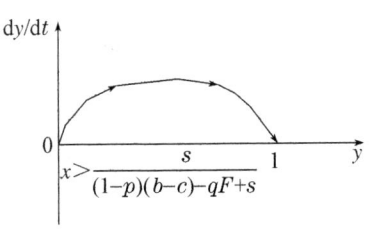

图 4-8　复制动态相位图

图 4-9　复制动态相位图

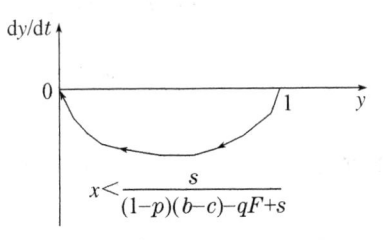

图 4-10　复制动态相位图

由上图可得，若 $x^* = \dfrac{s}{(1-p)(b-c)-qF+s}$，则 $\dfrac{\mathrm{d}y}{\mathrm{d}t}=0$ 恒成立，即表示所有的 $y$ 水平都是稳定状态；若 $x^* = \dfrac{s}{(1-p)(b-c)-qF+s}$，那么 $y_1^*=0$，$y_2^*=1$ 是稳定的两个状态，当 $x^* > \dfrac{s}{(1-p)(b-c)-qF+s}$ 时，$y^*=1$ 是 ESS，当 $x^* < \dfrac{s}{(1-p)(b-c)-qF+s}$ 时，$y^*=0$ 是 ESS。

（3）在以两个比例为坐标轴的平面图中将上述两个群体的复制动态的关系表示出来，如图 4-11 和图 4-12 所示。

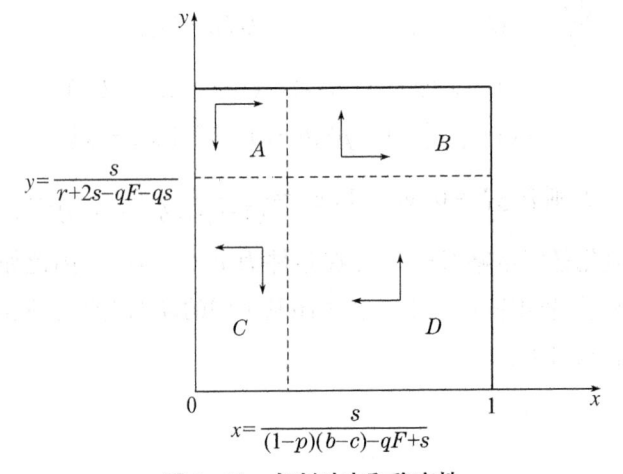

图 4-11　复制动态和稳定性

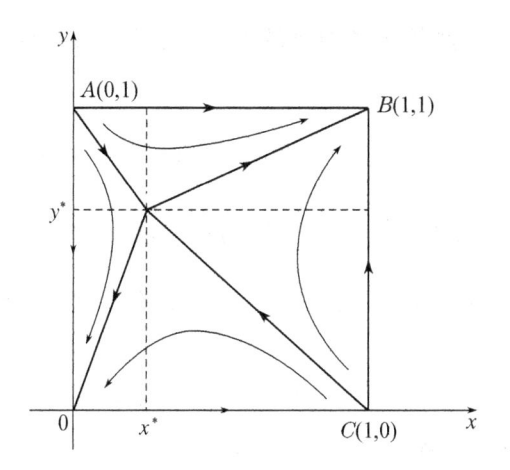

图 4‑12 交互行为的动态演化

### （三）结论分析

（1）从演化博弈的动态演化图中可以看出，无论初始状态$(x,y)$为多少，最终的博弈均衡 ESS 为$(0,0)$或$(1,1)$。

当初始状态在区域$\{(0,0),(x^*,y^*),(0,1)\}$和$\{(0,0),(x^*,y^*),(1,0)\}$内时，招标人和投标人的动态演化博弈均衡 ESS 为$(0,0)$。

当初始状态在区域$\{(1,1),(x^*,y^*),(0,1)\}$和$\{(1,1),(x^*,y^*),(1,0)\}$内时，招标人与投标人的动态演化博弈均衡 ESS 为$(1,1)$。

（2）由于当演化博弈均衡 ESS 为$(1,1)$时，招标人与投标人均将选择行动策略合谋，因此对整个招标系统是不利的。因此，有效的招投标流程和监管机制设计必须使$(x^*,y^*)$无限趋于$(0,0)$。即必须使 $x^* = \dfrac{s}{(1-p)(b-c)-qF+s} \to 0$ 且 $y^* = \dfrac{s}{r+2s-qF-qs} \to 0$。

（3）$x^* = \dfrac{s}{(1-p)(b-c)-qF+s} \to 0$：由于$x^* \in (0,1)$，则根据上节分析，必须使$(1-p)(b-c)-qF$远大于$s$，根据模型基本假设（1），变量$b$、$c$和不合谋时，中标概率$p$均为不可控变量，且由于不合谋时的中标概率$p$较小，因而$(1-p)(b-c)$将会很大，因此可以在是适当增大变量$q$的同时增大$F$；同时由模型基本假设（2）可知，惩罚$F$既包括了经济惩罚，也包括了声誉损失，因此必须采取三方面措施使得$x^*$趋于1。一方面，增加查处频率，从技术方面、管理方面不断更新查处手段，从而增加查处概率；另一方面，适当增加对合谋行为的经济处罚，让合谋型为得不偿失；最后，需要加强对招标人和投标人的声誉教育,建立合理的声誉积累机制,使得声誉的积累对投标人能产生正向激励作用。

(4) $y^* = \dfrac{s}{r+2s-qF-qs} \to 0$:由于$y^* \in (0,1)$,必须使$r+s-qF-qs \gg 0$,化简可得,最终必须使$\dfrac{r-qF}{s}+(1-q) \gg 0$,由于$1-q \in (0,1)$,因此,在$r-qF$很小时,必须使$s$趋近于无穷小。因此,为了使$y^* \to 0$,必须从三个方面入手。第一,与上节(3)中类似,提高查处概率$q$;第二,增大惩罚$F$,包括经济方面的惩罚,也包括声誉方面的惩罚;第三,隐性声誉损失$s$尽量减小,这是因为变量$s$为合谋并未形成或者虽有合谋但并未被查出时所面临的声誉的损失,这种成本相对于合谋的利益来说不值一提,而且未形成或者未实施的隐性成本不能对合谋行为带来抑制作用,只有公开的且已实施的经济惩罚和声誉惩罚才能对有效的防范合谋产生作用。

(5) 在以招标人和投标人为两种群的合谋行为演化博弈中,由于串标合谋的特殊性,只有当招标人与投标人同时选择行动策略合谋时,该利益团体才得以组成。

## 第四节 重大工程招投标决策模型

工程项目招标和政府采购中最常见的一种评标方式为最低价中标法,而在第一价格密封拍卖(FPSA,The First Price Sealed Auction)中却是最高价获胜。对于技术含量较高的工程项目,采用综合评标法优于最低价中标法,但多数情况下报价所占比重依然较大。因此,研究第一价格密封招标中的投标策略具有很大的现实意义。

目前,关于投标策略的研究较多的研究集中于投标人为风险中性和风险规避两种假设之下,很少有对投标主体不同风险态度同时进行研究。此外,目前大多数关于招投标策略的研究都是基于经典的对称的独立私人价值模型(SIPV,Symmetric Independent Private Value),该模型的基本假设如下:

(1) 私人价值假设:对投标人$i$来说,他对投标标的的估值为$v_i$,$v_i$是其私人信息,招标人(或招标代理)及其他投标人都不知道$v_i$,仅知道$v_i$是分布

在区间 $[a,b]$ $(0\leqslant a\leqslant b)$ 上的一个随机变量,其概率分布函数则为 $F_i(\nu_i)$,$f_i(\nu_i)$ 为其密度函数。

(2) 独立性假设:随机变量 $\nu_1,\nu_2,\cdots,\nu_n$ 之间是相互独立的,即 $n$ 个变量 $\nu_1,\nu_2,\cdots,\nu_n$ 的联合分布函数 $F(\nu_1,\nu_2,\cdots,\nu_n)=F_1(\nu_1)F_2(\nu_2)\cdots F_n(\nu_n)$。独立性假设是指每个投标人对投标的估价独立于其他投标人,其私人价值不受其他投标人估价的影响,投标人 $i$ 不会因为 $\nu_j(j\neq i)$ 而改变自己的估值 $\nu_i$。

(3) 对称性假设:所有投标参与主体对投标标的的估值服从相同的概率分布,即对所有买方 $i$ 或者 $j(i,j=1,2,\cdots,n)$ 及其所有 $\nu\in[\underline{\nu},\overline{\nu}]$,则有 $F_i(\nu)=F_j(\nu)=F(\nu)$。

(4) 风险中性假设:假设投标者是风险中性的,每个投标人的决策函数是最大化其收益(或者期望收益);同时,招标人也是风险中性的。

(5) 非合作行为假设:所有投标人的投标策略是独立自主指定的,未受到其他任何人的影响,即不存在任何合作性协议。

前三个假设条件描述了投标参与人面临的信息结构,而后两个假设条件针对各投标人的行为。上述假设条件均为招投标各方均拥有的共同信息。

(6) 非歧视性假设:投标者的支付仅是出价的函数,即最终支付额仅取决于报价额。不考虑交易费用。

然而,上述 SIPV 模型是建立在理想化的假设条件之上,与工程实践中的现实情景存在较大差异。本节将上述假设条件进行拓展,研究为一般情景下的决策机制,对考虑投标人不同风险态度、佣金机制和保留价机制下投标人的最优投标策略进行了研究。

## 一、问题假设

假设共有 $I(I\geqslant 2)$ 个投标人参与某单项工程招标的竞争(工程不可分割),招标采取第一价格封标拍卖(FPA)方式进行。每个投标人同时且独立投标,投标价为 $b_i$,则招标单位最终收到的封标报价集合为 $\{b_i\}_{i=1}^{I}$。标价最低的投标人最终获得投标,中标价为最低投标价。

每个投标人 $i$ 的私人成本 $C_i(C_i$ 的累积分布函数为 $F_i(\cdot))$ 相互独立,即对于 $i,j\in I$,$F_i(\cdot)$ 与 $F_j(\cdot)$ 不一定相同。每个投标的成本分布函数

$F_i(\cdot)$由其规模大小、技术成熟度、资源整合能力、财务状况等决定。$F_i(\cdot)$在区间$[\underline{c},\overline{c}]\subset R^+$连续,其密度函数为$f_i(\cdot)$,$\forall i\in I$。

## 二、基于 SIPV 模型的基础决策模型建立

### (一) 模型建立

假设投标人效用函数为$U_i(\cdot)$,$U_i'(\cdot)>0$,本文根据第一价格密封招标的定义,以及其在工程项目的招标的特征,不考虑投标人编制投标文件的成本,即若投标人不中标,其效用为$U_i(0)$,定义投标人的效用如下:

$$U_i(\cdot)=\begin{cases}U_i(b_i-c_i) & 中标 \\ U_i(0) & 不中标\end{cases}$$

因此,对于投标人$i$而言,其投标决策的最优化表示如下:

$$MaxEU_i=U_i(b_i-c_i)\underset{j\in I,j\neq i}{Prob}(b_i\leqslant minb_j)$$

$$=U_i(b_i-c_i)\prod_{j=1,j\neq i}^{I}[1-F_j(B_j^{-1}(b_i))] \quad (4-1)$$

投标人通过提供最优报价$b_i=B_i(c_i)$来最优化其期望收益,此时$B_i(\cdot)$即为投标的最优均衡投标策略。$B_i(\cdot)$在区间$[\underline{c},\overline{c}]$上严格递增,反策略$B_i^{-1}(\cdot)$在定义域$[\underline{b},\overline{b}]$上也为严格递增。

### (二) 模型求解

由(4-1)式可得,此问题的贝叶斯—纳什均衡投标策略$B_i(\cdot)$满足一阶最优条件:

$$\frac{U_i(b_i-c_i)}{U_i'(b_i-c_i)}\sum_{j=1,j\neq i}^{I}\frac{f_j(B_j^{-1}(b_i))}{1-F_j(B_j^{-1}(b_i))}\frac{1}{B_j'(B_j^{-1}(b_i))}=1$$

若各投标人的私人成本$C_i$的分布函数相同,即各投标人之间是对称的,则(4-1)式可简化为:

$$MaxEU_i=U_i(b_i-c_i)\prod_{j=1,j\neq i}^{I}[1-F_j(B_j^{-1}(b_i))]$$

$$=U_i(b_i-c_i)[1-F_i(B_i^{-1}(b_i))]^{n-1}$$

$$=U(b-c)[1-F(c)]^{n-1}\Big|_{b=B(c)} \quad (4-2)$$

对(4-2)式求一阶最优条件:

$$\frac{\partial EU_i}{\partial b}=U'(b-c)-[(n-1)F^{n-1}(c)f(c)c'(b)U(b-c)+F^{n-1}(c)U'(b-c)]=0$$

解得:反策略函数满足

$$c'(b)=\frac{[1-F(c)]U'(b-c)}{(n-1)f(c)U(b-c)} \quad (4-3)$$

由反函数的倒数定理①可知:

$$b'(c)=\frac{(n-1)f(c)U(b-c)}{[1-F(c)]U'(b-c)} \quad (4-4)$$

**(三) 模型分析**

**定理1**:在第一价格拍卖中,若有 $n$ 个相互对称的投标人,具有效用函数 $U(x),U'(x)>0,U''(x)<0$,则当 $n$ 足够大时,均衡投标价满足:

$$b(c)=c+\frac{1}{n-1}\frac{1-F(c)}{f(c)}+O\left(\frac{1}{n^2}\right)$$

**证明**:由于 $\lim_{n\to\infty}c(b)=b$,通过观察法知,(4-3)式的一个解:

$$c(b)=b-\frac{1}{n-1}c_1(b)+O\left(\frac{1}{n^2}\right) \quad (4-5)$$

把(4-5)式代入(4-4)式可得:

$$1+O\left(\frac{1}{n^2}\right)=\frac{1}{n-1}\frac{1-[F(b)-(c_1/(n-1))f(b)+O(n^{-2})]}{f(b)-(c_1/(n-1))f'(b)+O(n^{-2})}$$

$$\times\frac{U'(0)-(c_1/(n-1))U''(0)+O(n^{-2})}{U(0)-(c_1/(n-1))U'(0)+O(n^{-2})}$$

由于 $U(0)=0,U'(0)>0$,根据首项平衡可得:

$$1=\frac{1-F(b)}{f(b)}\cdot\frac{U'(0)}{c_1 U'(0)},因此:c_1(b)=\frac{1-F(b)}{f(b)}$$

因此:$c(b)=b-\frac{1}{n-1}c_1(b)+O\left(\frac{1}{n^2}\right)=b-\frac{1}{n-1}\frac{1-F(b)}{f(b)}+O\left(\frac{1}{n^2}\right)$

$$(4-6)$$

将(4-6)式进行反转,可得:

$$b(c)=c+\frac{1}{n-1}\frac{1-F(c)}{f(c)}+O\left(\frac{1}{n^2}\right)$$

**定理2**:在第一价格封标招标中,若以 $b_{ra}$、$b_{rn}$ 和 $b_{rp}$ 分别表示风险规避、风险中性和风险偏好型投标人的报价,则它们之间的投标报价满足 $b_{ra}>$

---

① 如果函数 $x=\varphi(y)$ 在某区间 $I_y$ 内单调、可导,且 $\varphi'(y)\neq 0$,那么它的反函数 $y=f(x)$ 在对应区间 $I_x$ 内也可导,且有 $f'(x)=\frac{1}{\varphi'(y)}$。即反函数的导数等于直接函数导数的倒数。

$b_{rn} > b_{rp}$。

**证明**：由于 $b_{ra}(0) = b_{rn}(0) = b_{rp}(0) = 0$，因此只需证明 $b'_{ra} > b'_{rn} > b'_{rp}$ 即可得证。

对于风险中性投标人，其效用函数为线性函数，且 $U(0) = 0$，因此可假设其效用函数为 $U(x) = \beta x$，则 $b'_{rn} = \dfrac{(n-1)f(c)\beta(b-c)}{[1-F(c)]\beta} = \dfrac{(n-1)(b-c)f(c)}{[1-F(c)]}$。

则有：$b'_{ra}(c) - b'_{rn}(c) = \dfrac{(n-1)f(c)U(b-c)}{[1-F(c)]U'(b-c)} - \dfrac{(n-1)(b-c)f(c)}{[1-F(c)]}$

$= \dfrac{(n-1)f(c)}{1-F(c)} \left[ \dfrac{U(b-c)}{U'(b-c)} - (b-c) \right]$

令 $g(x) = U(x) - xU'(x)$，则 $g'(x) = U'(x) - (U'(x) + xU''(x)) = -xU''(x)$，由风险规避型投标人效用函数的定义可知 $U''(x) < 0$，因此 $g'(x) > 0$，即 $U(x) > xU'(x)$，因此 $\dfrac{U(b-c)}{U'(b-c)} - (b-c) > 0$，$b'_{ra}(c) - b'_{rn}(c) > 0$。

同理可证得：$b'_{rp}(c) - b'_{rn}(c) < 0$，即 $b'_{ra} > b'_{rn} > b'_{rp}$。

因此，$b_{ra} > b_{rn} < b_{rp}$ 得证。

**定理 3**：若以 $R_{ra}$、$R_{rn}$ 和 $R_{rp}$ 分别表示投标人风险态度为风险规避、风险中性和风险偏好时招标人的期望收益，则它们之间的投标报价满足 $R_{ra} > R_{rn} > R_{rp}$。

**证明**：招标人期望收益 $R = n \int b(c)[1-F(c)]^{n-1} f(c) \mathrm{d}c$

因此，$\dfrac{\partial R}{\partial b} = \dfrac{\partial R}{\partial c} \left( \dfrac{\partial c}{\partial b} \right) = nb(c)[1-F(c)]^{n-1} f(c) \dfrac{[1-F(c)]U'(b-c)}{(n-1)f(c)U(b-c)}$

$= \dfrac{n}{n-1} b(c)[1-F(c)]^n \dfrac{U'(b-c)}{U(b-c)}$

由于 $U'(x) > 0$，因此 $\dfrac{\partial R}{\partial b} > 0$，即招标人的期望收益是关于投标人报价的增函数，故由 $b_{ra} > b_{rn} > b_{rp}$，可证得 $R_{ra} > R_{rn} > R_{rp}$。

**定理 4**：参与投标的竞标人数与均衡投标报价成正相关。

证明：令 $\varphi(c) = b_{n+1}(c) - b_n(c)$，

则 $\varphi'(c) = b'_{n+1}(c) - b'_n(c)$

$= \dfrac{nf(c)U(b-c)}{[1-F(c)]U'(b-c)} - \dfrac{(n-1)f(c)U(b-c)}{[1-F(c)]U'(b-c)}$

$$=\frac{f(c)U(b-c)}{[1-F(c)]U'(b-c)}>0$$

由于 $\varphi(0)=b_{n+1}(0)-b_n(0)=0$,

所以 $\forall c\in[\underline{c},\overline{c}]$, $\varphi(c)=b_{n+1}(c)-b_n(c)>0$,

故可证得,均衡投标报价 $b(c)$ 是关于投标人数 $n$ 的增函数。

### 三、考虑佣金、主体风险偏好及保留价的决策模型建立

#### (一)佣金机制设计

佣金一般指招标代理费,通常是主业支付,也可以商定由中标方支付,计价以[2002]1980号文、发改价格[2011]534号为准,通常收费标准按中标价计:1亿元(含1亿元)以下按0.9‰,超过1亿元部分按0.5‰,分段累加计算,每宗收费最高不超过20万元。本文假设佣金既包含了招标代理人,且包含意向参与投标人向招标人支付的标书费。一方面,招标人可以采用佣金机制对投标意向不强烈的投标人进行筛选,保证最终参与投标主体的整体质量,减少资源的浪费;另一方面,该机制能促进意向投标人认真参与招投标,有效减少投机行为,激励投标主体合规参与。

工程招投标实践中,通常以差额定率累进法计算佣金,本文为简化研究,假设佣金费率为各差额档次佣金率的平均值。

#### (二)风险偏好函数

由于各投标人的资质、经历等的不同,它们会呈现出不同的风险态度。因此,假设至少存在一组投标人 $(i,j)(i\neq j\in I)$,其风险态度的测度不同。本文假设投标人风险态度满足常数相对风险规避函数(CRRA,Constant Relative Risk Averse) $U(x)=x^\theta/\theta$,其中 $\theta$ 为风险偏好系数,对于异质风险结构的投标人,必须分别构建其效用函数来刻画其风险态度,从而以效用函数为决策目标作出相应的投标决策。

假设投标人效用函数为 $U_i(\cdot)$, $U_i'(\cdot)>0$,即效用函数为单调增函数,初始化条件为 $U_i(0)=0$。经典的风险厌恶程度可以用阿罗-普拉特(ARROW-PRATT)绝对风险规避函数来度量,即 $r(x)=-\dfrac{U''(x)x}{U'(x)}=-\dfrac{(q-1)x^{q-2}x}{x^{q-1}}=1-q$。

因此所有投标人根据风险态度可划分为三类,如表4-4所示:

表 4-4　风险态度类型

| 风险类型 \ 变量 | 风险规避系数 $r(x)$ | $U''(x)$ | 风险偏好系数 θ |
|---|---|---|---|
| 风险规避型 | >0 | <0 | (0,1) |
| 风险中性型 | =0 | =0 | {1} |
| 风险偏好型 | <0 | >0 | (1,+∞) |

### （三）保留价

保留价是指拍卖委托人与拍卖人事先约定的用于判断是否能够成交的具体价格。在有保留价的拍卖中，若所有投标人的出价均未达到保留价，则最终无人中标，拍卖失败。保留价一经确定，不得随意改变。在无保留价的拍卖中，最终中标价只要为所有投标人中出价最高即可，不受其他限制条件约束。在拍卖实践中，最高价应大于或等于保留价，则该报价有效。在工程项目招投标实践中，业主可以根据需要，在拍卖前选择公开保留价和隐藏保留价。在工程招投标中，业主同样可能会通过给招标代理人设置保留价对招投标过程进行控制。

### （四）模型建立与求解

根据上述关于佣金、风险偏好和保留价的基本设定，在最低价中标方法下，对于相互对称的投标人，其投标决策的目标函数如下：

$$Max\ EU_T(c,b) = [(1-\rho)b-c]^{\alpha}[1-F(B^{-1}(b))]^{n-1}$$
$$= \{[(1-\rho)b-c][1-F(B^{-1}(b))]^{\frac{n-1}{\alpha}}\}^{\alpha} \quad (4-7)$$

令 $\pi(c,b) = [(1-\rho)b-c][1-F(B^{-1}(b))]^{\frac{n-1}{\alpha}}, G(B^{-1}(b)) = [1-F(B^{-1}(b))]^{\frac{n-1}{\alpha}}$，

则求解 (4-7) 式的最优解，等价于求解下面式 (4-8) 的最优解：

$$Max\ \pi(c,b) = [(1-\rho)b-c]G(B^{-1}(b)) \quad (4-8)$$

在对称的贝叶斯-纳什均衡策略下，$b=B(c)$，投标人期望收益最大化，所以，

$$\left.\frac{\partial \pi(c,b)}{\partial b}\right|_{b=B(c)} = 0 \quad (4-9)$$

由包络定理、(4-2) 和 (4-3) 式可得：

$$\frac{\partial \pi(c,b)}{\partial b}\bigg|_{b=B(c)} = \frac{\partial \pi(c,b)}{\partial c}\bigg|_{b=B(c)} + \frac{\partial \pi(c,b)}{\partial b}\frac{\partial b}{\partial c}\bigg|_{b=B(c)}$$

$$= \frac{\partial \pi(c,b)}{\partial c}\bigg|_{b=B(c)} = -G(B^{-1}(b))\bigg|_{b=B(c)} = -G(c)$$

对上式微分方程两边同时积分可得：

$$\pi(c^*,b^*) - \pi(c,b) = -\int_c^{c^*} G(x)\mathrm{d}x \quad (4-10)$$

其中 $c < c^*, c^* = (1-\rho)r$。

由 (4-8) 式可得，$\pi(c^*,b^*) = 0, \pi(c,b) = [(1-\rho)b - c]G(c)$ （4-11）

联立（4-10）式和（4-11）式可得：$-[(1-\rho)b-c]G(c) = -\int_c^{c^*} G(x)\mathrm{d}x$

则最优报价策略：

$$b = \frac{1}{1-\rho}\bigg[c + \int_c^{(1-\rho)r} \frac{G(x)}{G(c)}\mathrm{d}x\bigg] = \frac{1}{1-\rho}\bigg\{c + \int_c^{(1-\rho)r}\bigg[\frac{1-F(x)}{1-F(c)}\bigg]^{\frac{n-1}{\alpha}}\mathrm{d}x\bigg\}$$
（4-12）

通过上述，综合考虑佣金机制、主体风险态度和保留价机制的投标决策模型可以看出：最优报价策略的构建是基于中标收益和中标概率的权衡而提出，是异质风险结构投标人根据自身风险特点，制定合适投标报价的最优决策模型。

### （五）成本均匀分布下的解析解

当投标人的成本分布为均匀分布时，由 $G(x) = [1-F(x)]^{\frac{n-1}{\alpha}}$，可得此时投标人的最优报价如下：

$$b = \frac{1}{1-\rho}\bigg\{c + \int_c^{(1-\rho)r}\bigg[\frac{1-F(x)}{1-F(c)}\bigg]^{\frac{n-1}{\alpha}}\mathrm{d}x\bigg\} = \frac{1}{1-\rho}\bigg[c + \int_c^{(1-\rho)r}\bigg(\frac{1-x}{1-c}\bigg)^{\frac{n-1}{\alpha}}\mathrm{d}x\bigg]$$

$$= \frac{1}{1-\rho}\bigg[c + \frac{(1-c)^m - [1-(1-\rho)r]^m}{m(1-c)^{n-1}}\bigg], \text{其中 } m = \frac{n-1}{\alpha} + 1。$$

将（4-11）代入（4-1）可得，投标人的期望收益：

$$EU_T = \{[(1-\rho)b - c]G(c)\}^\alpha = \bigg[\int_c^{(1-\rho)r} G(x)\mathrm{d}x\bigg]^\alpha$$

$$= \bigg\{\bigg[\frac{(1-c)^m - [1-(1-\rho)r]^m}{m(1-c)^{m-1}}\bigg][1-F(c)]^{\frac{n-1}{\alpha}}\bigg\}^\alpha$$

$$= [1-c]^{n-1}\bigg[\frac{(1-c)^m - [1-(1-\rho)r]^m}{m(1-c)^{m-1}}\bigg]^\alpha$$

假设招标人对中标价的估值为 $S$，因此招标人的期望收益：

$$EU_Z = n\int_0^{(1-\rho)r}(s-b)[1-F(c)]^{n-1}dF(c)$$

$$= n\int_0^{(1-\rho)r}(s-b)[1-F(c)]^{n-1}f(c)dc$$

$$= n\int_0^{(1-\rho)r}(s-b)[1-c]^{n-1}dc$$

$$= n\int_0^{(1-\rho)r}\left[s - \frac{c}{1-\rho} - \frac{(1-c)^m - [1-(1-\rho)r]^m}{m(1-c)^{m-1}(1-\rho)}\right](1-c)^{n-1}dc$$

令 $y_1 = \int_0^{(1-\rho)r} s(1-c)^{n-1}dc, y_2 = \int_0^{(1-\rho)r}\frac{c(1-c)^{n-1}}{1-\rho}dc,$

$$y_3 = \int_0^{(1-\rho)r}\left[\frac{(1-c)^m - [1-(1-\rho)r]^m}{m(1-c)^{m-1}(1-\rho)}\right](1-c)^{n-1}dc$$

则有：$y_1 = \int_0^{(1-\rho)r}s(1-c)^{n-1}dc$

$$= -\frac{s}{n}(1-c)^n \Big|_0^{(1-\rho)r} = -\frac{s[(1-(1-\rho)r)^n - 1]}{n}$$

$$y_2 = \frac{1}{1-\rho}\int_0^{(1-\rho)r}c(1-c)^{n-1}dc = -\frac{1}{1-\rho}\int_0^{(1-\rho)r}c(1-c)^{n-1}d(1-c)$$

$$= -\frac{1}{n(1-\rho)}\int_0^{(1-\rho)r}cd(1-c)^n$$

$$= -\frac{1}{n(1-\rho)}\left[c(1-c)^n - \int(1-c)^n dc\right]\Big|_0^{(1-\rho)r}$$

$$= -\frac{1}{n(1-\rho)}\left[c(1-c)^n + \frac{(1-c)^{n+1}}{n+1}\right]\Big|_0^{(1-\rho)r}$$

$$= -\frac{1}{n(1-\rho)}\left[(1-\rho)r[1-(1-\rho)r]^n + \frac{[1-(1-\rho)r]^{n+1}-1}{n+1}\right]$$

$$y_3 = \int_0^{(1-\rho)r}\left[\frac{(1-c)^m - [1-(1-\rho)r]^m}{m(1-c)^{m-1}(1-\rho)}\right](1-c)^{n-1}dc$$

$$= \frac{1}{m(1-\rho)}\int_0^{(1-\rho)r}[(1-c)^n - [1-(1-\rho)r]^m(1-c)^{n-m}]dc$$

$$= \frac{1}{m(1-\rho)}\left[-\frac{(1-c)^{n+1}}{n+1} + [1-(1-\rho)r]^m\frac{(1-c)^{n-m+1}}{n-m+1}\right]\Big|_0^{(1-\rho)r}$$

$$= \frac{1}{m(1-\rho)}\left[-\frac{[1-(1-\rho)r]^{n+1}-1}{n+1} + \frac{[1-(1-\rho)r]^{n+1} - [1-(1-\rho)r]^m}{n-m+1}\right]$$

则有：$EU_Z = n(y_1 - y_2 - y_3)$。

求导可得：

$$\frac{\partial EU_Z}{\partial r} = sn[1-(1-\rho)r]^{n-1}(1-\rho)+[1-(1-\rho)r]^n - nr(1-\rho)[1-(1-\rho)r]^{n-1} -$$
$$[1-(1-\rho)r]^n - \frac{n}{m(1-\rho)}\Big[[1-(1-\rho)r]^n(1-\rho)+$$
$$\frac{m(1-\rho)[1-(1-\rho)r]^{m-1}-(n+1)(1-\rho)[1-(1-\rho)r]^n}{n-m+1}\Big]$$

由一阶最优条件 $\frac{\partial EU_Z}{\partial r}=0$，可得：

$$s-r-\frac{1}{m(1-\rho)}\Big\{[1-(1-\rho)r]+\frac{m[1-(1-\rho)r]^{m-n}-(n+1)[1-(1-\rho)r]}{n-m+1}\Big\}=0$$

$$s-r-\frac{1}{m(1-\rho)}\Big\{[1-(1-\rho)r]+\frac{m[1-(1-\rho)r]^{m-n}}{n-m+1}-\Big(1+\frac{m}{n-m+1}\Big)[1-(1-\rho)r]\Big\}=0$$

$$s-r-\frac{1}{(n-m+1)(1-\rho)}\{[1-(1-\rho)r]^{m-n}-[1-(1-\rho)r]\}=0$$

$$[1-(1-\rho)r]^{m-n}+(n-m+2)(1-\rho)r=s(n-m+1)(1-\rho)+1$$

解得：$[1-(1-\rho)r^*]^{m-n}+(n-m+2)(1-\rho)r^*=s(n-m+1)(1-\rho)+1$。

此时，最优保留价 $r^*$ 是关于参与投标人数 $n$、投标人风险态度 $\alpha$ 和招标人的估价 $s$ 的函数。

当 $\alpha=1$ 且 $\rho=0$ 时，即投标人为风险中性时，$m=n$，此时 $r^*=\frac{s}{2}$。

**定理5**：若投标人效用函数为常数相对风险规避（CRRA）效用函数 $U(x)=x^q/q$，且成本分布函数 $F(x)$ 为 $[0,1]$ 上的均匀分布，则其均衡投标报价满足 $b=\frac{c(n-1)+\alpha}{n-1+\alpha}$。

**证明**：由(4-4)式可得，

$$b'(c)=\frac{(n-1)(b-c)^\alpha}{(1-c)\alpha(b-c)^{\alpha-1}}=\frac{n-1}{\alpha(1-c)}b-\frac{n-1}{\alpha(1-c)}c。$$

整理可得一阶线性微分方程：

$$\frac{db}{dc}+P(c)b=Q(c) \tag{4-13}$$

其中 $\frac{db}{dc}=b'(c)$，$P(c)=\frac{1-n}{\alpha(1-c)}$，$Q(c)=\frac{1-n}{\alpha(1-c)}c$

由于 $Q(c)=\frac{1-n}{\alpha(1-c)}c\neq 0$，因此微分方程(4-13)为非齐次微分方程。

令 $Q(c)=0$，则(4-13)式转换成 $\frac{db}{dc}+P(c)b=0$ \tag{4-14}

齐次方程 (4-14) 的解为 $b = Ce^{-\int P(c)dc}$，$C$ 为常数。

利用常数变易法，用 $\lambda(c)$ 代替 $C$，即 $b = \lambda(c)e^{-\int P(c)dc}$，

因此有 $\dfrac{db}{dc} = \lambda' e^{-\int P(c)dc} + \lambda e^{-\int P(c)dc}[-P(c)]$，

代入 (4-7) 式得，$\lambda = \int Q(c)e^{\int P(c)dc}dc + C$

故有 $b = e^{-\int P(c)dc}\int Q(c)e^{\int P(c)dc}dc$ \hfill (4-15)

由 $P(c) = \dfrac{1-n}{\alpha(1-c)}$ 得 $\int P(c)dc = \int \dfrac{1-n}{\alpha(1-c)}dc = -\int \dfrac{1-n}{\alpha}d\ln(1-c)$

$= \dfrac{n-1}{\alpha}\ln(1-c)$

因此 $e^{\int P(c)dc} = e^{\frac{n-1}{\alpha}\ln(1-c)} = (1-c)^{\frac{n-1}{\alpha}}$

将上式及 $Q(c) = \dfrac{1-n}{\alpha(1-c)}c$ 代入 (4-15) 式可得：

$$b = (1-c)^{\frac{1-n}{\alpha}}\int \dfrac{(1-n)c}{\alpha(1-c)}(1-c)^{\frac{n-1}{\alpha}}dc = (1-c)^{\frac{1-n}{\alpha}}\left(\dfrac{1-n}{\alpha}\right)\int c(1-c)^{\frac{n-1-\alpha}{\alpha}}dc$$
\hfill (4-16)

令 $y = \dfrac{n-1-\alpha}{\alpha}$，则

$$\int c(1-c)^{\frac{n-1-\alpha}{\alpha}}dc = \int c(1-c)^y dc = -\int c(1-c)^y d(1-c)$$

$$= -\int \dfrac{c}{y+1}d(1-c)^{y+1}$$

$$= -\left[\dfrac{c(1-c)^{y+1}}{y+1} - \int (1-c)^{y+1}d\left(\dfrac{c}{y+1}\right)\right]$$

$$= -\left[\dfrac{c(1-c)^{y+1}}{y+1} - \dfrac{1}{y+1}\int (1-c)^{y+1}d(1-c)\right]$$

$$= -\left[\dfrac{c(1-c)^{y+1}}{y+1} - \dfrac{-1}{y+1}\dfrac{(1-c)^{y+2}}{y+2}\right]$$

$$= \dfrac{-c(1-c)^{y+1}}{y+1} + \dfrac{-1}{y+1}\dfrac{(1-c)^{y+2}}{y+2}$$

$$= (1-c)^{y+1}\left[\dfrac{-c}{y+1} - \dfrac{1-c}{(y+1)(y+2)}\right]$$

$$= (1-c)^{y+1}\dfrac{-c(y+1)-1}{(y+1)(y+2)}$$

将上述结果代入(4-16)式可得：

$$b = (1-c)^{\frac{1-n}{\alpha}}\left(\frac{1-n}{\alpha}\right)(1-c)^{\frac{n-1}{\alpha}}\frac{-c(y+1)-1}{(y+1)(y+2)}$$

$$= \left(\frac{n-1}{\alpha}\right)\frac{c(y+1)-1}{(y+1)(y+2)} = \left(\frac{n-1}{\alpha}\right)\frac{\left(\frac{n-1}{\alpha}\right)c-1}{\left(\frac{n-1}{\alpha}\right)\left(\frac{n-1}{\alpha}+1\right)} = \frac{\left(\frac{n-1}{\alpha}\right)c-1}{\left(\frac{n-1}{\alpha}+1\right)}$$

$$= \frac{c(n-1)+\alpha}{n-1+\alpha}$$

因此，均衡投标报价 $b = \frac{c(n-1)+\alpha}{n-1+\alpha}$ 得证。

### 四、研究小结

本节在对称独立私人价值模型的基础上，针对 SPIV 模型的局限性，进行了三个方面的条件拓展：① 以 CRRA 效用函数为投标人的风险度量决策函数，充分考虑不同风险偏好投标人在报价、期望收益方面的差异；② 考虑投标人在投标过程中付出的佣金，以统一费率的方式交付佣金；③ 考虑招标人设置保留价。本章的结论性成果在于在求解出一般情形下投标人最优投标策略的基础上，考虑佣金及投标人风险偏好，得出在考虑风险因素时投标人的最优投标策略，同时，得出在成本均匀分布时，投标人报价的一般解析解，以及招标人如何设置其最优保留价。该决策模型的提出，能有效地为投标人在中标收益与中标概率的矛盾之间寻求最优的行为策略，避免参与合谋，从源头上抑制合谋行为的发生。

## 第五节 重大工程招投标合谋防范

博弈论和信息经济学的相关研究表明，声誉机制是解决传统市场交易过程中交易双方之间信息不对称的一种有效机制。如在"囚徒困境"的博弈中，假设博弈双方之间进行多次博弈，那么重复博弈的结果将可能与进行单次博弈有很大差异，最终博弈结果可能是双方选取合作策略，从而成功走出"囚徒困境"。然而，交易双方能够选取合作策略的一个最重要因素就是对双方声誉的评价机制。在 Shapiro[47] 和 Allen[48] 的研究中，博弈过程假设为一个卖方和多个买方之间的重复博弈问题，该研究表明，卖方出于对声誉机制的考虑可能会倾向于提供高质量的产品给买方。Axelrod 的研究得出了更为一般的结论,即除了在多次重复博弈中,交易双方之间可能会出现合作行为,在有限次的重复博弈中,也会频繁出现交易双方的合作行为。Kreps、Milgrom、Roberts 和 Wilson(1982)提出的 KMRW 声誉模型也证明了 Axelord 研究结论的一般性。

## 一、问题描述

### (一)基本假设

假定在工程项目招投标中,进行博弈的参与双方为投标人和招标人,且投标人和招标人的相互博弈环境为充分竞争的。在招标人看来,投标人主要分为两种类型:合作型投标人和非合作型投标人。合作型投标人的特征为不参与合谋,始终依据自身成本类型按照规范投标流程制定标书,向招标人完成投标报价,其投标依据为自身信息和市场公共信息;而非合作型投标人的特征为可能会参与合谋,向招标人提供不合理的报价,报价偏离自身成本类型,如虚高定价或者采取串标和围标等手段压价,以此谋取个人效用的提升,非合作型也可能跟合作型投标人类似,采取完全理性和公平报价以获取较好的声誉,从而为工程交易双方的长期合作积累更多的声誉。非合作型投标人的投标依据除了自身信息、市场公共信息外,可能还包括通过非法渠道获得的隐私信息。投标人的真实类型是其私有信息,招标人无法预先观察。

假设投标人选择合作型和非合作型时,则对应的自身成本分别为 $\bar{c}$ 和 $\underline{c}$($\bar{c}>\underline{c}$),即采取非合作投标策略时的成本相对较低,从而投标人可以获取超额收益。假设招标人认为投标人是合作型时,其愿意支付的中标价格为 $\bar{b}$,而招标人认为投标人是非合作型时,其可能拒绝交易或只愿意支付较低的价格 $\underline{b}$,即招标人会根据自身对投标人类型的判断,评估中标价是否合理,为了鼓励投标人进行规范的投标,假设 $\bar{b}>\underline{b}$。

为了使分析具有经济含义,假设 $\underline{c}<\underline{b}<\bar{c}<\bar{b}$ 且 $\bar{b}-\bar{c}>\underline{b}-\underline{c}$,即合作型投标人最终的中标价较高,其自身总成本也较高,投标人只要能以相应的价格成功中标,得到的利润比提供非合作型报价,并且招标人将该投标人属性定义为非合作型时的利润大。然而,若合作型投标人最终中标,却被投标人定义为非合作型投标人时,则投标人会失去较大的机会收益。

招标人对工程招投标工作质量的判断主要基于他对投标人类型的评判,即合作型和非合作型。当招标人对投标人的历史投标记录、项目经历、同行评价等进行综合评估后认为投标人为合作型时,他预期这个投标人所提供报价是合理的,其报价反应了所有的自身成本信息,因此对工程质量是有保障的。而一旦某个投标人有获得负面评价的项目投标经历,那么招标人会认为这个投标人是非合作型的,从而预期其所提供的报价是不合理的,或者其投标行为是不规范的,因而会给工程质量安全带来隐患。

**(二)声誉的价值分析**

首先分析那些已经获得信任的投标人是否有动机在某个阶段(如第 $t$ 次)提供不合理的报价。根据模型假设,投标人在第 $t$ 次提供非合作型的报价会得到较高的支付价格 $\bar{b}$,因此其利润表示为 $\bar{b}-\underline{c}$。但是,这种行为将导致招标人对其的负面评价。下面分别讨论两种可能的行为:

(1) 如果历史信息表明投标人有过不良工程记录或有招标人对其进行过负面评价,则所有的招标人会拒绝与他进行交易。由上述假设可得,投标人提供非合作型报价时的好处是得到 $\bar{b}-\underline{c}$ 的利润,然而却失去了未来工程中 $\bar{b}-\bar{c}$ 的利润,当取 $b<1$ 为贴现因子时,从理性投标人的角度考虑,可得如下不等式:

$$\frac{\bar{b}-\bar{c}}{1-b} > \bar{b}-\underline{c}$$

当上式成立时,投标人就不会选择提供非合作型报价,从而损毁自己的声誉,进而失去未来更多的利润空间。进一步整理上式,可得 $\bar{b} > \bar{c} + \frac{1}{b}(\bar{c}-\underline{c})$,此即为理性投标人在该情形下对自身采取何种策略进行决策的依据。

根据模型假设,投标人一旦提供了不合理的报价,那么他将来就可能在工程市场上失去声誉,不能中标;反之,他会持续得到较高的价格 $\bar{b}$。考虑到在一个充满竞争的市场上,工程的中标价等于或者略高于工程实际的成本,那么从上式可知,投标人声誉的价值约为 $\frac{\bar{c}-\underline{c}}{1-b}$,在工程招投标中的具体含义是具有良好口碑的投标人能持续地获得合作型和非合作型报价中成本之间的差值。

(2) 如果历史信息表明投标人有过不良工程记录或有招标人对其进行过负面评价,则所有招标人面对该投标人时只愿意支付较低的中标价,以排除投标人报价中的水分。此时,投标人提供不合理报价的好处是$(\bar{b}-\underline{c})+b\dfrac{\underline{b}-\underline{c}}{1-b}$,其中,$\bar{b}-\underline{c}$是当期选择非合作型报价得到的利润,而一直提供合作型报价得到的利润是$\dfrac{\bar{b}-\bar{c}}{1-b}$。因此,理性投标人的决策应遵循以下不等式:

$$\dfrac{\bar{b}-\bar{c}}{1-b} > (\bar{b}-\underline{c}) + \dfrac{b}{1-b}(\underline{b}-\underline{c})$$

显然,只要上式成立,那么投标人不会选择提供不合理的报价来破坏自己的声誉。重新整理上式,可得$\bar{b} > \underline{b} + \dfrac{1}{b}(\bar{c}-\underline{c})$。同样,依据模型假设,投标人一旦提供了不合理的报价,则他将只能得到较低的支付$\underline{b}$;反之,他会持续得到较高的支付$\bar{b}$。由此,从上式可知,投标人声誉的价值仍然为$\dfrac{1}{b}(\bar{c}-\underline{c})$,与情形(1)中结果相同。

通过上面的分析可知,在多次重复交易的市场机制下,投标人建立自己的声誉是有价值的,同时可以推断:声誉越好的投标人所投报价的中标概率越高,其投标的中标价也会越高。

**二、招标人信息独立下的声誉模型**

从工程供应链的角度来看,投标人作为供应链上游的服务提供商,而招标人作为下游的服务接收方,从每个投标人主体自身来看,在工程招投标市场上,其工程供应链由自身和$n$个招标人构成,投标人可以为不同的招标人提供相应的服务,从而获得一定的回报。

**(一)模型假设**

(1)假设在工程供应链中,合作型投标人向招标人提供的投标报价都是符合自身成本类型的,是合理合法的。而非合作型投标人的行为则有两种可能:一是向招标人提供的报价也是合理的,依据自身成本类型制定的;二是非合作性投标人的报价是合谋报价,有可能损害其他投标人或招标人的利益。

(2)假设招标人在初始阶段采取合作策略,投标人接着才采取行动,在之后的阶段中,招标人的每次行为策略都是以先前投标人的行为策略为依据进行调整。若招标人发现投标人采取不合作策略,则招标人将从此拒绝与该投标人合作。

（3）工程供应链中个招标人和投标人进行交易，招标人不知道投标人的类型，但知道投标人之前的历史评价信息，他可以根据投标人所有的历史信息等判断投标人所属的类型，并且可以根据与投标人交易过程中的信息不断进行更新。

（4）由 Barro 与 Gordon 模型进行改进可得，投标人效用函数如下：

$$U=-\frac{1}{2}V^2+b(V-V^E)+K$$

其中，$V(0 \leqslant V \leqslant 1)$ 为投标人对招标人的实际侵占率，也可以理解为投标人通过合谋手段等获得的超额收益。若投标人选择合作，则有 $V=0$；反之，$V=1$。$V^E$ 为招标人对投标人的预期侵占率；$b$ 代表投标人的类型，$b=0$ 代表合作型投标人，$b=1$ 代表非合作型投标人。

（5）假设在博弈的初始阶段，招标人以概率 $p_0$ 认为投标人是合作型的，即 $b=0$ 的先验概率为 $p_0$；招标人以概率 $1-p_0$ 认为是投标人是非合作型的，即 $b=1$ 的先验概率为 $1-p_0$。

## （二）模型建立

假设在该情形下，各招标人之间相互独立，每个招标人对投标人的评判都基于其对投标人所掌握的历史信息。在工程实践中，该情形具体表现为具备设计—施工（DB）或 EPC 总承包能力的工程服务提供商在针对不同的工程招投标中，仅仅参与某一项服务的招标，如设计或施工，因此，过往项目中的招标人对其评价都是基于投标人的某一项能力，不具备全面性的考量，因而各招标人之间的信息保持独立，不具有完全参考的价值。

假设投标人对招标人的侵占率为 $V$（侵占率为投标人通过采取合谋手段获得的利益相比于正常合规渠道下获得的收益的超额利益），而招标人对投标人的预期侵占率为 $V^E$，由于招标人之间不共享投标人的声誉信息，那么招标人和投标人是否合作只取决于他本身与投标人进行工程合作的历史信息。若博弈重复 $T$ 阶段，假设 $y_t$ 为 $t$ 阶段投标人选择合作的概率，$y'_t$ 为招标人认为投标人合作的概率。在均衡的情况下，$y'_t = y_t$（即均衡为招标人和投标人的共同知识）。

假如招标人在 $t$ 阶段未观察到投标人的非合作行为，则由贝叶斯法可得，招标人在 $t+1$ 阶段认为投标人是合作型的后验概率如下：

$$\widetilde{p}_{t+1}(b=0|V_t=0) = \frac{p(b=0, V_t=0)}{p(V_t=0)} = \frac{1 \times \widetilde{p}_t}{1 \times \widetilde{p}_t V_t(1-\widetilde{p}_t)} \geqslant \widetilde{p}_t$$

如果投标人在 $t$ 阶段选择非合作策略,则招标人在 $t+1$ 阶段认为投标人是合作型投标人的概率如下:

$$\widetilde{p}_{t+1}(b=0|V_t=1) = \frac{p(b=0, V_t=1)}{p(V_t=1)} = \frac{0 \times \widetilde{p}_t}{0 \times \widetilde{p}_t + y_t(1-\widetilde{p}_t)} = 0$$

### (三) 策略分析

(1) 投标人 $t$ 阶段策略分析

假设 $t$ 阶段为博弈的最后阶段,则投标人没有必要选择合作型策略,他可以通过选择非合作型策略谋取最大收益,非合作型投标人的最优选择为 $V_t = b = 1$,招标人对投标人的预期侵占率 $V_t^E = V_t \times (1-\widetilde{p}_t) = 1-\widetilde{p}_t$,则非合作型投标人在 $t$ 阶段效用水平:

$$U_t = -\frac{1}{2}V_t^2 + b(V_t - V_t^E) + K = \widetilde{p}_t - \frac{1}{2} + K$$

由上式可得:$U_t$ 是 $\widetilde{p}_t$ 的增函数,非合作型投标人的效用是其与招标人进行多次交易过程中所积累的声誉的增函数。因此,非合作型投标人在最后阶段之前可能会伪装成合作型投标人,以便更多积累声誉,这也是非合作型投标人在之前阶段的博弈中建立声誉的积极性所在。

(2) 投标人 $t-1$ 阶段策略分析

假定非合作型投标人在 $t-1$ 阶段之前都是合作的,即 $\widetilde{p}_{t-1} > 0$,且招标人对投标人的预期侵占率为 $V_{t-1}^E = V_{t-1} \times (1-p_{t-1})(1-y'_{t-1}) = 1 \times (1-p_{t-1})(1-y'_{t-1})$,1 为合谋型投标者的最大侵占率;$1-p_{t-1}$ 为投标者为合谋型的概率;$1-y'_{t-1}$ 为招标人认为合谋型投标者采取合谋策略的概率。

令 $d$ 为投标人的贴现因子。首先考虑纯策略博弈,即 $y_t = 0$ 或 1 的情形。

如果非合作型投标人在 $t-1$ 阶段选择不合作类型($y_{t-1}=0$ 和 $V_{t-1}=1$),则 $\widetilde{p}_t = 0$。给定招标人的预期侵占率 $V_{t-1}^E$,则非合作型投标人和招标人在交易过程中的二阶段总效用:

$$U_{t-1} + dU_t = \left(\frac{1}{2} - V_{t-1}^E + K\right) + d\left(K - \frac{1}{2}\right) \qquad (4-17)$$

如果非合作型投标人在 $t-1$ 阶段伪装成合作类型($y_{t-1}=1$ 和 $V_{t-1}=0$),给定招标人的预期侵占率 $V_{t-1}^E$,此时非合作型投标人和招标人 $i$ 在交易过程中的二阶段总效用：

$$U_{t-1}+dU_t=(K-V_{t-1}^E)+d\left(\tilde{p}_t-\frac{1}{2}+K\right) \quad (4-18)$$

若(4-17)式＞(4-18)式,则有$\tilde{p}_t \geq \frac{1}{2d}$。

因此,当招标人在 $t-1$ 阶段认为投标人是合作型投标人的概率大于等于$\frac{1}{2d}$时,非合作型投标人就会伪装为合作类型,即投标人在供应链中合作的声誉越好,其维护良好声誉的积极性就越高。

以上为招标人了解投标人真实类型时的情况分析,但并非所有招标人都能了解投标人的类型(即投标人的预期侵占率 $V_t^E<1$),此时,主要有如下两种情形出现：

一种情况,非合作型投标人在 $t-1$ 阶段利用了所积累的声誉,采取了不合作行动策略,即选择 $V_{t-1}=1$,此时,非合作型投标人在 $t-1$ 的效用为 $U_{t-1}=\frac{1}{2}-V_{t-1}^E$,由于投标人的本性已经"暴露",其声誉已被损害,招标人将判断投标人为非合作类型,则投标人在此阶段的效用变为 $U_t=-\frac{1}{2}$。

第二种情况,如果非合作型投标人有意维护自身形象,把声誉保持到下一阶段,即选择 $V_{t-1}=0$,则非合作型投标人在 $t-1$ 阶段的效用为 $U_{t-1}(0)=-V_{t-1}^E<\frac{1}{2}-V_{t-1}^E=U_{t-1}(1)$,但是 $t$ 阶段的效用为 $U_t(0)=\tilde{p}_t-\frac{1}{2}>-\frac{1}{2}=U_t(1)$,因此,如果非合作型投标人在第 $t-1$ 阶段建立声誉并且在第 $t$ 阶段利用该声誉,他将在第 $t-1$ 阶段损失部分效用,但可以在第 $t$ 阶段获得更多的效用。此时非合作型投标人需要做出权衡,即在 $t-1$ 阶段就利用自己的声誉或先维持声誉,最后在 $t$ 阶段利用自己的声誉。如果 $\tilde{p}_{t-1}$ 足够大 $\left(\tilde{p}_{t-1}>\frac{1}{2d}\right)$,非合作型投标人的最优选择是先保持声誉一个阶段,直到 $t$ 阶段才利用自己所积累的声誉。

### 三、招标人信息共享下的声誉模型

#### (一) 模型假设

假设在该情形下,各招标人之间可以实现信息共享,即每个招标人对投标人的评判都不仅基于其自身对投标人所掌握的历史信息,还取决于其他招标人对该投标人所掌握的历史信息。在工程实践中,当各招标人对同一投标人的考量所涉及的能力为同一类型时,即所有招标人同时对工程设计或工程施工进行招标,或者所有招标人对工程进行设计施工总承包(DB)或设计施工采购 EPC 招标时。

### (二) 模型建立

假设投标人对所有招标人 $i$ 的侵占率均为 $V$,同时招标人 $i$ 对投标人的预期侵占率 $V^E$ 相同。其他假设与招标人信息独立时的假设相同。

则由 Bayes 法则可得,招标人 $i$ 在 $t+1$ 阶段认为投标人是合作型的后验概率为:

$$\tilde{p}_{t+1}^i(b=0|V_t=0) = \frac{p(b=0, V_t=0)}{p(V_t=0)} = \frac{1 \times \tilde{p}_t^i}{1 \times \tilde{p}_t^i + V_t^i(1-\tilde{p}_t^i)} \geq \tilde{p}_t^i$$

因此,若投标人在 $t$ 阶段选择合作型行为策略,则招标人 $i$ 认为投标人是合作型投标人的概率向上调整。

然而,若投标人在 $t$ 阶段选择非合作型行为策略,则招标人 $i$ 在 $t+1$ 阶段认为投标人是合作型投标人的概率:

$$\tilde{p}_{t+1}(b=0|V_t=1) = \frac{p(b=0, V_t=1)}{p(V_t=1)} = \frac{0 \times \tilde{p}_t}{0 \times \tilde{p}_t + y_t(1-\tilde{p}_t)} = 0$$

该结论表明,一旦招标人 $i$ 发现投标人不合作,则招标人 $i$ 认为投标人是非合作型投标人。

### (三) 策略分析

(1) 投标人 $t$ 阶段策略分析

在招标人信息共享的情形下,投标人与 $n$ 个招标人进行合作的总体效用函数:

$$U_t = -\frac{1}{2}\sum_{i=1}^{n}V_{it}^2 + b\sum_{i=1}^{n}(V_{it}-V_{it}^E) + nK$$

则非合作型投标人在 $t$ 阶段效用水平:

$$U_t = -\frac{n}{2} + n[1-(1-\tilde{p}_t)] + nK = n\tilde{p}_t - \frac{n}{2} + nK$$

上式对 $\tilde{p}_t$ 求偏导可得: $\frac{\partial U_t}{\partial p_t} = n > 0$,即 $U_t$ 是 $\tilde{p}_t$ 的增函数,因此非合作型投标人在最后阶段的期望效用是其在与招标人进行交易过程中培育的声誉的增函数。非合作型投标人有动力先伪装成合作型,保持较好的形象。

(2) 投标人 $t-1$ 阶段策略分析

如果非合作型投标人在 $t-1$ 选择不合作($y_{t-1}=0$ 和 $V_{t-1}=1$),则 $\widetilde{p}_t=0$。给定招标人 $i$ 的预期侵占率 $V_{t-1}^E$,则非合作型投标人和招标人 $i$ 在交易过程中的二阶段总效用:

$$U_{t-1}+dU_t=n\left(\frac{1}{2}-V_{t-1}^E+K\right)+nd\left(K-\frac{1}{2}\right) \quad (4-19)$$

如果非合作型投标人在 $t-1$ 伪装合作($y_{t-1}=1$ 和 $V_{t-1}=0$),给定招标人 $i$ 的预期侵占率 $V_{t-1}^E$,此时非合作型投标人和招标人 $i$ 在交易过程中的二阶段总效用:

$$U_{t-1}+dU_t=n(K-V_{t-1}^E)+nd\left(\widetilde{p}_t-\frac{1}{2}+K\right) \quad (4-20)$$

若(4-19)式 $>$ (4-20)式,则有 $\widetilde{p}_t^3 \geqslant \frac{1}{2d}$。 $\quad (4-21)$

该结论与招标人信息独立时结论类似。

由于在投标人声誉信息得到共享的机制下,每一个招标人判断投标人声誉类型的依据均为自身对投标人的判断与其他历史信息对投标人的判断相结合。因此,投标人的实际声誉是以所有招标人所共享信息为自变量的复合函数,则有:

$$p_t=f(p_t^1,p_t^2\cdots p_t^i,p_t^n)=f(p_t^i,\overline{p_t^{-i}})$$

其中,$p_t^i$ 为招标人独立判断时,认为投标人采取合作策略的概率,$\overline{p_t^{-i}}$ 为其他招标人判断投标人采取合作策略的平均概率,且 $\overline{p_t^{-i}} = \frac{1}{n-1} \sum_{j=1,j\neq i}^{n} \lambda_j p_t^j$。

其中,$\lambda_j$ 为投标人声誉在招标人中共享的效率,且 $0<\lambda_j<1$,共享效率 $\lambda_j$ 是招标人诚信度、招标人共享意愿、招标人经验丰富程度的函数,由于有一个招标人认为投标人是非合作类型时,招标人的决策支持信息是根据其他所有历史信息进行复合而来,因此所有招标人不会都认为投标人是不合作类型,其他各招标人的分享信息之间不能保持正交,也即不能采取其他各招标人所共享信息的几何平均值,此处为做简单考虑,$\overline{p_t^{-i}}$ 仅用各招标人共享的 $p_t^i$ 的算术平均值来表示。

假设，$\tilde{p}_t^i$ 为在声誉信息共享情况下招标人 $i$ 对投标人合作类型的修正概率。每一个招标人的修正信念受其他招标人的信息的影响程度为 $\omega(0<\omega<1)$。

则
$$\tilde{p}_t^i = (1-\omega)p_t^i + \omega \overline{p}_t^{-i} \qquad (4-21)$$

**定理6**：当 $\overline{p}_t^{-i} > p_t^i$ 时，考虑到其他招标人所共享的声誉信息，招标人 $i$ 判断投标人为合作型的概率将会提高，增加对投标人为合作型的信心；而当 $\overline{p}_t^{-i} < p_t^i$ 时，考虑到其他招标人所共享的声誉信息，招标人判断投标人为合作型的概率将降低，减少对投标人为合作型的信心。

**证明**：由 $\tilde{p}_t^i = (1-\omega)p_t^i + \omega \overline{p}_t^{-i} > p_t^i$ 可得：
$$\omega \overline{p}_t^{-i} > p_t^i - (1-\omega)p_t^i$$

解得：$\overline{p}_t^{-i} > p_t^i$。

同理可证得：当其他投标人对投标人合作型的判断概率小于招标人 $i$ 自身的判断时，招标人 $i$ 对投标人合作型的判断将减弱。

**定理7**：非合作型投标人隐藏自身的真实类型，伪装成合作型投标人，以谋取合谋的额外收益，当且仅当招标人 $i$ 在 $t-1$ 阶段认为投标人是合作型投标人的概率不小于 $\frac{1}{1-\omega}\left(\frac{1}{2\delta} - \frac{\omega}{n-1}\sum_{j=1,j\neq i}^{n} \lambda_j p_t^j\right)$。

**证明**：由(4-21)、(4-22)式联立方程组可得：
$$\tilde{p}_t^i = (1-\omega)p_t^i + \omega \overline{p}_t^{-i} \geqslant \frac{1}{2d}$$

即
$$(1-\omega)p_t^i \geqslant \frac{1}{2d} - \omega \overline{p}_t^{-i}$$

化简可得：
$$p_t^i \geqslant \frac{1}{1-\omega}\left(\frac{1}{2d} - \omega \overline{p}_t^{-i}\right)$$

将 $\overline{p}_t^{-i} = \frac{1}{n-1}\sum_{j=1,j\neq i}^{n} \lambda_j p_t^j$ 代入上式，即可得：
$$p_t^i \geqslant \frac{1}{1-\omega}\left(\frac{1}{2d} - \frac{\omega}{n-1}\sum_{j=1,j\neq i}^{n} \lambda_j p_t^j\right)$$

进一步地，通过对招标人之间声誉信息相互独立和共享两种情形的分别分析，可以发现：

(1) 在工程招投标交易中，若招标人对投标人声誉彼此保持相互信息独立，则约束条件为 $p_t^i \geqslant \frac{1}{2d}$，表明非合作型投标人隐藏自身真实类型，伪装为合作类型的唯一条件为招标人 $i$ 判断投标人为合作类型的概率不小于 $\frac{1}{2d}$。

(2) 在工程招投标交易中,若招标人对投标人声誉进行充分的信息共享,则约束条件为 $p_t^i \geqslant \frac{1}{1-\omega}\left(\frac{1}{2d} - \frac{\omega}{n-1}\sum_{j=1,j\neq i}^{n}\lambda_j p_t^j\right)$,表明非合作型投标人隐藏自身真实类型,伪装为合作类型的唯一条件为招标人 $i$ 判断投标人为合作类型的概率不小于 $\frac{1}{1-\omega}\left(\frac{1}{2d} - \frac{\omega}{n-1}\sum_{j=1,j\neq i}^{n}\lambda_j p_t^j\right)$。

由于 $0<\lambda_j<1,0\leqslant\omega\leqslant 1$,则 $\frac{1}{1-\omega}\left(\frac{1}{2d} - \frac{\omega}{n-1}\sum_{j=1,j\neq i}^{n}\lambda_j p_t^j\right) > \frac{1}{2d}$,因此,在由投标人和招标人组成的招投标交易市场中,若招标人之间实现投标人声誉信息共享,只有当其他招标人判断投标人是合作型的概率大于信息不共享时招标人判断投标人为合作类型的概率,投标人才有可能隐藏自身的真实类型,伪装成合作型投标人。

通过以上对比,可以看出,为了实现获取更大的收益,投标人可以选择在前 $t-1$ 阶段伪装成合作类型,由于 $\frac{1}{1-\omega}\left(\frac{1}{2d} - \frac{\omega}{n-1}\sum_{j=1,j\neq i}^{n}\lambda_j p_t^j\right) > \frac{1}{2d}$,因此,在招标人之间声誉信息共享时,投标人选择这种伪装策略有可能获得比声誉信息不共享时更大的额外收益,但前提是也必须积累更好的声誉,以便在最后阶段 $t$ 利用声誉信息。

综上所述,声誉对于投标人合作具有一定的激励作用,合作型投标人基于维护自身良好声誉的考虑,不会轻易冒风险选择不合作,会积极地维护自身的声誉。而非合作型投标人出于对未来长期受益的考虑,也会伪装成合作型,从而在合作的后续阶段获取更大的利益。

**四、声誉评价信息系统构建**

在前面研究中,我们对合谋对声誉的影响进行了量化,在演化博弈的结论中发现,建立不对称的声誉奖励与惩罚机制对防范招投标中的合谋具有重大的意义。同时,在本节前面的研究中,我们发现,在投标人声誉信息共享的机制下,声誉的激励作用越发明显。因此,建立一个开放的、全面的声誉评价与反馈系统对于合谋现象的治理至关重要。

对于建筑工程企业来说,全面声誉评级系统能对参与建筑市场的行为进行记录并量化,有利于提升企业形象,有利于建立良好的市场口碑,为进一步开拓市场而奠定基础;从监管者的角度来说,全面声誉评级系统能约束建设市场参与者的行为，弱化信息不对称，激励企业为建立良好声誉而努力规范地运营。

**（一）声誉评价机制**

本节基于声誉机制的上述突出优势，首先构建一个开放的、全面的声誉评级系统，在对声誉评级指标体系构建的基础上，运用穆迪矩阵和层次分析法对各指标进行量化，从而对企业的声誉作出总体评估，为工程建设市场上的业主、建设监理等乙方单位以及监管部门提供信息支撑。如图4-13所示：

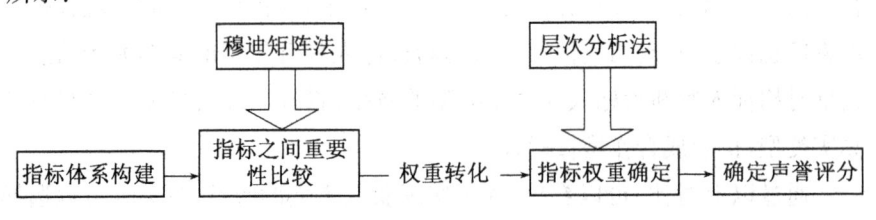

图4-13 声誉评估机制流程

（1）指标体系构建

在工程招投标市场上，企业的经营状况与资信状况是招标人衡量投标人的首选要素，而对投标人的过往工程项目经历的评估则是最为重要的考量要素。企业层面的状况能反应整个公司的战略、财务及内部管理能力，而项目层面的状况则反映了该投标人在相关工程建设上的经验能力、应急能力和合规运作的能力。基于全面性、开放性的原则，本文结合工程企业的实际情况，构建其声誉评价指标体系如表4-5所示：

表4-5 声誉评估指标体系

| 目标层 | 准则层 | 指标层 | 评估指标 |
|---|---|---|---|
| 工程企业声誉评价系统 | 公司层面 | 经营状况 | 资产负债率 |
| | | | 资金周转率 |
| | | | 净资产利润率 |
| | | | 市场占有率 |
| | | 资质情况 | 资质类型 |
| | | | 资质等级 |
| | | 奖惩经历 | 获奖经历 |
| | | | 惩罚经历 |

(续表)

| 目标层 | 准则层 | 指标层 | 评估指标 |
|---|---|---|---|
| 工程企业声誉评价系统 | 项目层面 | 招投标管理 | 参与投标规范性 |
| | | | 转分包规范性 |
| | | | 采购招标规范性 |
| | | 质量安全管理 | 项目合格率 |
| | | | 优质工程率 |
| | | | 安全事故伤亡率 |
| | | 成本工期管理 | 工程成本降低率 |
| | | | 定额工期完成率 |
| | | | 工期提前率 |

(2) 指标重要性排序

利用穆迪矩阵可以将多因素两两进行比较打分,在计算总分的基础上得出各因素之间的相对重要性的排序。假设共有五个因素,利用穆迪矩阵示例,如表4-6所示:

表4-6 穆迪矩阵示例

|  | 因素1 | 因素2 | 因素3 | 因素4 | 因素5 | 总分 |
|---|---|---|---|---|---|---|
| 因素1 |  | 0 | 1 | 2 | 2 | 5 |
| 因素2 | 2 |  | 2 | 1 | 1 | 6 |
| 因素3 | 1 | 0 |  | 0 | 1 | 2 |
| 因素4 | 0 | 1 | 2 |  | 1 | 4 |
| 因素5 | 0 | 1 | 1 | 1 |  | 3 |

(3) 指标权重确定

首先,将穆迪矩阵中各因素的总得分根据层次分析法将因素两两比较重要性对比表转化为层次分析法判断矩阵中的元素 $a_{ij}$;其次,在对判断矩阵 $A$ 的特征根进行求解的基础上,对相应的特征向量进行归一化处理;最后,通过上述处理,可以进而得出同一层次元素相对于上一层次某一因素的相对重要性的权重。

若一致性指标的计算及指标取值符合要求,则上述判断矩阵元素取值是合理的，否则需要重新调整判断矩阵取值。

(4) 计算组合权重及一致性检验

若上一层次 $A$ 中的因素 $A_1, A_2, \cdots A_m$ 的组合权值分别为 $a_1, a_2, \cdots, a_m$，下一层次 $B$ 中的因素 $B_1, B_2 \cdots B_n$ 相对于因素 $A_j$ 的相对权值分别为 $b_{1j}, b_{2j} \cdots b_{nj}$（当 $B_i$ 与 $A_i$ 无关时，$b_{ij} = 0$），此时，$B$ 层各因素的组合权重如表 4-7 所示：

表 4-7　$B$ 层各因素的组合权重

| 层次 $A$<br>层次 $B$ | $A_1$<br>$a_1$ | $A_2$<br>$a_2$ | $\cdots$<br>$\cdots$ | $A_m$<br>$a_m$ | $B$ 层组合权得 |
|---|---|---|---|---|---|
| $B_1$ | $b_{11}$ | $b_{12}$ | $\cdots$ | $b_{1m}$ | $\sum_{j=1}^{m} a_j b_{1j}$ |
| $\cdots$ | $\cdots$ | $\cdots$ | $\cdots$ | $\cdots$ | $\cdots$ |
| $B_n$ | $b_{n1}$ | $b_{n2}$ | $\cdots$ | $b_{nm}$ | $\sum_{j=1}^{m} a_j b_{nj}$ |

(5) 确定声誉得分

当 $B$ 层因素的一致性检验通过时，则声誉评价总得分可由下式得出：

$$R = \sum_{i=1}^{n} w_i f_i$$

**(二) 声誉监督与反馈机制**

建立完善且健全的声誉监督机制是实现工程项目招投标信息公开透明、招投标流程合理规范、招投标结果公正公平的有力保障。政府作为社会公共利益的代表，有责任有义务对工程项目的整个招投标过程实施监督，实现对招投标各参与主体的"硬约束"；而各社会团体与公众作为工程项目的最终受益人也应该有权利对工程项目的招投标工作进行监督，从而作为对各招投标主体的"软约束"来规范工程市场参与者的行为。通过构建政府和社会公众相互联动的监督机制，全方位、立体化对工程项目中的合谋行为进行监控，并实时记入声誉评估系统。如图 4-14 所示。

(1) 政府监督

政府监督作为声誉机制的"硬约束"，应当承担主要的监管职责。政府监督主要以下两种途径为主：

① 加强与完善对招投标工作的立法。通过借鉴国际经验，并结合我国

工程实践的实际情况,从政策和法律的角度,针对工程项目中可能出现的合谋行为制定相关的配套措施,使得合谋行为的治理有法可依。如将投标人声誉与其行业资质相挂钩,对有不良声誉记录的投标人,一经核实,降低其行业资质。

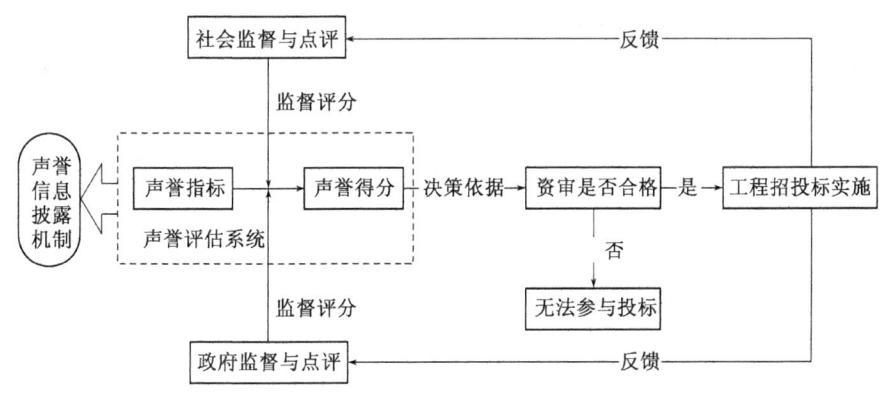

**图 4-14 声誉监督与反馈机制**

② 建立问责考核与联动制度。工程企业及工程项目相关的监管部门,如工商、税务、质监和建设局、交通局等应当从社会利益的角度出发,对工程项目招投标中的合谋行为进行严格监管,对有不诚信行为的投标人在行业准入和资质方面设置限制性条款,各相关部门应当建立声誉信息联动机制,使不诚信的投标人在市场上失去竞争力。同时,政府应当对上述责任部门建立问责考核制度,一旦发现监管不力行为,应当给予严厉惩处。

(2) 社会监督

社会公众作为工程项目的直接利益关系者,工程项目带来的每一点影响都与公众的生活息息相关。因此,社会公众对工程项目的监督存在天然的动力,也会对工程项目参与企业实现合法的招投标工作产生强大的压力,促进工程相关企业提升声誉建立的意识。一方面,良好的声誉有利于企业追求长期利益;另一方面,公众在声誉评价活动中的参与能营造良好的社会氛围,促进所有社会力量参与声誉机制的监督活动。

**(三) 声誉信息披露机制**

我国目前尚缺乏对企业声誉信息的披露机制,对工程企业参与招投标工作更是缺乏完善的监督机制和声誉披露机制。因此,建立良好的声誉信息披露机制对规范化工程建设市场招投标行为非常必要。

首先,应该建立强制披露、自愿披露相结合的工程企业声誉信息披露制度。政府及相关监管部门应当联合对声誉信息的披露内容做出强制性规定,避免企业避重就轻、蒙混过关等行为。此外,需要建立跨部门、跨地区的协调与信息共享机制,对不诚信的投标人进行多方面的监管。

其次,发挥媒体的传播与舆论作用。媒体作为社会监督中的重要力量,对工程企业行为的监督将会迫使企业积极参与声誉的积累,对工程招投标参与主体形成无形的压力。通过媒体客观、公正的信息披露,可以让处于信息劣势的社会公众获得更多信息,促进社会公众更积极地参与到工程企业声誉评估活动中。

**参考文献**

[1] Emblen D. J. Competitive Bidding for Corporate Securities [M]. Plaindealer Press, 1944.

[2] Friedman L. A competitive-bidding strategy[J]. Operations Research, 1956, 4(1): 104-112.

[3] Gates M. Bidding strategies and probabilities [J]. Journal of the Construction Division, 1967, 93(CO1): 75-103.

[4] Vickrey W. Counter speculation, auctions, and competitive sealed tenders[J]. The Journal of Finance, 1961, 16(1): 8-37.

[5] Riley J. G., Samuelson W. F. Optimal auctions [J]. The American Economic Review, 1981: 381-392.

[6] Myerson R. B. Optimal auction design[J]. Mathematics of Operations Research, 1981, 6(1): 58-73.

[7] Milgrom P. R., Weber R. J. A theory of auctions and competitive bidding[J]. Econometrica: Journal of the Econometric Society, 1982: 1089-1122.

[8] Hassman F., Rivett B. H. P. Competitive bidding [J]. Operational Research Quarterly, 1959(1): 49-55.

[9] R de Neufville, King D. Risk and need-for-work premiums in contractor bidding [J]. Journal of Construction Engineering and Management, 1991, 117(4): 659-673.

[10] 张静,骆汉宾.大型基础设施工程投标报价策略博弈分析[J].建筑管理现代化, 2005(4):28-31.

[11] 徐雯,杨和礼.基于博弈论的建设工程投标报价研究[J].基建优化,2006,26(5):

36-38.

[12] 刘树林,汪寿阳,黎建强.投标与拍卖的决策理论方法[J].国际技术经济研究,1998,1(2):20-24.

[13] 杨颖梅.密封招标均衡报价博弈分析—基于投标人私有价值为一般分布的情况[J].价格月刊,2010(2):20-23.

[14] 李建章.密封拍卖与土木工程招投标中的均衡投标策略[J].重庆交通学院学报,2006,25(1):120-124.

[15] 王韦达,潘懿敏.招投标策略的博弈论分析[J].上海商学院学报,2007(1):56-58.

[16] 毕志伟,王彦.考虑佣金的关联价值拍卖模型[J].管理科学学报,2005,8(3):24-27.

[17] 王彦,毕志伟,李楚霖.佣金收取对拍卖结果的影响[J].管理科学学报,2004,7(4):45-48.

[18] 王文举.拍卖与招标的对策论分析[J].数量经济技术经济研究,1998,1:37-40.

[19] Maskin E., Riley J. Optimal auctions with risk averse buyers [J]. Econometrica: Journal of the Econometric Society, 1984: 1473-1518.

[20] Fibich G., Gavious A., Sela A. All-pay auctions with risk-averse players [J]. International Journal of Game Theory, 2006, 34(4): 583-599.

[21] 肖海燕.投标者为风险规避型引入佣金的分析(一)[J].武汉理工大学学报:信息与管理工程版,2012,34(2):250-252.

[22] 肖海燕.投标者为风险规避型引入佣金的分析(二)[J].武汉理工大学学报:信息与管理工程版,2012,34(3):362-364.

[23] 王明喜,刘树林.三类风险投标者共存下的一级价格拍卖[J].管理科学学报,2010,13(8):15-21.

[24] 陈绍刚,安勇,赵丽霞.基于主体风险态度变更的拍卖机制优劣比较[J].预测,2004,23(5):65-67.

[25] 杨颖梅,王文举.第一价格密封招标中最优保留价与报价策略博弈分析[J].中国物价,2009(8):16-18.

[26] 沈登民,张云波,章凌云,等.二级密封价格机制工程招标模型[J].武汉理工大学学报:信息与管理工程版,2012,34(3):365-368.

[27] 周蓉,王徐.多物品二次报价拍卖机制研究[J].复旦学报(自然科学版),2009,48(6):713-719.

[28] 刘春晖.拍卖(招投标)中的若干腐败问题研究[D].华中科技大学,2008.

[29] 黄居林,董志清.基于拍卖合谋理论的建设项目陪标内在机理及其防范[J].重庆交通大学学报(自然科学版)ISTIC,2012,31(6).

[30] 敬辉蓉,李传昭.拍卖中卡特尔的两种合谋机制研究[J].管理工程学报,2008,22(3):130-133.

[31] 马理.自主创新,政府采购与招投标机制设计[J].中国软科学,2007(6):120-124.

[32] Kreps D. M., Wilson R. Reputation and imperfect information[J]. Journal of Economic Theory, 1982, 27(2): 253-279.

[33] Milgrom P., Roberts J. Predation, reputation, and entry deterrence[J]. Journal of Economic Theory, 1982, 27(2): 280-312.

[34] Houser D., Wooders J. Reputation in auctions: theory, and evidence from eBay[J]. Journal of Economics & Management Strategy, 2006, 15(2): 353-369.

[35] 陈亚捷.基于KMRW声誉模型的投标分析及风险规避策略[J].价值工程,2012,31(6):273-274.

[36] 马理,牛勇.基于声誉约束的合谋防范机制研究[J].武汉理工大学学报(社会科学版),2013,25(6):835-839.

[37] Zhou M., Dresner M., Windle R. J. Online reputation systems: design and strategic practices[J]. Decision Support Systems, 2008, 44(4): 785-797.

[38] Cabral L. The rise and fall of reputation[J]. http://pages.stern.nyu.edu., 2009.

[39] 周叶琴.大型工程的复杂度分析——以苏通大桥为例[J].项目管理技术,2011(9):88-90.

[40] Green J., Laffont J. J. On coalition incentive compatibility[J]. Review of Economic Studies, 1979, 46(2).

[41] Laffont J. J., Maskin E. A differential approach to dominant strategy mechanisms[J]. Econometrica: Journal of the Econometric Society, 1980: 1507-1520.

[42] Faure-Grimaud A., Laffont J. J., Martimort D. Transaction costs of collusion and organizational design[J]. Ecnter for Law, Economics and Organization Research Paper Series. California: University of Southern California Laws School, 2001.

[43] Kofman F., Lawarree J. Collusion in hierarchical agency[J]. Econometrica: Journal of the Econometric Society, 1993: 629-656.

[44] Chen Z. J., Chiou J. Y. Asymmetric mechanism with discrimination to prevent collusion[J]. Working Paper, IDEI Toulouse, 2002.

[45] Smith J. M., Price G. R. The logic of animal conflict[J]. Nature, 1973, 246: 15.

[46] Maynard Smith J. The theory of games and the evolution of animal conflicts[J]. Journal of Theoretical Biology, 1974, 47(1): 209-221.

[47] Shapiro C. Premiums for high quality products as a return to reputation [J]. Quarterly Journal of Economics, 1983, 98 (4): 659-680.

[48] Allen F. Reputation and product quality [J]. Rand Journal of Economics, 1984, 15 (3): 311-327.

# 第五章　重大工程供应系统激励机制：基于两类监理模式

　　重大基础设施工程，简称重大工程，是关系到一个国家的经济、政治、社会、环境、科技甚至国家安全的大型工程[1]。改革开放以来，我国在基础设施建设领域取得了飞跃式发展，陆续建造了一批具有国际化水准、工程复杂性高的重大工程，包括苏通大桥、泰州大桥和港珠澳大桥等跨省跨境长大桥梁项目，以及长江三峡等重大水利项目、沪宁高速等全国性公路项目……2015年中国推出国家级顶层战略——"一带一路"，为21世纪的基础设施工程建设规划了蓝图，给中国的工程建设和项目管理创造了新的机遇。

　　在几十年的工程实践中，我国在重大工程建设管理方面积累了丰富的经验，但是，我国的工程监理模式与国际依然存在较大差距[2]。

　　社会监理制度自1988年起在中国八个城市试点，1992年在公路工程施工中全面推行，20多年来获得了长足的发展，并形成了具有中国特色的监理模式。由于计划转市场、监理单位良莠不齐等国情问题，长期以来，我国工程建设监理制度并非国际通行的社会监理制度，而是一种混合型的监理模式，由业主和社会监理共同承担监理角色，社会监理一般需要服从业主的领导。而国外更为成熟的FIDIC监理制度则是以咨询工程师为项目管理的核心，不仅承担全部监理业务，还同时承担前期规划、施工准备和后期运营的管理工作，实现工程质量的全过程控制。近年来，随着社会监理在众多工程实践中取得了长足的发展与成长，工程实践者对于我国监理模式由"大业主，小监理"发展为"小业主，大监理"模式的呼声越来越大。然而，学术界对这两种模式的研究依然较少，甚至尚未形成统一的定义。

　　在我国的重大工程建设中，合谋行为并不少见[3]。重大工程往往是涉及民生利益的基础设施项目，造价高、使用期限长，一旦出现工程合谋，会对集体利益造成较大损失，出现工程质量问题还会制造公共安全隐患。重大工程往往还具有工程复杂性大、技术难度大和参与主体众多等特点，这又增加了合谋的隐蔽性。因此,研究重大工程的激励机制和合谋防范具有极为重要的现实意义。

## 第一节 文献综述

### 一、工程委托代理研究

20世纪60年代末,一些经济学家在研究信息不对称和激励问题时提出了委托代理理论,现已成为制度经济学中契约理论的核心内容。目前,工程领域的委托代理理论主要集中于不同项目管理模式下,业主委托人与设计、咨询审查方、承包商、监理、审计等代理人之间的委托代理关系研究。

(1)学界对于代建制下政府和代建单位之间的委托代理关系研究颇为丰富。

赵智[4]和徐雯等[5]分别建立业主和代建单位之间的委托代理模型,根据两者间信息对称和不对称两种情况分析了业主的最优激励,研究发现,对称信息下代理人的努力水平要高于不对称信息下的努力水平。赵智[4]提出,政府应该从激励合同设计、代建单位选择和监管能力提升三个方面降低代建单位的道德风险。徐雯等[5]则建立了效率工资模型,指导委托人如何根据代理人的产出水平来制定相应激励和惩罚措施。

邓曦等[6]和杨琦[7]研究了政府和代建单位的委托代理关系。其中,邓曦等[6]建立了政府和代建人之间的二元激励模型,将监理引入激励模型,发现监理能够降低政府和代建人之间的信息不对称。杨琦[7]则将激励和监督机制一同纳入到代建合同的设计中。具体地,代建合同规定的代建收益包括三个方面:固定收入、项目产出的份额、监控信号所反映的额外收益(损失)。

谢颖[8]等研究了代建制中的多层委托代理关系,即政府(业主)和项目管理公司(代建人)以及项目管理公司(代建人)和承包商之间的委托代理关系,分别建立激励模型。在对承包商的契约设计中,作者创新性地建立了以努力变量为多维变量的激励合同和监管模型。

彭杰[9]综合研究了代建制下的逆向选择和道德风险问题。作者首先针对招投标过程中的逆向选择问题展开分析,给出现行招投标机制的改进意见。其次,作者重点围绕委托代理关系确定之后代建单位的道德风险问题展开研究,建立委托代理模型,并从激励合同、监督机制和声誉机制三个角度提出了相应的解决方案。

郭志达等[10]认为在代建制所形成的委托—代理关系中,信息不对称会造成双边道德风险。作者设计了双边道德风险防范机制。首先,作者针对代建单位的道德风险,基于委托代理模型建立显性激励机制,并基于声誉模型建立了隐性激励机制。其次,作者针对业主的道德风险引入了锦标制度。研究发现,锦标制度不仅可以有效防范业主的道德风险,还可以激励代建单位的努力程度。与该研究相左的是,王小龙[11]在研究公共部门的雇主和雇员之间的委托代理关系时,建立了一个存在委托人道德风险的敬业激励模型,并提出基于锦标制度的雇员晋升机制会造成敬业激励机制不相容,也就是说,委托人接受某个雇员的寻租活动,将会影响其他雇员的努力程度。

Stevens等[12]在研究代理人道德风险时,将道德敏感性引入委托代理模型,并证明道德敏感性能够增强委托代理模型的有效性。曹启龙等[13]突破了传统的理性人假设,基于完全理性和公平偏好的两种假设条件,分别构建了代建制下的委托代理激励—监督模型。研究发现,在完全理性条件下,政府监管越严格,代建单位要求分享产出的比例越大;在公平偏好假设下,政府部门监督成本更低,期望收益更高。

(2) 近年来,也有一些学者开始研究PPP项目中的委托代理关系。

徐飞等[14]将单阶段静态博弈拓展到两个阶段,研究PPP项目中企业最优努力水平、政府监督以及关系契约的预期收益等对于项目建设的影响,并构建两阶段政府动态激励与监督机制。作者还强调了企业内在激励,即企业的社会责任感(在模型中抽象为一个新的变量——自发的努力程度),对于企业努力水平的影响。方周妮等[15]基于声誉模型研究PPP项目中政府对经营者的监管机制。作者将经营者分为合作和不合作型两类,合作型经营者不侵占所有者剩余,而非合作型经营者侵占所有者剩余。研究发现,在单阶段博弈中,非合作型经营者总是选择不合作;而在多阶段重复博弈中,分别得非合作类经营者会在T阶段之前选择合作,在T阶段(最后一次博弈)选择不合作。因此,作者建议将PPP项目监管的重点放在特许经营期结束的阶段。

(3) 不少学者还研究了工程项目中业主与业主代理人、设计院、承包商和监理等两者或者两者以上利益相关人之间的委托代理关系。

Turner 和 Müller[16]研究了业主和项目经理之间的委托代理关系,提出沟通可以有效降低委托代理关系中的冲突。吴嘉慧等[17]研究了业主和设计院之间的委托代理关系。作者设计了"两院制"工程设计审计机制。具体地,业主委托设计院开展工程设计,同时委托设计审查院对设计院进行监督审查。研究发现,"两院制"工程设计审计机制可以降低业主和设计院之间的信息不对称,但是,只有当设计审查院的努力水平达到一定程度后,业主收益才能提高。

秦旋[18]研究了业主和监理(工程师)之间的委托代理关系。作者构建了固定报酬和选择报酬两种委托代理模型。研究发现,以监理合同为核心的内部约束和以市场声誉为核心的外部约束能够抑制监理的道德风险。

赵磊等[19]运用委托代理理论,建立了包括业主、承包商和监理的一对多道德风险模型。具体地,承包商负责工程项目建设,策略空间为{努力,不努力},影响工程质量高低。监理负责监督工程质量,完成工程质量报告。监理的策略空间也为{努力,不努力},影响到工程质量判断的准确性。业主根据监理的报告给予支付,如果工程质量高,支付承包商和监理合同价;如果工程质量低,在支付承包方合同价的基础上收取罚金,在支付监理合同价的基础上予以奖励。

李雷[20]研究企业与供应商之间的委托代理关系,基于锦标制度针对多供应商的情况,建立一个委托人对三个代理人的供应链激励模型。

**二、工程组织合谋研究**

工程项目由于供应有限、造价高昂、技术复杂、多层委托代理等特点,为组织合谋提供了天然的温床[21]。目前,国内外学术界对工程合谋的研究主要分为两类:一类是采用实证研究[22],通过半结构化访谈研究工程合谋的形成条件、表现形式、参与方态度、治理措施等,该类研究以国外学者居多;另一类采用理论模型研究,利用委托代理理论分析合谋产生的原因,运用博弈论、前景理论、计算实验等方法分析合谋的形成条件,并提出合谋治理机制,该类研究以国内学者居多。

郭南芸[23]描述了三类典型的工程合谋现象:业主与投标人合作,帮助投标人获得工程施工资格;投标人之间合作,协商报价;监理和施工单位合作,提供虚假的工程鉴定。本文根据郭南芸对工程合谋的描述,围绕工程合谋发生的关键环节,梳理国内外学者在理论模型研究方面的拓展和成果。

(1) 招投标合谋

Che[24]等认为利用竞标者间的信息不对称可以降低合谋。Celik[25]分析第三方监理的逆向选择问题,认为业主与承包商直接签订合同会降低业主收益,而业主与承包商、监理分别签订合同则存在一种机制可以提高业主收益。于明奎等[26]从经济学角度分析了政府采购和供应商之间的寻租行为,提出政府采购过程中产生的"委托—代理"关系和信息不对称是诱发设租、寻租行为的根本原因。刘春晖[27]研究招投标中的腐败问题,分析腐败程度的强弱对拍卖结果的影响,提出以行贿者获得特权的数量来描述腐败的强弱程度。黄居林等[28]基于拍卖合谋理论研究了建设工程项目的陪标问题,从抑制串标组织信息交流和抬高标价能力、抑制投标人的串标意愿和内部瓦解串标组织等四个方面提出合谋治理意见。

基于声誉理论的机制设计是目前博弈论研究的一大热点,不少学者将声誉理论引入工程合谋治理研究。

陈亚捷[29]运用声誉模型对建设工程中投标人的串谋行为进行分析。研究发现,完全信息重复博弈中两个投标人之间不会出现合作行为,而在不完全信息重复博弈中合作行为可能出现。马理等[30]基于声誉理论设计招投标机制,发现在长期博弈中,声誉能够有效地约束市场参与者的行为。

(2) 设计合谋

Gromb[31]研究对工程咨询师的最优激励合同设计,结果发现,如果不考虑合谋,那么,多专家组织优于单一专家组织,如果存在横向和纵向合谋,那么结果与上述结论相反。姚尧等[32]研究代建制中代建单位(项目管理单位)和承建单位(设计单位、施工单位和监理单位)之间的寻租行为,运用博弈论构建代建制下政府、代建单位和承建单位三方的完全信息动态博弈模型。研究发现,在理性经济人假设下,如果政府选择不监管,那么代建单位和承建单位必然选择合谋;政府需要加强事前防范,因为事后处罚只能将合谋行为控制在一定范围内,而无法杜绝。吴嘉慧[33]在论文中创新性地提出"两院制"工程设计审计模式,研究了设计与设计审查院之间的合谋行为。研究发现,如果业主不监督,那么只要设计审查院获得的合谋租金分配系数超过代理合同约定的激励强度,那么审计合谋必然发生。李迁等[34]构建博弈模型研究大型工程设计咨询审查过程中的合谋问题。研究指出,业主可以通过提高合谋打击成功率、降低审查成本、增强合谋惩罚力度等措施降低设计咨询审查过程中的合谋概率。

（3）施工合谋

施工合谋的研究较为丰富,合谋主体也具有多样化。许多学者针对承包商和监理的合谋动机和行为展开研究,得到治理合谋的方法。

丁翔等[35]基于博弈模型分析了承包商和监理合谋的条件,发现只要业主给监理的激励系数高于承包商给监理的合谋租金分享系数,监理就会放弃合谋。作者还基于计算实验,研究了在不同的惩罚力度和审查力度下,承包商合谋行为的演化情况。刘孔玲[36]基于博弈模型研究业主、承包商和监理的合谋行为。研究认为,合谋没有提高承包商和监理的收益,但增加了业主的监理成本。董志强等[37]研究施工合谋问题,基于政府的反合谋手段是有成本的,构建一个 P-S-A 三层代理硬信息模型。具体地,政府的反合谋成本与政府发现合谋的概率以及对合谋的惩罚强度正相关。研究发现,当反合谋成本系数高于某个水平时,政府需要对监理支付激励报酬;当反合谋成本低于这个值,政府没有必要对监理支付激励报酬。

还有一些学者认为,在中国的工程实际中,施工合谋的主体往往并不是承包商和监理,而是业主代理人和承包商。

郭涛等[38]认为在国内的工程实践中,业主代理人在现场管理、工程验收和工程款支付等方面的权限远大于监理,因此,业主代理人是施工单位的主要寻租对象。作者建立承包商、监理和业主三方代理人博弈模型,并分析业主、业主代理人、监理人和承包商四方收益,为防范施工合谋提供切实建议。杨耀红等[39]认为工程合谋的成立条件是业主代理人、承包商和监理都选择合谋。作者构建政府、业主、施工单位和监理的四方博弈模型,得到政府打击合谋成本的均衡解,研究发现,政府可以通过提高合谋成本、提高打击成功概率、实施信息披露制度等手段减少合谋的发生。程书萍等[40]在研究三方合谋时考虑了审计模式,即研究竣工决算审计与跟踪审计两种审计模式下,业主、承包商和监理的决策行为和合谋条件。研究发现,跟踪审计模式可以保证监理的独立性,降低合谋概率。

还有一些学者针对政府投资项目代建制中的多方合谋问题展开研究。祁玉清[41]认为政府投资项目代建制中的主要风险之一是代建单位与承包商的合谋。乌云娜[42]认为工程中的合谋和腐败是一种复杂性决策,工程参与主体具有有限理性。作者基于前景理论,将代建制的发展分为实施试点和全面实施两个阶段,建立了合谋监管威慑模型。

**三、研究评述**

现有文献对不同项目管理模式下的工程项目展开了大量研究,基于委托代理模型的激励研究以及基于博弈论的工程合谋研究都比较丰富,从单层委托代理到多层委托代理,从一对一委托代理到一对多委托代理,从两个主体之间的合谋问题到多主体的合谋问题,均有涉及。研究方法也比较丰富,除了传统的委托代理模型和博弈论,声誉模型是近年来研究的一大热点。

综观现有文献,笔者发现尚存在以下不足:

(1)监理制度作为舶来品,经过20多年的发展形成了具有中国特色的监理模式,即"大业主,小监理"和"小业主,大监理"两类监理模式,这在工程实践中是一个约定俗成的概念。目前,学界对监理模式的研究较少,且大多属于定性研究。

(2)工程合谋具有多种可能情形,合谋主体可能包括业主、设计、审计、工程咨询、承包商、监理等工程参与主体中的两方或者多方。目前,尚无文献针对合谋的多种情形的产生原因做出解释。

(3)工程合谋的研究大都基于参与者完全理性的假设。目前,只有文献[42]指出工程合谋是一种复杂性决策,参与者具有有限理性,从而引入前景理论,最终建立合谋监管威慑模型。笔者认为,可以将行为学的一些理论引入工程合谋研究,拓宽工程建设参与主体是完全理性人的基本假设。

## 第二节 重大工程两类监理供应模式

西方监理制度拥有比较悠久的历史,现已形成非常成熟的行业标准,即FIDIC监理制度;而国内监理制度发展较晚,是FIDIC监理制度与我国国情相结合的产物。本节介绍国内外监理制度的历史、主要内容以及特点,并对比分析国内外监理制度的差异。此外,本节还基于《交通部中国30年长大公路桥梁建设管理案例库》和相关期刊文献,界定中国工程界约定俗成的两类监理模式——"大业主,小监理"和"小业主,大监理"模式,分析两者的异同、优劣势和适用性。

**一、国内外工程监理制度**

**(一) 国外工程监理制度**

工程监理是西方社会文化和资本主义市场经济的产物,在国际上拥有悠久的历史。16世纪左右,欧洲的建筑行业开始出现工程建筑设计、工程组织施工和质量监督的分工,促进了监理行业的萌芽。18世纪,工业革命大大地促进建筑行业的发展,工程投资额与日俱增,项目规模空前壮大,业主开始聘请测量师专门负责核实项目工程量和工人工资,成为现代西方监理制度的起源。19世纪初,随着工程承包制和招投标制度的出现,传统的测量师在业主的委托下承担招投标阶段的预算编制、组织招标、洽谈合同等工作,以及施工阶段的施工监督、进度控制等工作,基本形成近代工程监理的业务内容[43]。1957年,国际咨询工程师联合会针对工程监理编写的FIDIC条款,经过多次更新,现已成为国际上工程监理行业的通用条款。

根据FIDIC条款,监理行业属于工程咨询服务业务的范畴。工程监理更多地被称为工程咨询,涵盖工程项目的全生命周期。包括项目前期的投资研究和工程可行性研究等;施工准备阶段的工程勘察、设计、招标评标咨询等;施工阶段的现场管理和工程竣工验收等;运营阶段的后评价等服务[44]。

FIDIC合同规定,工程咨询师在施工阶段承担工程监理的角色,拥有管理工程合同、控制工程进度、核算工程量、签发工程款和评定工程质量等关键权限[43],在项目管理中处于核心地位。

**(二) 国内工程监理制度**

我国现行的监理制度是国际通行的FIDIC监理制度与国内工程建设实际相结合的产物。我国监理制度发展分为试点、推广和全面实施三个阶段[43]。1989年7月,建设部决定在北京、上海等八个城市和交通、水电两个行业展开监理试点。1993年,建设部总结了监理试点经验,开始在全国范围内推广建立制度,各省、市相继发布监理相关的本地法规,监理制度稳步发展。随着监理制度被写入《中华人民共和国建筑法》和建设部发布的《建设工程监理规范》,监理制度在国内得到全面实施。

根据《建设工程监理规范(2013)》,建设工程监理是指:"取得相关资质证书的监理单位受建设单位委托,根据法律法规、工程建设标准、勘察设计文件及合同,在施工阶段对建设工程质量、进度、造价进行控制,对合同、信息进行管理,对工程建设相关方的关系进行协调,并履行建设工程安全生产管理法定职责的服务活动。"可见,国内工程监理的范围目前还没有延伸到工程项目的全生命周期,而主要集中在工程施工阶段。

工程监理的职责权限主要包括:① 工程质量、造价、进度控制以及安全生产管理;② 工程变更、索赔及施工合同争议的处理;③ 监理文件资料的管理等。具体地,工程监理虽然拥有工程量的核定、工程款的签发(需经业主审查)以及工程质量的评定(监理组织工程竣工预验收,业主组织工程竣工验收)等关键权限,但在实践中需要得到业主的审核。

**(三)国内外监理制度对比**

国际FIDIC监理制度以咨询工程师为中心,咨询工程师的工作范围覆盖工程项目的全生命周期[45]。我国监理制度是在借鉴国际FIDIC监理制度的基础上发展起来的,监理职责大多局限在施工阶段,两者之间存在较大差异。

1. 国外业主规模相对较小,国内业主规模较大[46]

在国际FIDIC监理制度下,业主根据监理合同将质量、进度、投资控制和环保、安全等项目管理工作交由监理负责,业主仅参与管理诸如外部协调、重要变更协商等重大事项。因此,业主派出的项目管理人员数量相对较少,监理单位需要负责施工阶段的全面控制,因而监理人员数量一般较多、规模较大。

在国内监理制度下,监理在名义上拥有质量、造价、进度控制以及安全生产管理等权限,但在实践中往往只是参与现场管理,真正统筹实施"三控三管一协调"的是业主。因此,业主需要派遣大量专业人才负责工程项目的管理监督工作,一般规模较大。

2. 国外监理权限大,国内监理权限相对较小

根据FIDIC条款,监理代表业主在合同范围内行使一切权利,包括向施工单位下达各项指令,签发验收、计量和支付等各种证书,甚至要求承包商撤换不合格的员工和管理者等。对于已经委托给监理工程师的职责,业主一般不再直接干预。FIDIC明确规定:咨询工程师是指令发出者,施工单

位只能从咨询工程师这里获得指示,而业主委派到工程咨询的人员,也必须服从咨询工程师的管理。

在国内监理制度下,监理很难有机会对工程项目进行全面管理,主要是接受业主委托对承包商的施工过程进行审查,对工程量进行核算以及发放工程款项,在关键权限上受到业主的审批限制。在一些复杂性高的重大工程中,监理与业主的权限和职责往往有所重叠,监理单位有时候作为业主指挥部的附属单位参与现场管理工作。因此,监理权限相对较小。

3. 国外监理专业能力强,国内监理实力相对薄弱

在国际FIDIC监理制度下,咨询工程师的工作远不限于质量管理,延伸到项目管理全生命周期,包括前期的规划、设计、招投标、施工准备和后期的运营管理,这主要由项目管理模式以及业主的需求决定。因此,FIDIC条款对工程咨询公司的专业能力也提出很高的要求。

在国内监理制度下,监理实际上大多负责工程项目的现场管理工作,在一些大型工程项目中,监理公司只负责工程项目的某个标段,所以监理单位的成长受到一定限制。

## 二、重大工程两类监理模式

我国在工程实践中形成了具有中国特色的监理模式,即业界约定俗成的"大业主,小监理"和"小业主,大监理"模式。"大业主,小监理"模式是指业主与社会监理共同承担监理角色,而业主占据主导地位的监理模式[47]。"小业主,大监理"模式则更接近国际通行的FIDIC监理模式,由社会监理独立负责监理业务,在合同授权范围内不受业主干涉。阳波[48]指出上述两种模式的主要差异在于业主对监理授权大小的不同。

### (一)"大业主,小监理"模式

"大业主,小监理"模式在政府投资代建制项目中较为常见,交通部发布的《公路建设项目代建管理办法(2015)》第二十二条规定,"代建单位具有监理能力的,其代建项目的工程监理可以由代建单位负责,承担监理相应责任。"因此,在一些重大工程代建制项目中,往往由指挥部充当主要监理角色。

根据南京大学工程管理学院长大桥梁课题组编纂的《交通部中国30年长大公路桥梁建设管理案例库》,全国长大公路桥梁建设多采用"大业主,小监理"模式,如表5-1所示,即由业主委派指挥部负责工程建设的项目管理

工作,指挥部通过招标、邀标等方式委派社会监理承担具体的现场管理工作。从本质上来说,指挥部和社会监理共同承担工程监理的角色,而社会监理需要服从指挥部的指示。

表5-1 中国30年长大桥梁建设监理模式

| 大桥 | 省份 | 建设时间 | 监理模式 | 监理职责 | 备注 |
|---|---|---|---|---|---|
| 江阴大桥 | 江苏 | 1994-11—1999-09 | 大业主 | 标段监理 | 一跨过江钢悬索桥,是国内首次跨径突破千米大关的特大桥梁;<br>指挥部为建设单位和总监理单位;<br>指挥部下设工程监理处 |
| 润扬大桥 | 江苏 | 2001-10—2005-04 | 大业主 | 标段监理 | 我国长江上首座由悬索桥和斜拉桥两座大跨径桥梁组合而成的特大型现代化桥梁;<br>指挥部为建设单位和总监理单位(一级监理),社会监理负责标段监理(二级监理);<br>指挥部下设测量中心和试验中心 |
| 苏通大桥 | 江苏 | 2003-06—2008-06 | 大业主 | 标段监理 | 主桥为七跨双塔双索面钢箱梁斜拉桥,世界最大主跨、最深基础、最高桥塔和最长拉索;<br>指挥部为总监理工程师办公室(一级监理),社会监理在现场组建总监代表办公室(二级监理) |
| 南京长江二桥 | 江苏 | 1997-10—2001-03 | 大业主 | — | 钢箱梁斜拉桥,是当时中国主跨径最大的斜拉桥;<br>指挥部代表业主在监理单位协助下对施工单位进行监理;<br>指挥部下设监理处 |
| 南京长江三桥 | 江苏 | 2003-08—2005-10 | 大业主 | 标段监理 | 中国第一座大跨径曲线形钢塔斜拉桥;<br>指挥部下设工程监理处;<br>指挥部项目监理+社会监理 |
| 泰州大桥 | 江苏 | 2007-12—2012-11 | 大业主 | 标段监理 | 主桥为三塔悬索桥桥型,是当代特大跨径多塔连跨悬索桥的首创工程;<br>社会监理作为指挥部的一部分,按照具体的监理合同对各标段进行监督 |

(续表)

| 大桥 | 省份 | 建设时间 | 监理模式 | 监理职责 | 备注 |
|---|---|---|---|---|---|
| 南京长江第四大桥 | 江苏 | 2008-01—2012-12 | 大业主 | 质量 | 目前国内跨境最大的三跨悬索桥,在同类型桥梁中居世界第三;<br>指挥部和总监办共同对工程质量展开监理,指挥部下设中心实验室和测量中心控制工程质量;<br>施工方案和施工组织设计报总监批准,重大施工方案和施工组织设计报指挥部批准;<br>工程变更方案、工程变更数量、变更工程的造价由总监办初审,指挥部审批 |
| 杭州湾跨海大桥 | 浙江 | 2003-11—2008-05 | 大业主 | 质量、安全、进度 | 指挥部承担总监办的大部分职责;<br>不设一级监理,按标段招标选定监理单位,组建驻地监理办公室,直接受指挥部领导;<br>针对监理单位测量控制和试验检测技术力量相对薄弱这一现状,指挥部建立测量控制中心和试验检测中心,归于工程管理处管理 |
| 嘉绍大桥 | 浙江 | 2008-12—2013-07 | 大业主 | 质量 | 主航道桥采用独柱四索面六塔斜拉桥,是目前世界已建、在建最长的多塔斜拉桥;<br>指挥部下设监察室、现场办公室、质量安全监督处;<br>指挥部制定工程量清单预算及调整系数的确定程序、计量和变更的管理办法和审批程序 |
| 南浦大桥 | 上海 | 1988-12—1991 | 大业主 | 标段监理、质量 | 我国自行设计、自行建造的双塔双索面、迭合梁斜拉桥;<br>指挥部下设大桥监理组,负责南浦大桥工程建设范围内的工程项目的质量监督,参与质量事故的处理和裁定,参加竣工验收和核定工程质量等级,承担实际的监理工作;<br>社会监理成立驻现场监理组,对大桥质量进行监督 |
| 黄石长江大桥 | 湖北 | 1992-07—1995-12 | 大业主 | 质量、进度、安全 | 交通部首次在长江中下游兴建的一座特大型桥梁;<br>指挥部指定专人负责质量监督管理;<br>监理单位负责现场监理工作 |

(续表)

| 大桥 | 省份 | 建设时间 | 监理模式 | 监理职责 | 备注 |
|---|---|---|---|---|---|
| 坝陵河大桥 | 云南贵州 | 2005-04—2009 | 大业主 | 驻地监理 | 国内首座跨千米的钢桁加劲梁悬索桥；业主和社会监理共同承担监理角色 |
| 琅岐闽江大桥 | 福建 | 2010-09—2014-01 | 大业主 | 质量、进度、安全 | 指挥部下设工程管理部,监理单位设立总监办,共同管理工程质量 |
| 云南腾冲特大桥 | 云南 | 2011-08—2016-04 | 大业主 | 质量 | 云南省内最大跨径桥梁；指挥部对项目采用公开招投标方式,选择设计、施工、监理和第三方检测；指挥部管理人员、监理人共同验收质量；指挥部负责变更程序的审核和审查 |
| 鄂东大桥 | 湖北 | 2006-08—2010-09 | 大业主 | 质量 | 指挥部制订了总监办中心实验室、监理项目部试验室、施工项目部试验室的三级管理制度,共同形成了工程质量监督检测体系；指挥部强化"一线作业法",业主和监理人员全过程跟踪施工 |
| 荆岳大桥 | 湖北 | 2006-12—2010-11 | 大业主 | 驻地监理 | 总监办与指挥部一门两牌,指挥部下设质量安全部(中心试验室)；指挥长担任总监理工程师 |
| 马鞍山大桥 | 安徽 | 2008-12—2013 | 大业主 | 质量、安全、进度 | 二级监理,社会监理组建总监办和驻地监理；指挥部负责从项目立项、投融资、建设管理,到竣工验收移交、运行和项目后评价的全寿命期运作；重要施工方案由现场指挥部组织,提交现场专家组讨论评审,一般施工方案由总监办组织,由内部专家组讨论评审 |
| 东营胜利大桥 | 山东 | 1985-02—1987-10 | 大业主 | 无 | 黄河下游最后的一座大桥,也是我国第一座钢斜拉桥；监理制度尚未建立 |
| 崇启大桥 | 上海江苏 | 2009-02—2011-11 | — | 质量、进度、环保 | 建设单位或承包单位提出的工程变更,要求上报总监办,由总监办总监理工程师审查 |
| 上海长江隧桥 | 上海 | 1996-02—2000 | — | 质量、安全 | 委托社会监理,二级监理 |

(续表)

| 大桥 | 省份 | 建设时间 | 监理模式 | 监理职责 | 备注 |
|------|------|----------|----------|----------|------|
| 朝天门大桥 | 重庆 | 2004-12—2009-04 | — | — | "世界第一拱桥" |
| 青岛胶州湾跨海大桥 | 山东 | 2007-05—2011-06 | — | 驻地监理 | 世界第一跨海大桥；指挥部负责宏观管理和体系管理，具体质量管理过程由监理和施工企业来实现；指挥部对监理单位在质量管理上充分授权，树立监理在质量管理上的权威 |
| 厦漳跨海大桥 | 福建 | 2008-11—2013-05 | — | 质量、环保 | 用双塔双索面五跨连续半漂浮钢斜拉桥型式；采用二级监理，由广东虎门技术咨询有限公司组建总监办，负责整个项目施工的监督管理 |

来源：南京大学工程管理学院长大桥梁课题组编纂《交通部中国 30 年长大公路桥梁建设管理案例库》。

"大业主，小监理"模式主要有以下几种表现形式：

第一，指挥部作为建设单位和一级监理机构（总监办），统筹工程监理工作。

一般由指挥部（副）总指挥担任总监理工程师，下设总监理工程师办公室，统筹工程监理工作，社会监理在施工现场组建总监理工程师代表办公室，其负责人为总监理工程师代表，承担各标段的监理任务。指挥部派出人员参与现场管理工作，驻地监理需服从指挥部指派人员的管理。

江苏省的长大桥梁一般采用上述方式，如江阴大桥、润扬大桥和苏通大桥等，湖北省的荆岳大桥也采用该监理模式。

第二，指挥部下设工程监理处，而不设一级监理机构（总监办），指挥部实际承担总监办的角色。

社会监理作为二级监理机构在现场组建驻地监理办公室，直接受指挥部的领导。在这种情况下，社会监理往往是作为指挥部的一部分，按照具体的监理合同对各标段进行监督。

江苏省的南京长江二桥、南京长江三桥和泰州大桥，浙江省的杭州湾跨海大桥和嘉绍大桥，上海的南浦大桥皆采用该监理模式。

第三，社会监理组建总监办和驻地监理，协助指挥部进行现场管理。

指挥部通过招标委托社会监理承担部分监理工作,譬如负责"三管三控一协调"中的质量监理,或者某个标段的驻地监理等。社会监理主要负责具体监理工作的执行,而指挥部则负责项目管理的全面掌控,并在变更审批、计量支付、重大施工方案和质量验收等方面掌握关键权限。

福建省的琅岐闽江大桥、安徽省的马鞍山大桥采用该监理模式。

### (二)"小业主,大监理"模式

"小业主,大监理"模式的核心在于保证监理的独立性,业主和监理之间界限分明,不存在权责利的冲突[46]。如表5-2所示:

表5-2 采用"小业主,大监理"模式的工程项目

| 工程项目 | 省份 | 建设时间 | 监理模式 | 监理职责 | 备注 |
|---|---|---|---|---|---|
| 山西漳泽电厂三期扩建工程[49] | 山西 | 2002-11 — 2004-12 | 小业主 | 工程的设计、施工全过程监理 | 监理承担工程设计和施工监理,在施工阶段承担"四控两管一协调"等现场管理工作;业主负责外部协调、设备供货及筹集资金、生产准备等工作;业主基建管理人员仅有3人,监理高峰时段达50人;监理拥有独立管理权限,业主保留最终决策权 |
| 衡德高速公路故城支线[50][51] | 河北 | 2014-02 — 2015-12 | 小业主 | 四控制、两管理及一协调 | 筹建处管理职能主动后退,充分授权不越位,监理管理职能向前延伸,不缺位;筹建处负责宏观和预控,监理负责进度、质量、计量、安全、文明施工以及施工协调等管理环节;项目筹建处组建两室三科,在岗职工19人,监理单位在场人数超50人,高峰期达到70人 |
| 索风营水电站[52] | 贵州 | 2002-07 — 2006-06 | — | 四控制、两管理及一协调 | 业主监督工程质量和安全,掌握主材供应及合同计量、变更管理和工程投资等核心权限;监理全权负责现场管理,业主指令通过监理下达;业主组建计划部、工程部、机电部、财务部、办公室和安全监察办,正式职工23人,监理人数超50人,高峰期达80人 |

来源:期刊杂志。

国内"小业主,大监理"模式目前还处于起步阶段。在一些标准化程度高、复杂度较低、社会监理经验比较丰富的大型工程项目中,业主的现场管理权限开始逐渐撤离,社会监理被授予施工全过程监理的责任和权利,在有些工程项目中,社会监理还提前参与到设计、施工准备过程中来。总体来说,"小业主,大监理"模式主要有两种表现形式:

第一,在工程建设施工过程中,由社会监理独立监管,独立或主要负责"三管三控一协调"等现场管理工作,业主主要从事前期工作、宏观协调以及重大事项的审批等工作。

第二,社会监理的角色从传统的施工监理双向延伸,逐渐覆盖到项目管理的全生命周期,承担工程咨询的角色。

### (三)两类监理模式对比

我国的"小业主,大监理"模式是相对于"大业主,小监理"而言的。两种模式在监理的范围、权限、组织机构和独立性等[45]四个方面存在较大差异。见表5-3所示:

表5-3 两类监理模式的差异

| | 大业主,小监理 | 小业主,大监理 |
| --- | --- | --- |
| 业主权责 | 项目全生命周期管理<br>• 设计<br>• 施工准备<br>• 主导现场管理工作<br>• 运营管理 | 宏观管理<br>• 资金筹措<br>• 外部协调<br>• 重大变更协商 |
| 监理权责 | 标段监理、部分现场管理<br>• 质量控制<br>• 协助现场管理 | "三管三控一协调"<br>• 投资、进度、质量控制<br>• 合同、安全、风险管理<br>• 组织协调 |
| 组织机构 | • 监理作为业主单位的附属机构 | • 监理具有独立的组织机构 |
| 监理独立性 | • 监理接受业主委派人员的管理 | • 监理独立开展监督管理工作,在合同范围内不受业主干涉 |

在"大业主,小监理"模式下:监理范围主要是施工阶段的标段管理、辅助业主展开"三管三控一协调"中部分或者全部监理工作;监理权限较小,主

要是辅助业主展开监理工作;监理的组织机构以驻地监理较多,往往作为业主现场管理的从属单位,接受指挥部的领导;监理独立性较差,需要听从业主指派的现场管理人员的指令。

而在"小业主,大监理"模式下:监理范围可以拓展到项目管理的全生命周期,在施工阶段全面负责现场管理工作;监理权限较大,负责施工阶段的全过程监理,业主协助监理开展现场管理工作;监理具有独立的组织机构,在授权范围内开展管理工作,不受业主干涉;监理独立性得到保障,在现场管理中占据主导作用,与业主在现场的权责利不存在或较少重叠。

我国的监理模式是国际 FIDIC 监理制度和中国国情相结合的产物,两种模式各有优劣势和适用性。在监理制度引入初期,由于我国监理行业发育不成熟、专业监理人才稀缺,无法满足社会监理的要求,因此业主往往会参与到工程施工监督中,全面统筹现场管理工作,掌握费用、审批等关键权限,从而形成了"大业主,小监理"的传统。

"大业主,小监理"模式具有一定的优势:

第一,业主专业能力强,能够降低委托代理中的信息不对称。

业主开展项目全生命周期管理,在关键事项上具有绝对的决策权。业主主导"三管三控一协调"等现场管理工作,派驻人员和社会监理共同参与现场管理,直接监督承包商行为,能够降低业主和承包商之间的信息不对称,提高承包商的努力水平,保证工程质量。

第二,业主组织协调和资源配置能力强,能够有效推动项目进展。

对于一些技术难度大、工程复杂性高、全球首创的重大工程,工程标段和参与主体众多,施工周期长,社会监理很难独立承担项目的全部现场管理工作,而业主具备更强的组织协调能力和资源配置能力。因此,业主统筹现场管理工作,安排社会监理负责标段监理或者执行"三管三控一协调"中的部分工作,能够有效推动项目进展。

同时,"大业主,小监理"模式也存在一些劣势:

第一,业主资源投入大,容易造成人才浪费。

业主主导现场管理工作,需要配备专业队伍,资源投入大。重大工程是培养工程人才的摇篮,一个工程项目结束后,大量经验丰富的工程项目管理人员存在安置难题,有的参与工程的后期运营管理,有的派遣至其他工程项目做项目管理工作,有的辞职……人才的培养和使用缺乏连续性,不利于人才的继续成长和作用发挥,容易造成人才浪费。

第二,业主和监理存在权责重叠交叉,限制监理的独立性和成长。

业主和社会监理共同参与现场管理,双方在权利、责任和利益方面存在大量的重叠和交叉,造成了资源的浪费。此外,业主权限过大,社会监理往往作为业主单位的从属机构,听从业主的安排,这极大限制了监理的独立性,不利于监理行业的成长。

第三,业主同时承担委托人和监理角色,存在道德风险。

业主委托承包商开展工程建设,是工程委托人;业主主导工程监督工作,又是监理人,权限过大。如果缺少有效的外部监督,会导致业主和承包商合谋、监理被动合谋等问题。

随着监理行业的发展,监理队伍不断壮大,监理对于投资、进度和质量的控制能力不断提高,业界对于业主放权的呼声渐高,"小业主,大监理"模式作为一种新概念被提出来,在工程项目中得到越来越多的推广应用。

"小业主,大监理"模式具有一定优势:

第一,降低业主道德风险,优化业主和监理之间的资源配置。

业主将监督权转交监理,避免委托人和监理人二重身份而导致的业主和承包商寻租问题。监理主导现场管理工作,业主负责外部协调和重大变更,解决业主能力和资源不足的问题,优化了业主和监理之间的资源配置。

第二,监理独立性得到保障,有利于监理人才的培养和行业成长。

监理在授权范围内开展管理工作,不受业主干涉,独立性得到保障。人才培养具有连续性,在重大工程中得到成长的监理人才会随着监理团队走向下一个工程项目,不断成长,不断发挥作用。

当然,"小业主,大监理"模式也存在一定劣势:

业主配备较少的专业队伍,监督权授予监理,强化了业主和承包商以及监理之间的信息不对称。在这种情况下,承包商和监理可能会利用自身的信息和专业优势,通过增加工程变更、虚报工程量等方式合谋,损害公共利益。

"大业主,小监理"和"小业主,大监理"模式拥有各自的适用性,如表5-4所示。在复杂性高的首创工程中,社会监理往往不能独立承担全部监理工作,这个时候,"大业主,小监理"模式能够协调多方参与,有效推动项目进展。在标准化程度较高的工程项目中,有经验的社会监理足以承担监理工作,这个时候,"小业主,大监理"模式能够优化资源配置,并促进监理行业的健康成长。

表5-4 两类监理模式的优劣势

|  | "大业主,小监理" | "小业主,大监理" |
| --- | --- | --- |
| 优势 | ·业主专业能力强,能够降低委托代理中的信息不对称<br>·业主组织协调和资源配置能力强,能够有效推动项目进展 | ·降低业主道德风险<br>·减少业主和监理的资源重复投入<br>·保障监理独立性<br>·有利于监理人才培养和行业成长 |
| 劣势 | ·业主资源投入大,容易造成人才浪费<br>·业主和监理存在权责重叠交叉,限制监理的独立性和成长<br>·业主同时承担委托人和监理角色,存在道德风险 | ·加剧信息不对称<br>·容易引发代理人道德风险 |

## 第三节 重大工程监理供应系统模型

重大工程中有多重委托代理关系,其中业主和承包商之间的委托代理关系最为重要,直接影响工程最终质量和效益。因此,业主需要设计合理有效的激励机制,激励承包商的最优努力水平。本章梳理重大工程中的多重委托代理关系,基于委托代理理论,将监理信号纳入委托代理模型,构建了业主和承包商之间的激励模型。

### 一、重大工程委托代理关系

重大工程一般由国家出资,具有投资额巨大、技术难度高、建设周期长、资源消耗大等特点,对社会经济和生态环境都会产生重大影响。由于工程体量大、参与主体众多,重大工程一般涉及多重委托代理关系,包括"公众-政府-业主单位-专业机构",具体如图5-1所示:

第五章　重大工程供应系统激励机制：基于两类监理模式

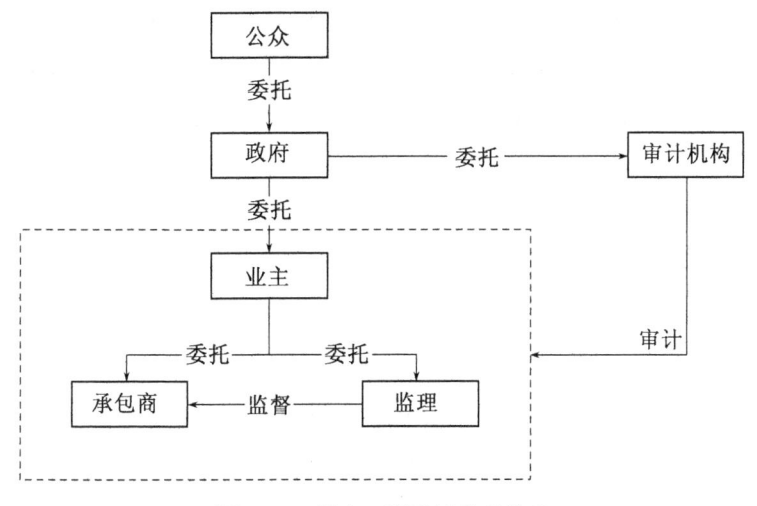

图 5-1　重大工程委托代理关系

## 二、不考虑监理的激励模型

业主和承包商之间的委托代理关系是重大工程多重委托代理关系中最为重要的一环，业主是重大工程的建设管理单位，承包商是重大工程的建设范围，两者间的委托代理关系直接影响工程最终质量和效益。根据委托代理模型，业主可以通过合同设计，激励承包商选择最优的努力水平，实现业主收益最大化。

### （一）模型的假设

本部分建立只有业主和承包商的激励模型，不考虑其他参与人。

承包商的努力水平为 $a(a \geqslant 0)$，则其努力成本为 $C(a)=\frac{1}{2}ba^2(b>0)$。其中，$b$ 是承包商的努力成本系数。

承包商的努力产出为 $\pi = a + \varepsilon(\varepsilon \sim N(o, \sigma^2))$。其中，$\varepsilon$ 代表外生不确定因素。由于信息不对称，业主无法直接观察到承包商的努力水平 $a$，但可以不耗费成本地看到承包商的产出 $\pi$。

业主和承包商之间采用线性激励合同 $S(\pi) = \alpha + \beta\pi(0 \leqslant \beta \leqslant 1)$。其中，$\alpha$ 是承包商的固定收入；$\beta$ 是激励系数，即承包商对产出的分享系数。给定激励系数，承包商的努力水平 $a$ 越大，那么承包商收入就越多。因此，业主设置激励系数能够促使承包商提高自身的努力水平。

假设承包商的效用函数具有不变绝对风险规避特征，即 $R=-\mathrm{e}^{-\rho\omega}$。其中，$\omega$ 是承包商的效用，$\rho$ 是承包商的绝对风险规避量。$\omega_0$ 是承包商的保留效用，即承包商不接受该工程项目合同时可以通过其他途径获得的最高效用。

### （二）模型的建立

业主的收入函数：

$$\pi-S(\pi)=\pi-(\alpha+\beta\pi)$$
$$=(1-\beta)\pi-\alpha$$

假设业主是风险中性的。那么，业主的期望效用：

$$U=E[\pi-S(\pi)]$$
$$=(1-\beta)E(\pi)-\alpha$$
$$=(1-\beta)a-\alpha$$

承包商的效用函数：

$$\omega=S(\pi)-C(a)$$
$$=\alpha+\beta\pi-\frac{1}{2}ba^2$$

假设承包商是风险规避的。那么，承包商的期望效用：

$$T=E(\omega)-\frac{1}{2}\rho\mathrm{var}(\omega)$$
$$=\alpha+\beta E(\pi)-\frac{1}{2}ba^2-\frac{1}{2}\rho\mathrm{var}(\omega)$$
$$=\alpha+\beta a-\frac{1}{2}ba^2-\frac{1}{2}\rho\beta^2\sigma^2$$

其中，$\frac{1}{2}\rho\mathrm{var}(\omega)$ 代表承包商的风险成本，当 $\rho>0$ 时，承包商是风险规避的；当 $\rho=0$ 时，承包商是风险中性的。

根据委托代理模型，业主选择合适的 $\alpha$、$\beta$，使得在满足承包商的参与约束（IR）和激励相容约束（IC）的基础上，实现自身期望效用的最大化。因此，建立不考虑监理的激励模型如下：

$$\max_{a,\alpha,\beta}(1-\beta)a-\alpha$$

$$\mathrm{s.t.~(IR)}\alpha+\beta a-\frac{1}{2}ba^2-\frac{1}{2}\rho\beta^2\sigma^2\geqslant\omega_0$$

$$(\text{IC}) \, a \in \arg\max \left\{ \alpha + \beta a - \frac{1}{2} b a^2 - \frac{1}{2} \rho \beta^2 \sigma^2 \right\}$$

### (三) 模型的求解

在信息不对称的条件下,业主无法观察到承包商的真实的努力水平。所以,承包商首先选择合适的努力水平 $a$,满足自己的期望效用最大化,即激励相容约束(IC)一阶最优,则可得: $a = \dfrac{\beta}{b}$。

从业主角度来说,最优情况是恰好满足承包商的参与约束,即参与约束(IR)取等号:

$$\alpha + \beta a - \frac{1}{2} b a^2 - \frac{1}{2} \rho \beta^2 \sigma^2 = \omega_0$$

可得:

$$\alpha = \omega_0 - \frac{\beta^2}{2b} + \frac{1}{2} \rho \beta^2 \sigma^2$$

将 $a$、$\alpha$ 代入目标函数,可得:

$$\max_{\beta} \frac{\beta}{b} - \frac{\beta^2}{2b} - \omega_0 - \frac{1}{2} \rho \beta^2 \sigma^2$$

根据目标函数的一阶最优,可得:

$$\beta^* = \frac{1}{1 + \rho b \sigma^2}$$

$$a^* = \frac{1}{b(1 + \rho b \sigma^2)}$$

$$\alpha^* = \omega_0 - \frac{1 - \rho b \sigma^2}{2b(1 + \rho b \sigma^2)^2}$$

承包商的确定性等价收入:

$$T^* = \omega_0$$

业主的期望收入:

$$U^* = \frac{1}{2b(1 + \rho \sigma^2)} - \omega_0$$

### (四) 模型的分析

基于上述模型,得到业主和承包商之间的最优激励契约,具体分析如下:

**命题1**:激励系数 $\beta$ 越大,则承包商的努力水平 $a$ 越高。

**证明**：因为 $\dfrac{\partial a^*}{\partial \beta^*} = \dfrac{1}{b} > 0$，故命题为真。

**分析**：业主可以通过提高激励系数 $\beta$ 来提高承包商的努力水平。

**命题 2**：外生不确定因素 $\varepsilon$ 的标准差 $\sigma$ 越小，则① 激励系数 $\beta$ 越大，② 承包商的努力水平 $a$ 越高，③ 业主的期望收入越高。

**证明**：因为 $\dfrac{\partial \beta^*}{\partial \sigma} = -\dfrac{2\rho b \sigma}{(1+\rho b \sigma^2)^2} < 0$

$$\dfrac{\partial a^*}{\partial \sigma} = -\dfrac{2\rho\sigma}{(1+\rho b \sigma^2)^2} < 0,$$

$$\dfrac{\partial U^*}{\partial \sigma} = -\dfrac{2\rho\sigma}{2(1+\rho b \sigma^2)^2} < 0, \text{故命题为真}。$$

**分析**：外生不确定因素 $\varepsilon$ 的标准差 $\sigma$ 越小，表明工程项目标准化程度越高；反之，表明工程项目复杂性越高。该命题说明：当工程项目标准化程度较高的时候，承包商越愿意承担不确定性，政府给承包商的激励系数越大，承包商的努力水平和业主的期望收益都越高；当工程复杂性较高时，承包商越不愿意承担不确定性，政府给承包商的激励系数越小，承包商的努力水平和业主的期望收益都越低。

**命题 3**：承包商的绝对风险规避度 $\rho$ 越小，则激励系数 $\beta$ 越大，承包商的努力水平 $a$ 越高，业主的期望收入越高。

**证明**：因为 $\dfrac{\partial \beta^*}{\partial \rho} = -\dfrac{b\sigma^2}{(1+\rho b \sigma^2)^2} < 0$

$$\dfrac{\partial a^*}{\partial \rho} = -\dfrac{\sigma^2}{(1+\rho b \sigma^2)^2} < 0$$

$$\dfrac{\partial U^*}{\partial \rho} = -\dfrac{\sigma^2}{2(1+\rho b \sigma^2)^2} < 0, \text{故命题为真}。$$

**分析**：承包商的绝对风险规避度 $\rho$ 越小，表明承包商承受风险的能力越强。在这种情况下，承包商更愿意承担不确定性，政府给承包商的激励系数越大，承包商的努力水平和业主的期望收益都越高。因此，业主应该尽量聘请风险承受能力强的承包商。

### 三、基于监理信号的激励模型

业主无法直接观察到承包商的努力水平，因此，业主可以委托监理监督承包商的行为。监理基于对承包商的观察，向业主提供一定的监理信号。

本部分尝试将监理信号纳入委托代理模型,建立基于监理信号的激励模型。

### (一) 模型的假设

监理通过对承包商行为的监督,向业主提供监理信号 $p=a+\mu$,$\mu \sim N(0,\delta^2)$。其中,$\mu$ 代表监理信号的精确度,即监理提供的监理信号与承包商实际的努力水平之间的差距。监理信号的精确度体现了监理的能力,$\delta^2$ 越小,则监理信号的精确度越高,则监理的能力越强;反之,$\delta^2$ 越大,监理信号的精确度越低,则监理的能力越弱。

业主将监理信号纳入对承包商的激励合同,即承包商收入为 $S(\pi,p)=\alpha+\beta\pi+\lambda p$,$0 \leqslant \beta,\lambda \leqslant 1$。承包商的努力水平 $a$ 越大,那么监理向业主提供的观察信号 $p$ 也越大,承包商收入就越多。因此,在监理的监督下,承包商有动力提高自身的努力水平。

### (二) 模型的建立

根据委托代理模型,业主选择合适的 $\alpha$、$\beta$、$\lambda$,使得在满足承包商的参与约束(IR)和激励相容约束(IC)的基础上,实现自身期望效用的最大化。因此,建立基于监理信号的激励模型如下:

$$\max_{a,\alpha,\beta,\lambda}(1-\beta-\lambda)a-\alpha$$

$$\text{s.t. (IR)} \alpha+(\beta+\lambda)a-\frac{1}{2}ba^2-\frac{1}{2}\rho\beta^2\sigma^2-\frac{1}{2}\rho\lambda^2\delta^2 \geqslant \omega_0$$

$$(\text{IC}) a \in \arg\max\{\alpha+(\beta+\lambda)a-\frac{1}{2}ba^2-\frac{1}{2}\rho\beta^2\sigma^2-\frac{1}{2}\rho\lambda^2\delta^2\}$$

### (三) 模型的求解

根据激励相容约束(IC)的一阶最优,可得:

$$a=\frac{\beta+\lambda}{b}$$

最优情况下,承包商的参与约束(IR)取等号,即有:

$$\alpha+(\beta+\lambda)a-\frac{1}{2}ba^2-\frac{1}{2}\rho\beta^2\sigma^2-\frac{1}{2}\rho\lambda^2\delta^2=\omega_0$$

可得:

$$\alpha=\omega_0-\frac{(\beta+\lambda)^2}{2b}+\frac{1}{2}\rho\beta^2\sigma^2+\frac{1}{2}\rho\lambda^2\delta^2$$

将 $a$、$\alpha$ 代入目标函数,可得:

$$\max_{\beta,\lambda}\frac{(\beta+\lambda)}{b}-\frac{(\beta+\lambda)^2}{2b}-\omega_0-\frac{1}{2}\rho\beta^2\sigma^2-\frac{1}{2}\rho\lambda^2\delta^2$$

根据目标函数的一阶最优，可得：

$$\beta = \frac{1-\lambda}{1+\rho b \sigma^2}$$

$$\lambda = \frac{1-\beta}{1+\rho b \sigma^2}$$

将 $\beta,\lambda$ 互相代入一阶最优解，可得：

$$\beta^{**} = \frac{\delta^2}{\sigma^2 + \delta^2 + \rho b \delta^2 \sigma^2}$$

$$\lambda^{**} = \frac{\sigma^2}{\sigma^2 + \delta^2 + \rho b \delta^2 \sigma^2}$$

$$a^{**} = \frac{\sigma^2 + \delta^2}{b(\sigma^2 + \delta^2 + \rho b \delta^2 \sigma^2)}$$

承包商的确定性等价收入：

$$T^{**} = \omega_0$$

业主的期望收入：

$$U^{**} = \frac{\sigma^2 + \delta^2}{2b(\sigma^2 + \delta^2 + \rho b \sigma^2 \delta^2)} - \omega_0$$

**（四）模型的分析**

基于上述模型，得到业主和承包商之间的最优激励契约，具体分析如下：

**命题4**：基于产出的激励系数 $\beta$ 和基于监理信号的激励系数 $\lambda$ 越大，承包商的最优努力水平也越大。

证明：因为 $\dfrac{\partial a^{**}}{\partial \beta^{**}} = \dfrac{1}{b} > 0$，

$\dfrac{\partial a^{**}}{\partial \lambda^{**}} = \dfrac{1}{b} > 0$，故命题为真。

分析：业主可以通过提高基于产出的激励系数 $\beta$ 和基于监理信号的激励系数 $\lambda$ 来提高承包商的努力水平。

**命题5**：基于产出的激励系数 $\beta$ 和依据监理信号的激励系数 $\lambda$ 负相关，当外生的不确定程度越高（$\sigma^2$ 越大），依据监理信号的激励系数 $\lambda$ 越大，当监理信号的精确度越低（$\delta^2$ 越大），依据产出的激励系数 $\beta$ 越大。

证明：因为 $\beta = \dfrac{1-\lambda}{1+\rho b \sigma^2}$

$$\frac{\partial \beta^{**}}{\partial \delta} = \frac{2\partial\sigma^2}{(\sigma^2+\delta^2+\rho b\delta^2\sigma^2)^2} > 0$$

$$\frac{\partial \lambda^{**}}{\partial \sigma} = \frac{2\sigma\delta^2}{(\sigma^2+\delta^2+\rho b\delta^2\sigma^2)^2} > 0, 故命题为真。$$

**分析**：业主可以选择基于产出的激励系数 $\beta$ 或基于监理信号的激励系数 $\lambda$ 来提高承包商的努力水平，两种方式选择其中之一即可。当外生的不确定程度越高时，即工程项目的风险越大，业主应该更多地基于监理信号对承包商进行激励。当监理能力比较差，即监理信号的精确度越低的时候，业主应该更多地基于产出对承包商进行激励。

**命题 6**：考虑监理信号的激励模型下承包商的最优努力水平高于一般激励模型下承包商的最优努力水平。

**证明**：因为 $a^* = \dfrac{1}{b(1+\rho b\sigma^2)}$

$$a^{**} = \frac{1}{b\left(1+\dfrac{\rho b\sigma^2}{1+\dfrac{\sigma^2}{\delta^2}}\right)}$$

$$\frac{a^{**}}{a^*} = \frac{1+\rho b\sigma^2}{1+\dfrac{\rho b\sigma^2}{1+\dfrac{\sigma^2}{\delta^2}}} > 1, 故命题为真。$$

**分析**：将监理信号纳入业主和承包商之间的委托代理模型，承包商的最优努力水平总是高于一般激励模型下的最优努力水平。因此，业主应该聘用监理，并且将监理信号纳入激励模型中。

**命题 7**：考虑监理信号的激励模型下业主的期望收入高于一般激励模型下业主的期望收入。

**证明**：因为 $U^* = \dfrac{1}{2b(1+\rho b\sigma^2)} - \omega_0$

$$U^{**} = \frac{1}{2b\left(1+\dfrac{\rho b\sigma^2}{1+\dfrac{\sigma^2}{\delta^2}}\right)} - \omega_0$$

$\dfrac{U^{**}}{U^*} > 1$，故命题为真。

**分析**：将监理信号纳入业主和承包商之间的委托代理模型，业主的期望收入总是高于一般激励模型下业主的期望收入。因此,业主应该聘用监理,并且将监理信号纳入激励模型中。

## 第四节 重大工程监理系统合谋行为

重大工程存在两类监理模式,分别是"大业主,小监理"模式和"小业主,大监理"模式。不同监理模式下,业主、承包商和监理之间可能的合谋情形不尽相同。本节分析两类监理模式下可能的合谋情形,分别构建合谋博弈模型,展开合谋博弈分析,总结不同监理模式下的合谋特点。

### 一、"大业主,小监理"模式下的合谋分析

#### (一) 合谋行为分析

在"大业主,小监理"模式下,政府委托业主建设管理工程项目,业主委托承包商建设工程,业主按照行业规范委托社会监理监督承包商的行为,但实际中业主和社会监理共同承担监理角色,业主掌握造价审批、工程变更审批等关键权限,监理需要服从业主的指示。因此,在该模式下,业主是承包商的主要寻租对象。业主在承包商的贿赂下,可能会选择隐藏真实信息,与承包商一起套取政府建设资金。

当业主和承包商结成合谋体,监理单位作为现场监督的一份子,基于①存在被业主解聘的担忧,② 合谋收益远大于机会成本,③ 拥有信息优势,合谋暴露可能性小等方面的考量[40],往往会选择加入合谋。因此,"大业主,小监理"模式下的合谋体一般由业主、承包商和监理三方共同组成。如图 5-2 所示:

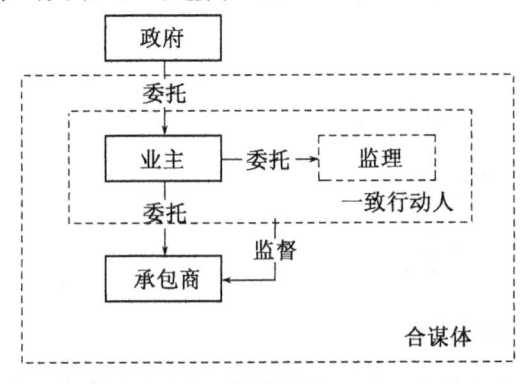

**图 5-2 "大业主,小监理"模式下的合谋体**

合谋主体参与合谋主要有三种合谋路径,分别是虚报工程量、增加工程变更和偷工减料。如图5-3所示:

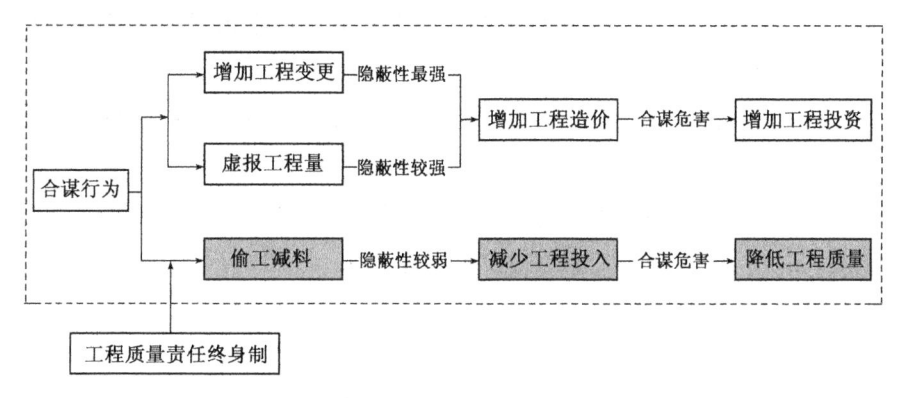

**图5-3 "大业主,小监理"模式下的合谋路径**

根据工程施工合同,承包商的收入是按照工程量清单计价,工程量越大,承包商的收益越高。因此,承包商有意图增加工程量,以获得超额收益。增加工程量主要有两个途径:第一,虚报工程量,承包商在实际工程量的基础上进行夸大,监理单位通过工程量审核、审计单位通过造价审计往往能够发现问题;第二,增加工程变更,承包商为了提高工程造价,以施工难度大等理由增加不必要的工程变更,这类行为由于流程合理往往隐蔽性更高。有的文献还指出第三种合谋途径,即偷工减料,承包商通过减少工程投入,获得剩余收益。本文认为,由于我国工程建设实行工程质量责任终身制,且重大工程使用年限长、影响范围广,理性的工程建设参与主体选择偷工减料的可能性较小,因为偷工减料会导致工程质量问题,而工程质量问题最终会归咎到责任主体。

**(二)合谋条件下四方博弈分析**

本部分研究在合谋条件下,政府、业主、承包商和监理四方之间的博弈分析。

1. 模型的假设

(1) 博弈参与主体包括:政府、业主、承包商和监理,分别用字母 G、E、C、S 表示;

(2) 政府的策略空间是{监督,不监督},业主、承包商和监理的策略空间是{合谋,不合谋};

(3) 工程实际造价是 $R_a$,经过不合理的工程变更和虚报工程量之后的

合谋造价是 $R_d$,因此,合谋租金 $\Delta R = R_d - R_a$,政府的损失为 $s\Delta R$,其中 $s$ 是政府的损失放大系数;

(4) 三方合谋的概率是 $h$,承包商分配给业主和监理的合谋租金系数分别为 $\lambda_e$ 和 $\lambda_s$,且 $0 < \lambda_e + \lambda_s < 1$;

(5) 政府进行合谋监管的概率为 $p$,对合谋行为打击成功的概率为 $q$,监管成本为 $C$;

(6) 如果政府对合谋行为打击成功,那么政府将没收合谋收益,并追索罚款,业主、承包商和监理的惩罚系数分别为 $k_e$、$k_c$ 和 $k_s$,业主、承包商和监理承受的声誉损失分别为 $C_e$、$C_c$ 和 $C_s$;

2. 模型的建立

根据上述假设,得到政府、业主、承包商和监理的四方博弈支付矩阵,如表 5-5 所示:

表 5-5 政府、业主、承包商和监理的四方博弈支付矩阵

| | | 政府 | | |
|---|---|---|---|---|
| | | 监督($p$) | | 不监督($1-p$) |
| | | 打击成功($q$) | 打击失败($1-q$) | |
| 业主、承包商和监理 | 合谋 ($h$) | $-k_c(1-\lambda_e-\lambda_s)\Delta R - C_c$, $-k_s\lambda_s\Delta R - C_s$, $W - k_e\lambda_e\Delta R - C_e$, $k_c(1-\lambda_e-\lambda_s)\Delta R + k_s\lambda_s\Delta R + k_e\lambda_e\Delta R - C$ | $(1-\lambda_e-\lambda_s)\Delta R$, $\lambda_s\Delta R$, $\lambda_e\Delta R$, $-s\Delta R - C$ | $(1-\lambda_e-\lambda_s)\Delta R$, $\lambda_s\Delta R$, $\lambda_e\Delta R$, $-s\Delta R$ |
| | 不合谋 ($1-h$) | 0, 0, $W$, $-C$ | 0, 0, $W$, $-C$ | 0, 0, $W$, 0 |

注:每个单元格中,第一个式子表示承包商的收益,第二个式子表示监理的收益,第三个式子表示业主的收益,第四个式子表示政府的收益。

3. 模型的求解

给定业主、承包商和监理三方的合谋概率为 $h$,政府选择监督的期望收益 $E1$:

$$E1 = h\{q[k_c(1-\lambda_e-\lambda_s)\Delta R + k_s\lambda_s\Delta R + k_e\lambda_e\Delta R - C] + (1-q)(-s\Delta R)\} + (1-h)(-C)$$

政府选择不监督的期望收益 $E2$：
$$E2=h(-S\Delta R)+0$$
所以，政府的期望收益：
$$E_g=pE1+(1-p)E2$$
给定政府的监督概率为 $p$，承包商选择合谋的期望收益 $E3$：
$$E3=p\{q[-k_c(1-\lambda_e-\lambda_s)\Delta R-C_c]+(1-q)(1-\lambda_e-\lambda_s)\Delta R\}+(1-p)(1-\lambda_e-\lambda_s)\Delta R$$
承包商选择不合谋的期望收益 $E4$：
$$E4=0$$
所以，承包商的期望收益：
$$E_c=pE3+(1-p)E4$$
监理选择合谋的期望收益 $E5$：
$$E5=p\{q[-k_s\lambda_s\Delta R-C_s]+(1-q)\lambda_s\Delta R\}+(1-p)\lambda_s\Delta R$$
监理选择不合谋的期望收益 $E6$：
$$E6=0$$
所以，监理的期望收益：
$$E_s=pE5+(1-p)E6$$
业主选择合谋的期望收益 $E7$：
$$E7=p\{q[W-k_e\lambda_e\Delta R-C_e]+(1-q)(W+\lambda_e\Delta R)\}+(1-p)(W+\lambda_e\Delta R)$$
业主选择不合谋的期望收益 $E8$：
$$E8=0$$
所以，业主的期望收益：
$$E_e=pE7+(1-p)E8$$
分别求解政府、承包商、监理和业主的最大期望支付：
$$令\frac{\partial E_g}{\partial h}=0,\frac{\partial E_c}{\partial p_c}=0,\frac{\partial E_s}{\partial p_s}=0,\frac{\partial E_e}{\partial p_e}=0$$
可得：
$$h^*=\frac{C}{q\Delta R[k_c(1-\lambda_e-\lambda_s)+k_s\lambda_s+k_e\lambda_e+s]}$$
$$p_c^*=\frac{1}{q\left[1+k_c+\dfrac{C_c}{(1-\lambda_e-\lambda_s)\Delta R}\right]}$$

$$p_s^* = \frac{1}{q\left[1+k_s+\dfrac{C_s}{\lambda_s \Delta R}\right]}$$

$$p_e^* = \frac{1}{q\left[1+k_e+\dfrac{C_e}{\lambda_e \Delta R}\right]}$$

**4. 模型的分析**

基于上述博弈模型,得到政府、承包商、监理和业主之间的混合纳什均衡策略,即有:

$$(h^*, p_c^*) = \left\{ \frac{C}{q\Delta R[k_c(1-\lambda_e-\lambda_s)+k_s\lambda_s+k_e\lambda_e+s]}, \frac{1}{q\left[1+k_c+\dfrac{C_c}{(1-\lambda_e-\lambda_s)\Delta R}\right]} \right\}$$

$$(h^*, p_s^*) = \left\{ \frac{C}{q\Delta R[k_c(1-\lambda_e-\lambda_s)+k_s\lambda_s+k_e\lambda_e+s]}, \frac{1}{q\left[1+k_s+\dfrac{C_s}{\lambda_s \Delta R}\right]} \right\}$$

$$(h^*, p_e^*) = \left\{ \frac{C}{q\Delta R[k_c(1-\lambda_e-\lambda_s)+k_s\lambda_s+k_e\lambda_e+s]}, \frac{1}{q\left[1+k_e+\dfrac{C_e}{\lambda_e \Delta R}\right]} \right\}$$

具体分析如下:

**命题 8**:合谋体的最优合谋概率 $h^*$ 与政府打击合谋成功的概率 $q$、业主、承包商和监理的惩罚系数 $k_e$、$k_c$ 和 $k_s$ 成反比,与政府的监督成本 $C$ 成正比。

**证明**:略。

**分析**:政府在对工程合谋体进行监督时,需要提高对工程合谋的监督效率,同时降低自身的监督成本。此外,增加对合谋行为的惩罚力度能够对合谋体成员起到威慑作用。

**命题 9**:政府的最优监督概率 $p_e^*$、$p_c^*$ 和 $p_s^*$ 与政府打击合谋成功的概率 $q$,合谋体成员的惩罚系数 $k_e$、$k_c$ 和 $k_s$,以及合谋体成员的声誉损失成反比。

**证明**:略。

**分析**:提高政府的监督效率,增强对工程合谋行为的惩罚力度,能够有效降低政府的监督概率。此外,工程合谋主体的声誉损失也会影响政府的监督概率,具体地,如果工程合谋主体的声誉损失越大,那么主体的合谋参与意愿越会被抑制,从而降低政府的合谋监督概率。

## 二、"小业主,大监理"模式下的合谋分析

### (一)合谋行为分析

在"小业主,大监理"模式下,业主充分放权,监理的权限得到保障。根据 FIDIC 合同,监理拥有工程量的核定权、工程款的签发权以及竣工图纸的确认权,还在工程变更中起到关键的论证作用,从而成为承包商寻租的主要对象。

由于工程变更在程序上具有合理性,承包商和监理的合谋行为具有较强的隐蔽性,业主由于缺少专业的监理队伍,合谋识别能力比较差。因此,监理和承包商往往不会再向业主寻租。

基于上述分析,"小业主,大监理"模式下的合谋体主要由承包商和监理组成。如图 5-4 所示:

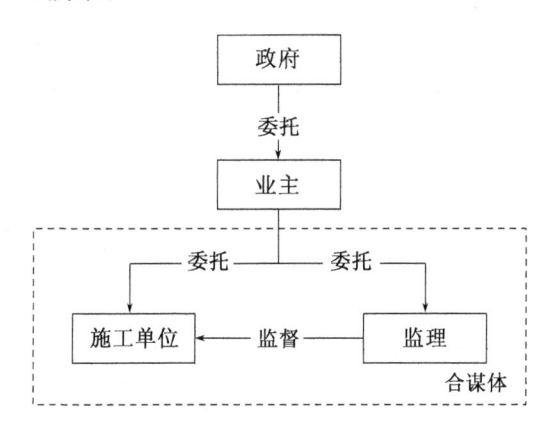

**图 5-4 "小业主,大监理"模式下的合谋体**

"小业主,大监理"模式下的合谋路径与"大业主,小监理"模式基本相同。

### (二)合谋条件下三方博弈分析

在"小业主,大监理"模式下,由于业主不会成为承包商和监理的寻租对象,因此,业主对合谋行为会起到一定的监督作用。本部分将业主和政府统称为政府,研究在合谋条件下,政府、承包商和监理三方之间的博弈分析。

1. 模型的假设

(1) 博弈参与主体包括：政府、承包商和监理，分别用字母 G、C、S 表示；

(2) 政府的策略空间是{监督，不监督}，承包商和监理的策略空间是{合谋，不合谋}；

(3) 工程实际造价是 $R_a$，经过不合理的工程变更和虚报工程量之后的合谋造价是 $R_d$，因此，合谋租金 $\Delta R = R_d - R_a$，政府的损失为 $s\Delta R$，其中 $s$ 是政府的损失放大系数；

(4) 三方合谋的概率是 $h$，承包商分配给监理的合谋租金系数为 $\lambda_s$，且 $0 < \lambda_s < 1$；

(5) 政府进行合谋监管的概率为 $p$，对合谋行为打击成功的概率为 $q$，监管成本为 $C$（参考谢颖，引入监管成本的模型）；

(6) 如果政府对合谋行为打击成功，那么政府将没收合谋收益，并追索罚款，承包商和监理的惩罚系数分别为 $k_c$ 和 $k_s$，承包商和监理承受的声誉损失分别为 $C_c$ 和 $C_s$。

2. 模型的建立

根据上述假设，得到政府、承包商和监理的三方博弈支付矩阵，如表 5-6 所示。

表 5-6 政府、承包商和监理的三方博弈支付矩阵

| | | 政府 | | |
|---|---|---|---|---|
| | | 监督（$p$） | | 不监督（$1-p$） |
| | | 打击成功（$q$） | 打击失败（$1-q$） | |
| 承包商和监理 | 合谋（$h$） | $-k_c(1-\lambda_s)\Delta R - C_c$,<br>$-k_s\lambda_s\Delta R - C_s$,<br>$k_c(1-\lambda_s)\Delta R + k_s\lambda_s\Delta R + -C$ | $(1-\lambda_s)\Delta R$,<br>$\lambda_s\Delta R$,<br>$-s\Delta R - C$ | $(1-\lambda_s)\Delta R$,<br>$\lambda_s\Delta R$,<br>$-s\Delta R$ |
| | 不合谋（$1-h$） | 0,<br>0,<br>$-C$ | 0,<br>0,<br>$-C$ | 0,<br>0,<br>0 |

注：每个单元格中，第一个式子表示承包商的收益，第二个式子表示监理的收益，第三个式子表示政府的收益。

### 3. 模型的求解

给定承包商和监理两方的合谋概率为 $h$，政府选择监督的期望收益 $E_1$：

$$E_1 = h\{q[k_c(1-\lambda_s)\Delta R + k_s\lambda_s\Delta R - C] + (1-q)(-s\Delta R)\} + (1-h)(-C)$$

政府选择不监督的期望收益 $E_2$：

$$E_2 = h(-S\Delta R) + 0$$

所以，政府的期望收益：

$$E_g = pE_1 + (1-p)E_2$$

给定政府的监督概率为 $p$，承包商选择合谋的期望收益 $E_3$：

$$E_3 = p\{q[-k_c(1-\lambda_s)\Delta R - C_c] + (1-q)(1-\lambda_s)\Delta R\} + (1-p)(1-\lambda_s)\Delta R$$

承包商选择不合谋的期望收益 $E_4$：

$$E_4 = 0$$

所以，承包商的期望收益：

$$E_c = pE_3 + (1-p)E_4$$

监理选择合谋的期望收益 $E_5$：

$$E_5 = p\{q[-k_s\lambda_s\Delta R - C_s] + (1-q)\lambda_s\Delta R\} + (1-p)\lambda_s\Delta R$$

监理选择不合谋的期望收益 $E_6$：

$$E_6 = 0$$

所以，监理的期望收益：

$$E_s = pE_5 + (1-p)E_6$$

分别求解政府、监理和承包商的最大期望支付：

令 $\dfrac{\partial E_g}{\partial h} = 0, \dfrac{\partial E_c}{\partial p_c} = 0, \dfrac{\partial E_s}{\partial p_s} = 0$

可得：

$$h^* = \frac{C}{q\Delta R[k_c(1-\lambda_s) + k_s\lambda_s + s]}$$

$$p_c^* = \frac{1}{q\left[1 + k_c + \dfrac{C_c}{(1-\lambda_s)\Delta R}\right]}$$

$$p_s^* = \frac{1}{q\left[1 + k_s + \dfrac{C_s}{\lambda_s\Delta R}\right]}$$

4. 模型的分析

基于上述博弈模型,得到政府、承包商和监理之间的混合纳什均衡策略,即有:

$$(h^*, p_c^*) = \left\{ \frac{C}{q\Delta R[k_c(1-\lambda_s)+k_s\lambda_s+s]}, \frac{1}{q\left[1+k_c+\frac{C_c}{(1-\lambda_s)\Delta R}\right]} \right\}$$

$$(h^*, p_s^*) = \left\{ \frac{C}{q\Delta R[k_c(1-\lambda_s)+k_s\lambda_s+s]}, \frac{1}{q\left[1+k_s+\frac{C_s}{\lambda_s\Delta R}\right]} \right\}$$

具体分析如下:

**命题 10**:合谋体的最优合谋概率 $h^*$ 与政府打击合谋成功的概率 $q$、承包商和监理的惩罚系数 $k_c$ 和 $k_s$ 成反比,与政府的监督成本 $C$ 成正比。

**证明**:略。

**分析**:政府在对工程合谋体进行监督时,需要提高对工程合谋的监督效率,同时降低自身的监督成本。此外,增加对合谋行为的惩罚力度能够对合谋体成员起到威慑作用。

**命题 11**:政府的最优监督概率 $p_c^*$ 和 $p_s^*$ 与政府打击合谋成功的概率 $q$,合谋体成员的惩罚系数 $k_c$ 和 $k_s$,以及合谋体成员的声誉损失成反比。

**证明**:略。

**分析**:提高政府的监督效率,增强对工程合谋行为的惩罚力度,能够有效降低政府的监督概率。此外,工程合谋主体的声誉损失可以减少业主的监督概率。

### 三、两类监理模式下的合谋特点

总体来说,重大工程的合谋监督主要包括内部监督和外部监督[53]。如图 5-5 所示。

业主单位构成合谋的内部监督,是工程建设的直接监督者。

在重大工程中,政府作为公众代理人,同时也是项目的直接出资人,在决策过程中占据主导地位。而业主单位作为政府代理人,承担具体的工程建设管理工作,在施工过程中掌握重要权限。以长大桥梁为例,政府组织成立指挥部和项目管理公司,"两块牌子,一套人马",负责重大工程的建设管理工作,是为业主单位。业主单位通过招投标委托设计单位、承包商和监理等开展设计、施工和监理工作,并对代理人行为进行监督。

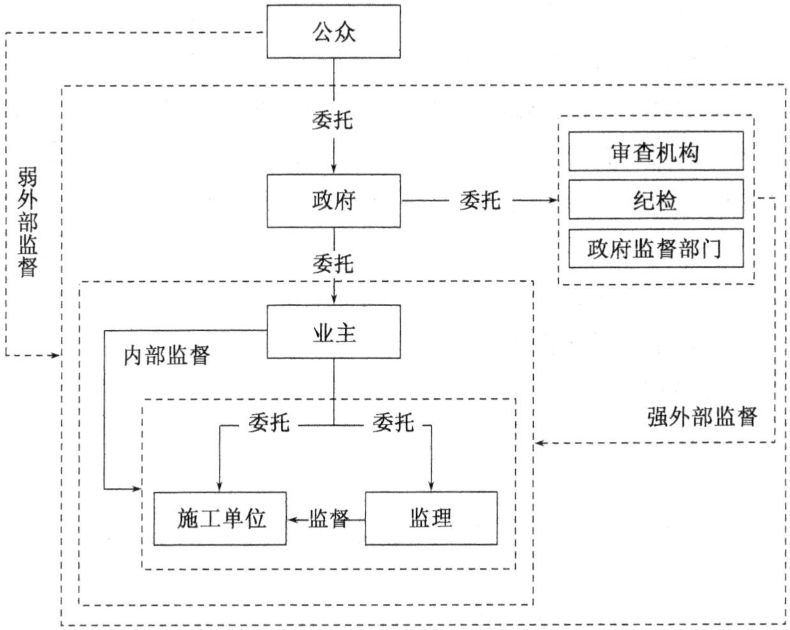

图 5-5 重大工程的内、外部监督

政府、第三方审计机构和作为初始委托人的公众,构成合谋的外部监督。

重大工程实行政府监督制,以江苏省的长大桥梁举例,省交通厅质量监督站一般会派遣人员成立驻桥质量监督站,省监察厅会派遣人员成立驻桥纪检办公室,监督工程管理工作。

政府委托第三方审计机构对工程项目进行审计,在一定程度上能够监督业主、承包商和监理的工作[40]。重大工程审计,又分为事后审计和跟踪审计。传统审计主要是事后审计,即竣工结算审计,这时候,工程参建方已经离场,审计拿到的资料基本都来源于业主和监理,真实信息可能被隐匿、篡改和伪造,审计机构很难甄别真实信息,并发现合谋。近年来,跟踪审计得到大力推广,嘉绍大桥、杭州湾跨海大桥、泰州大桥和苏通大桥等都采用了跟踪审计。然而,由于审计机构往往缺少专业技术方面的审计能力,对虚报工程量等隐蔽性高、流程合理的合谋行为难以起到实质性的监督作用。

公众虽然是初始委托人,也是工程项目最终受益者,但由于公众权力分散,并不能对工程项目建设展开有效监督。

在"大业主,小监理"模式下,业主拥有政府代理人、项目委托人和工程监理三重身份,监理作为业主的一致行动人,丧失了独立性,一旦业主在利益的诱惑下接受承包商寻租,项目将缺少最直接和最有力的监督者。业主接受寻租,增加了合谋的隐蔽性,导致政府在面对由业主、承包商和监理组成的合谋体时,具有极大的甄别难度。基于前文分析,政府对合谋的外部监督主要来自审计机构、质量监督局和纪检委,这些监督力量由于① 工程专业能力不足,② 监督成本过高,③ 检查频率有限,④ 难以深入工程内部等缘故,合谋打击成功的概率偏低,导致合谋概率上升。

在"小业主,大监理"模式下,业主不会成为承包商的寻租对象。业主作为工程合谋的直接监督者,能够增强政府的监督概率,在有限的监督成本投入下,能够较大地提升合谋打击成功的概率,导致合谋概率下降。

## 第五节 重大工程监理系统合谋防范

重大工程存在两类监理模式,分别是"大业主,小监理"模式和"小业主,大监理"模式。在"大业主,小监理"模式下,业主接受寻租,监理被动合谋,内部监督缺失,合谋监督力量薄弱导致合谋概率上升;在"小业主,大监理"模式下,合谋概率相对较低。本节基于不同监理模式下的合谋特点,分别设计了相应的合谋防范机制。

### 一、"大业主,小监理"模式下的合谋防范

#### (一)合谋防范策略分析

根据第四节的分析,在"大业主,小监理"模式下,降低合谋概率的策略有三种:第一,提高政府打击合谋的成功概率;第二,增加对合谋体的惩罚程度;第三,提高合谋参与主体的声誉损失。

在"大业主,小监理"模式下,业主承担实际监理角色,由于业主单位市场化程度非常低,因此政府建立业主的市场声誉体系实际操作性不强。因此,该模式下的合谋防范主要是增强外部监督,提高政府打击合谋的成功概率。

本节尝试设计针对业主道德风险的第三方审查机制,基于计算实验模拟业主合谋行为在不同治理策略下的演化情况,研究第三方审查机构的审

查策略对业主合谋策略的影响[1]。

**(二) 基于第三方审查的合谋防范**

政府委托第三方审查机构在工程建设期间对业主的建设管理工作展开跟踪审查,及时发现业主代理人的合谋行为并打击,从而抑制业主道德风险。将工程建设期分成 $T$ 个审查周期,审查机构在每个审查周期内对业主的建设管理工作进行全面检查,并向政府反馈。

1. 模型的假设

在第 $t$ 个审查周期,业主的合谋策略集为 $a_t$,合谋策略 $a_i(t)$ 对应的合谋程度为 $A_i$,$A_i \in [0,1]$。业主选择合谋策略 $a_i(t)$ 可获得合谋收益 $\Delta C_i = A_i R_e$,其中,$R_e$ 表示业主可能获得的最高合谋租金。

第三方审查机构通过调整审查力度 $b$ 和惩罚力度 $P$ 来打击业主的合谋行为。审查力度 $b$ 与审查成本成正相关,审查成本主要是指第三方审查机构投入的人力、物力和资本。惩罚力度 $P$ 是指审查机构对业主的合谋罚款 $\Delta V$ 与业主的合谋收益 $\Delta C$ 的倍数,即 $P = \frac{\Delta V}{\Delta C}$。审查机构对业主的合谋罚款是指,业主代理人因合谋败露而失去的就业机会、名誉损失、合谋收益等各类潜在收益。一般来说,惩罚力度越大,业主合谋的收益越低。

审查机构成功打击合谋的概率 $q$ 跟审查机构的审查力度 $b$ 有关,即 $q = 2/\pi \arctan b$。当审查力度为 0 时,审查机构成功打击合谋的概率为 0,即审查机构一定不能发现业主的合谋行为;当审查力度趋近于正无穷时,审查机构成功打击合谋的概率为 1,即审查机构一定能够发现业主的合谋行为。

2. 模型的建立

在第 $t$ 个审查周期,业主的固定工资福利收入为 $W_t$,合谋策略 $a_i(t)$,合谋收益 $\Delta C_i = A_i R_e$,合谋打击成功概率 $q_t = 2/\pi \arctan b_t$,合谋败露后的当期损失 $\Delta V_i = P \Delta C_i$,故业主的收益函数如下:

$$R_{et} = W_t + \Delta C_i - \frac{q_t}{a_i(t)} \Delta V_i$$

根据业主的收益函数,可以看到:第一,第三方审查机构的合谋打击成功概率 $q_t$ 越大,惩罚力度 $P$ 越大,那么业主的收益越低;第二,业主的合谋程度 $A_i$ 越大,业主的收益也越大。

3. 计算实验设置

业主在审查期间根据历史经验和未来收益预测选择当期的合谋策略 $a_i(t)$，合谋策略选择通过 Q-learning 强化学习算法来实现。实验参数设置如表 5-7 所示：

表 5-7 实验参数设置

| 变量名 | 解释 | 取值 |
|---|---|---|
| $i$ | 每期策略集的策略数量 | 1,2,3 |
| $e_u$ | 业主选择新策略的概率 | 0.4 |
| $\alpha$ | 策略调整的步长 | |
| $\eta$ | 学习变量 | |
| $A_1$ | 业主的期初合谋程度 | 0.4 |
| $W$ | 业主的工资福利收入 | 5 000 |
| $R_e$ | 业主的最高合谋租金 | 100 |

为了测试第三方审查机制对于防范业主道德风险的有效性，本实验共设置了四个实验组，如表 5-8 所示：

表 5-8 实验组

| 组别 | 变量控制 | 研究目的 |
|---|---|---|
| 第一组 | 控制惩罚力度 $P=1$；<br>设置审查力度 $b=0$ 或者 1 000 | 比较引入第三方审查前后，业主的合谋策略演化情况 |
| 第二组 | 控制惩罚力度 $P=1$；<br>设置审查力度 $b=10$、1 000 和 10 000 | 研究审查力度对合谋治理效果的影响 |
| 第三组 | 控制审查力度 $b=1 000$；<br>设置惩罚力度 $P=1$、1.5 和 3 | 研究惩罚力度对合谋治理效果的影响 |
| 第四组 | 控制惩罚力度 $P=1$；<br>设置审查力度 $b$ 在前期为 10 后期为 1 000；<br>设置审查力度 $b$ 在前期为 1 000 后期为 10 | 对比"从强到弱"和"从弱到强"两种审查策略对合谋治理效果的影响 |

4. 实验数据分析

第一组实验数据如图 5-6 所示，可以看到，在没有引入第三方审查的情况下，业主的合谋程度快速趋近于1，这说明如果不对业主的建设管理工作展开监督检查,业主在利益的诱导下一定会接受承包商的寻租。引入第三方审查之后,业主的合谋程度逐渐趋近于0,这说明第三方审查机构能够有效约束业主的合谋行为。

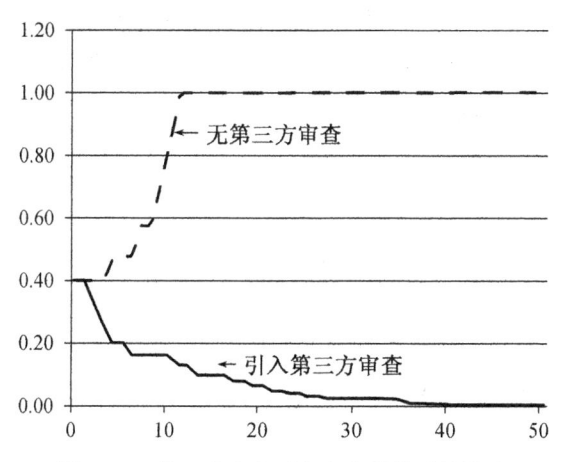

**图5-6 第三方审查对业主合谋策略的影响**

第二组实验数据如图5-7所示,可以看到,第三方审查机构的审查力度$b$越大,则业主的合谋程度下降的越快,合谋治理效果越好。但是,当审查力度$b$足够大时,随着审查力度的增加,业主的合谋程度下降的越不明显,如$b=1\,000$和$b=100\,000$时,业主合谋策略的调整差异并不明显,但不同审查力度所带来的审查成本差别很大。这说明:第三方审查机构在确定审查力度时,需要权衡合谋治理效果和审查成本,选择适中的审查力度。

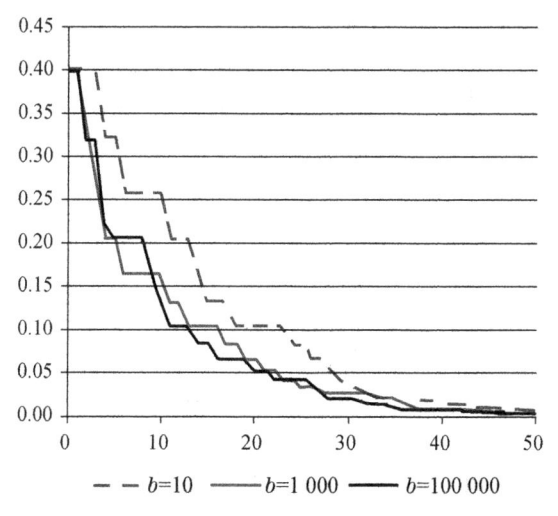

**图5-7 审查力度对业主合谋策略的影响**

第三组实验数据如图 5-8 所示,可以看到,第三方审查机构的惩罚力度 $P$ 越大,则业主的合谋程度下降的越快,合谋治理效果越好。这说明:第三方审查机构的惩罚力度越大,对业主的威慑作用越强。考虑到业主(代理人)的支付能力有限,过高的惩罚力度不具有现实效力(业主代理人无法支付导致惩罚无效),因此,政府可以通过永久革职、法律制裁等手段增加业主的潜在损失,从而提高惩罚力度,约束业主的合谋行为。

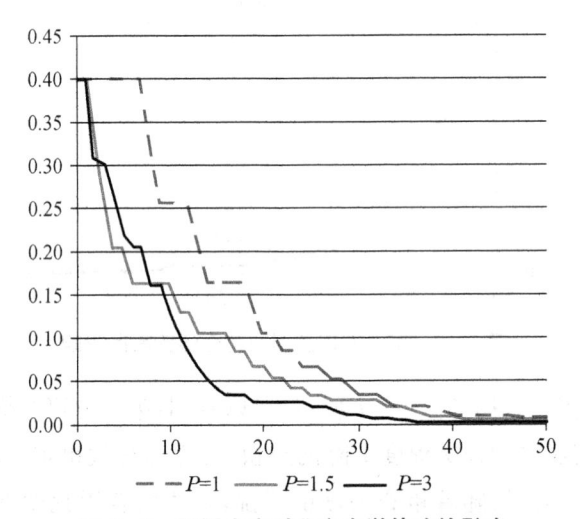

**图 5-8 惩罚力度对业主合谋策略的影响**

第四组实验数据如图 5-9 所示,可以看到,第三方审查机构选择"先松后紧"审查策略的治理效果远差于选择"先紧后松"审查策略的治理效果。

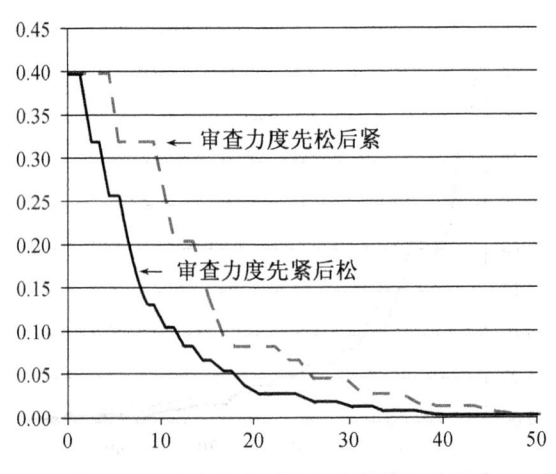

**图 5-9 审查策略对业主合谋策略的影响**

这说明,第三方审查机构在项目建设初期要加大审查力度,严格监督和打击业主行为,快速降低业主的合谋意愿;而在项目建设后期,由于业主吸取前期教训,合谋意愿显著降低,第三方审查机构可以适当降低审查力度,从而节约整个项目建设期的审查成本。

基于上述分析,引入第三方审查机构能够有效地抑制业主的合谋意愿,降低业主的道德风险。

## 二、"小业主,大监理"模式下的合谋防范

### (一)合谋防范策略分析

根据前面的分析,在"小业主,大监理"模式下,降低合谋概率的策略有三种:第一,提高政府打击合谋的成功概率;第二,增加对合谋体的惩罚程度;第三,提高合谋参与主体的声誉损失。

在"小业主,大监理"模式下,业主作为直接监督者,在一定程度上增强了政府打击合谋的成功概率,因此,政府没有必要付出额外的成本去提高外部监督的强度。社会监理作为公司法人,是长期存在于监理市场的。在某一个工程项目中,社会监理和业主之间的委托代理关系具有一次性,但是,从整个监理市场来说,社会监理和业主之间的委托代理关系具有重复性。因此,政府建设主管部门可以通过构建监理的市场声誉体系,约束社会监理和承包商之间的合谋行为。

本部分尝试设计针对监理道德风险的市场声誉机制,基于声誉模型研究声誉对监理合谋行为的抑制作用,由于篇幅问题,市场声誉体系的构建不在本部分研究范围内[9]。

### (二)基于市场声誉的合谋防范

1. 模型的假设

假设监理分为合作和不合作两种类型,合作型监理严格执行委托代理合同,与业主委托人具有相同的目标,不侵占所有者剩余;非合作型监理则会利用自己和业主委托人之间的信息不对称,隐藏真实信息以侵占所有者剩余,达到自身利益最大化。

监理的合谋收益函数:

$$TS=(1-\theta i)\left[-\frac{H^2}{2}+e(H-H^e)\right],其中,e\in\{0,1\}$$

$H$ 代表监理对所有者剩余的实际侵占率,$H^e$ 表示业主委托人关于监理对所有者剩余的预期侵占率。$e$ 代表监理的类型,当 $e=0$ 时,监理的最优实际侵占率 $H=0$,即监理是合作型;当 $e=1$ 时,监理的最优实际侵占率 $H=e=1$,即监理是非合作型。$i$ 代表业主委托人发现监理选择非合作策略的概率,$\theta$ 代表业主委托人发现监理选择非合作策略时对监理施加的惩罚系数。原则上,$(1-\theta i)>0$。如果 $(1-\theta i)\leqslant 0$,即意味着业主委托人可以通过增强合谋监督水平以提高发现监理真实策略的概率 $i$,并通过设计一定的惩罚强度 $\theta$,使得监理的合谋收益非正。在这种情况下,一方面,声誉模型没有讨论的必要;另一方面,不符合实际情况,因为业主委托人提高合谋监督水平需要付出代价,过高的惩罚强度往往缺少实际效力(监理无法支付惩罚款项)。

假设业主委托人认为监理是合作型的主观概率($e=0$ 的先验概率)是 $p_0$,那么监理是非合作型的主观概率($e=1$ 的先验概率)是 $1-p_0$。

假设业主委托人和监理之间的博弈重复 $t$ 阶段。设 $t$ 阶段监理选择合作策略的概率为 $A_t$,业主委托人认为监理选择合作策略的概率为 $B_t$,那么在均衡条件下,应该有 $A_t=B_t$。

当 $e=0$ 时,监理是合作型,根据合谋收益函数,监理的最优选择是 $H=0$,即不侵占所有者剩余。当 $e=1$ 时,监理是非合作型,由于信息不对称,业主委托人可能无法发现监理的真实类型,导致监理侵占所有者剩余。也就是说,合作型监理只会选择合作策略,而非合作型监理的策略空间为{合作,非合作}。因此,下文主要针对监理是非合作型的情况展开分析。

2. 模型的建立

(1) 如果非合作型监理在 $t$ 阶段选择合作策略,那么,业主委托人一定不会观测到监理的非合作行为。根据贝叶斯法则,业主委托人认为监理在 $t+1$ 阶段是合作型的后验概率:

$$p_{t+1}(e=0|H_t=0)=\frac{p_t\times 1}{p_t\times 1+(1-p_t)\times B_t}\geqslant p_t$$

其中,$p_t$ 是业主委托人认为监理在 $t$ 阶段是合作型的概率,1 是监理选择合作策略的概率,$B_t$ 是 $t$ 阶段业主委托人认为监理选择合作策略的概率。

根据上式可知,如果监理选择合作策略,业主委托人下阶段认为监理属于合作型的概率是向上调整的。

(2) 如果非合作型监理在 $t$ 阶段选择非合作策略,那么存在两种可能性。第一,业主委托人发现监理选择非合作策略;第二,业主委托人没有发现监理选择合作策略。

首先,针对第一种情况,即业主委托人在 $t$ 阶段发现监理选择不合作策略,那么,在 $t+1$ 阶段,业主委托人认为监理是合作型的后验概率:

$$p_{t+1}=i\times p_{t+1}(e=0|H_t=1)=\frac{i\times p_t\times 0}{p_t\times 1+(1-p_t)\times B_t}=0$$

根据上式可知,一旦业主委托人发现监理选择非合作策略,那么,业主委托人在下一阶段就会认定监理是非合作类型。监理将会因为丧失声誉而失去业主委托人的合同。

其次,针对第二种情况,即业主委托人在 $t+1$ 阶段并未能发现监理选择不合作策略,那么,在 $t+1$ 阶段,业主委托人认为监理是合作型的后验概率:

$$p_{t+1}=(1-i)\times p_{t+1}(e=0|H_t=1)=\frac{(1-i)\times p_t\times 1}{p_t\times 1+(1-p_t)\times B_t}=\frac{(1-i)p_t}{p_t+(1-p_t)B_t}$$

基于上述分析可知,如果非合作型监理在 $t$ 阶段选择非合作策略,那么,在 $t+1$ 阶段,业主委托人认为监理是合作型的后验概率:

$$p_{t+1}=i\times p_{t+1}(e=0|H_t=1)+(1-i)\times p_{t+1}(e=0|H_t=1)$$
$$=\frac{(1-i)p_t}{p_t+(1-p_t)B_t}$$

根据上式可知,如果监理选择非合作策略,业主委托人下阶段认为监理属于合作型的概率与业主委托人发现合谋的能力有关。业主委托人发现合谋的能力越强,即发现监理选择非合作策略的概率 $i$ 越大,那么,业主委托人下阶段认为监理属于合作型的概率越小。

3. 模型的求解与分析

在 $t$ 阶段,业主委托人关于监理的预期侵占率:

$$H_t^e=H_t^*\times p_t'=p_t'$$

其中,$H_t^*$ 表示监理在 $t$ 阶段的最大所有者侵占率(为简单起见,本文将其设为1),$p_t'$ 表示业主委托人认为监理不合作的概率。

业主委托人认为监理不合作的概率:

$$p_t'=(1-p_t)(1-B_t)$$

其中,$(1-p_t)$是业主委托人在 $t$ 阶段认为监理是不合作类型的概率,$(1-B_t)$是业主委托人认为监理选择不合作策略的概率。

假设重复博弈 $T$ 阶段。首先考虑 $T$ 阶段。

在 $T$ 阶段,监理不再关注合同的存续问题,只追求自身收益的最大化。所以,监理选择非合作策略,即 $H_T=1, A_T=0$。业主委托人知道监理会选择合作策略,即 $B_T=0$。

业主委托人认为监理不合作的概率:$p'_T=(1-p_T)(1-B_T)=(1-p_T)$。

业主委托人关于监理的预期侵占率:

$$H_T^e = p'_T = 1 - p_T$$

监理在 $T$ 阶段的期望收益:

$$E_T(1) = (1-\theta i)\left(-\frac{1}{2} + p_T\right)$$

其次,考虑 $T-1$ 阶段。

在 $T-1$ 阶段,监理可能选择合作策略和非合作策略,即 $A_T=\{0,1\}$。

如果监理选择合作策略,即 $A_T=1$。那么,

$$p_T(e=0 | H_{T-1}=0) = \frac{p_{T-1}}{p_{T-1} + (1-p_{T-1}) \times B_{T-1}}$$

监理在 $T-1$ 阶段的期望收益:

$$E_{T-1}(0) = (1-\theta i)(-H_{T-1}^e)$$

监理在 $T$ 阶段和 $T-1$ 阶段的总期望收益:

$$E_{T-1}(0) + \gamma E_T(1)$$

$$= (1-\theta i)(-H_{T-1}^e) + \gamma(1-\theta i)\left(-\frac{1}{2} + p_T\right)$$

$$= (1-\theta i)\left[-H_{T-1}^e - \frac{\gamma}{2} + \frac{\gamma p_{T-1}}{p_{T-1} + (1-p_{T-1}) \times B_{T-1}}\right]$$

如果监理选择非合作策略,即 $A_T=0$。那么,

$$p_T(e=0 | H_{T-1}=1) = \frac{(1-i)p_{T-1}}{p_{T-1} + (1-p_{T-1})B_{T-1}}$$

监理在 $T-1$ 阶段的期望收益:

$$E_{T-1}(1) = (1-\theta i)\left(\frac{1}{2} - H_{T-1}^e\right)$$

监理在 $T$ 阶段和 $T-1$ 阶段的总期望收益:

$$E_{T-1}(1) + \gamma E_T(1)$$

$$= (1-\theta i)\left(\frac{1}{2} - H_{T-1}^e\right) + \gamma(1-\theta i)\left(-\frac{1}{2} + p_T\right)$$

$$= (1-\theta i)\left[\frac{1-\gamma}{2} - H_{T-1}^e + \frac{\gamma(1-i)p_{T-1}}{p_{T-1}+(1-p_{T-1})B_{T-1}}\right]$$

如果监理选择合作策略的收益大于选择非合作策略的收益,则应有下式成立:

$$E_{T-1}(0) + \gamma E_T(1) \geqslant E_{T-1}(1) + \gamma E_T(1)$$

即

$$(1-\theta i)\left[-H_{T-1}^e - \frac{\gamma}{2} + \frac{\gamma p_{T-1}}{p_{T-1}+(1-p_{T-1})\times B_{T-1}}\right]$$

$$\geqslant (1-\theta i)\left[\frac{1-\gamma}{2} - H_{T-1}^e + \frac{\gamma(1-i)p_{T-1}}{p_{T-1}+(1-p_{T-1})B_{T-1}}\right]$$

上式化简可得:

$$\frac{\gamma p_{T-1}}{p_{T-1}+(1-p_{T-1})B_{T-1}} \geqslant \frac{1}{2} + \frac{\gamma(1-i)p_{T-1}}{p_{T-1}+(1-p_{T-1})B_{T-1}}$$

如果监理选择合作策略,即 $A_{T-1}=1$,那么在均衡状态下有 $B_{T-1}=A_{T-1}=1$,代入上式化简可得:

$$i \geqslant \frac{1}{\gamma p_{T-1}}$$

$$p_{T-1} \geqslant \frac{1}{\gamma i}$$

也就是说,当监理的声誉水平比较低的时候,业主委托人必须通过提高监督水平,使得监理选择合作策略;当监理的声誉水平比较高的时候,监理更倾向于建立声誉,在 $T$ 期之前一直选择合作策略。

4. 模型的分析

基于上述声誉模型,得到监理选择合作策略的最优条件,具体分析如下:

**命题 12**:监理的声誉越高,监理越倾向于选择合作策略,从而提高声誉,获得长期合作收益。

**证明**:略。

**分析**:政府监管机构可以通过建立监理市场声誉体系,赋予监理比较高的初始声誉,约束监理的行为。

**命题 13**:业主委托人的监督能力越强,即越容易发现监理的不合作行为,监理越倾向于选择合作策略。

**证明**:略。

**分析**:业主委托人应该通过强化专家队伍、引入第三方审查机构、开展信息化建设等方式提高自身的监督能力,及时发现,并有效打击监理的不合作行为。

**命题14**:贴现因子越大,即监理对于未来获取收益的耐心程度越大,则监理越倾向于选择合作策略。

**证明**:略。

**分析**:业主委托人应该选择具有明确战略规划的监理,因为这类监理更加追求在市场上获得长期的发展,对于在未来获取持续收益的耐心程度更大。

## 参考文献

[1] 丁翔,盛昭瀚,李真.基于计算实验的重大工程决策分析[J].系统管理报,2015,4:545-551.

[2] 姚蓓,郭大进,杭伯安.浅析我国现行的高速公路工程监理模式[J].公路交通科技,2003,S1:181-182.

[3] 黄德春,陈陆滢.大型工程项目建设中政府寻租行为分析及其对策[J].求索,2012(10):205-207.

[4] 赵智.我国政府投资项目代建制模式研究[D].首都经济贸易大学,2006.

[5] 徐雯,刘幸.基于博弈论的代建制研究[J].建筑管理现代化,2007,1:20-22.

[6] 邓曦,刘幸.政府投资工程代建制模式下的委托代理分析[J].武汉理工大学学报,2007,4:148-151.

[7] 杨琦.代建高速公路业主与代建人的委托代理关系[J].中国公路学报,2009,5:105-110.

[8] 谢颖,黄文杰.代建制中委托代理的激励监督与合谋防范[J].数学的实践与认识,2008,1:40-45.

[9] 彭杰.代建制委托代理问题研究[D].清华大学,2008.

[10] 郭志达,姚尧.政府投资代建制项目双边道德风险的博弈研究[J].工程管理学报,2014,6:43-47.

[11] 王小龙.我国公共部门的劳动契约和敬业激励——一个存在委托人道德风险的理论模型[J].经济研究,2000,11:45-49,57.

[12] Stevens D. E., Thevaranjan A. A moral solution to the moral hazard problem[J]. Accounting Organizations & Society, 2010, 35(1):125-139.

[13] 曹启龙,盛昭瀚,周晶,刘慧敏,李迁.基于公平偏好的我国政府投资项目代建制激励—监督模型[J].中国软科学,2014,10:144-153.

[14] 徐飞,宋波.公私合作制(PPP)项目的政府动态激励与监督机制[J].中国管理科学,2010,3:165-173.

[15] 方周妮.基于声誉模型的PPP项目监管机制研究[J].会计之友(中旬刊),2010,1:27-28.

[16] Turner J. R., Müller R. Communication and co-operation on projects between the project owner as principal and the project manager as agent[J]. European Management Journal, 2004, 22(3):327-336.

[17] 吴嘉慧,程书萍,盛昭瀚,刘小峰."两院制"工程设计审计委托代理博弈分析[J].运筹与管理,2012,2:58-63.

[18] 秦旋.工程监理制度下的委托代理博弈分析[J].中国软科学,2004,4:142-146.

[19] 赵磊,钟胜.工程建设中的施工与监理串谋分析[J].西南交通大学学报,2013,6:1136-1141.

[20] 李雷.基于锦标制度的供应链激励机制研究[J].吉林大学学报(信息科学版),2013,4:425-431.

[21] Abdulrahman H., Wang C., Saimon M. A. Clients' perspectives of professional ethics for civil engineers[J]. Journal of the South African Institution of Civil Engineers, 2011, 53(2):2-6.

[22] Rafiq M. Choudhry et al. Cost and schedule risk analysis of bridge construction in Pakistan: establishing risk guidelines[J]. Journal of Construction Engineering and Management. 2014, 140(7):1-9.

[23] 郭南芸.建设工程代理人合谋行为的防范机制研究[J].江西财经大学学报,2008,5:26-29.

[24] CHE, Y., KIM, J. Optimal collusion-proof auctions[J]. Journal of Economic Theory, 2009, 144, 2: 565-603.

[25] CELIK, G. Mechanism design with collusive supervision[J]. Journal of Economic Theory, 2009, 144, 1: 69-95.

[26] 于明奎,陈龙.政府采购中的设租、寻租行为分析[J].中国政府采购,2006,7:22-25.

[27] 刘春晖.拍卖(招投标)中的若干腐败问题研究[D].华中科技大学,2008.

[28] 黄居林,董志清.基于拍卖合谋理论的建设项目陪标内在机理及其防范[J].重庆交

通大学学报(自然科学版),2012,31(6).

[29] 陈亚捷.基于KMRW声誉模型的投标分析及风险规避策略[J].价值工程,2012,31(6):273-274.

[30] 马理,牛勇.基于声誉约束的合谋防范机制研究[J].武汉理工大学学报(社会科学版),2013,25(6):835-839.

[31] Gromb, D., Martimort, D. Collusion and the organization of delegated expertise [J]. Journal of Economic Theory, 2007, 137(1): 271-299.

[32] 姚尧,郭志达.政府投资代建制项目监管的动态博弈研究[J].工程管理学报,2014,4:52-56.

[33] 吴嘉慧.大型工程"两院制"设计审计机制研究[D].南京大学,2012.

[34] 李迁,丁翔,吴嘉慧.大型工程设计咨询审查中的合谋行为及审计策略[J].审计与经济研究,2013,4:51-58.

[35] 丁翔,盛昭瀚,程书萍.基于计算实验的大型工程合谋治理机制研究[J].软科学,2014,8:26-31.

[36] 刘孔玲.基于业主角度的工程质量控制博弈分析[J].科技进步与对策,2010,19:40-43.

[37] 董志强,严太华.监察合谋:惩罚、激励与合谋防范[J].管理工程学报,2007,3:94-97.

[38] 郭涛,刘晓君.基于博弈论的工程监理问题再分析[J].科技进步与对策,2009,26:31-35.

[39] 杨耀红,汪应洛.大型基建工程项目业主等方合谋的博弈分析[J].管理工程学报,2006,2:126-129.

[40] 程书萍,葛秋东,盛昭瀚,刘小峰.跟踪审计模式下大型工程合谋博弈分析[J].预测,2012,1:34-38.

[41] 祁玉清.谨防政府投资项目代建制中的风险[J].宏观经济管理,2006,1:61-64.

[42] 乌云娜,杨益晟,冯天天,黄勇.基于前景理论的政府投资代建项目合谋监管威慑模型研究[J].管理工程学报,2013,2:168-176.

[43] 郭涛.我国建设监理执业行为及行业委托代理机制的优化研究[D].西安建筑科技大学,2013.

[44] 冯之楹.菲迪克合同条款与施工监理[J].国外公路,1993,3:4-8.

[45] 鹿中山,杨树萍."小业主、大监理"项目管理模式的研究[J].建设监理,2013,2:3-6.

[46] 路铁军,饶青强.论"小业主、大监理"模式在建设工程中的应用[J].建筑经济,2015,2:50-53.

[47] 姚蓓,郭大进,杭伯安.浅析我国现行的高速公路工程监理模式[J].公路交通科技,2003,S1:181-182.

[48] 阳波,强茂山,林正航.工程项目业主监理模式分类[J].水力发电学报,2010,6:19-23.

[49] 王金有,朱顺达."小业主、大监理"工程管理实践与体会[J].建设监理,2004,3:1-4,11.

[50] 常文洁.谈"小业主、大监理"模式在河北省的应用[J].工程建设与设计,2016:155-157.

[51] 韩红."小业主、大监理"模式在高速公路项目管理中的探索与实践[J].山东交通科技,2015:125-127.

[52] 黄志斌,吴元东,郭劲松."小业主、大监理"模式在索风营工程建设管理中的运用[J].贵州水力发电,2004,3:5-6.

[53] 李涛.公路工程监理道德风险控制的组合策略模型及应用研究[D].长沙理工大学,2014.

# 第六章　重大工程资源供应链绩效审计：基于计算实验

现代大型工程供应链绩效审计研究伴随着绩效审计实务而开展，以1948年3月著名学者阿瑟·肯特在美国《内部审计师》杂志中提出绩效审计概念为起点，历经半个多世纪的发展与不断完善，已经形成了丰硕的研究与实践成果，如《管理绩效审计学》（奥．赫伯特）、《政府绩效审计》（R. E. Brown 等）、《绩效审计》（John Green）、《管理审计学》（Neil C. Chuchill & Richard M. Cyert）等。这些成果揭示了大型工程绩效审计的复杂规律，为政府与工程建设者提供了一整套完整的绩效审计方案，使得工程资源与社会资源实现更加有效的配置，从而促进社会经济的更快发展。

从20世纪90年代开始，工程供应链理论在近20年的研究过程中不断完善，并形成了一些初步的理论成果与应用案例，如语言——行动理论、集成化工程供应链理论等。但是，这些成果的研究思路与研究方法大多是从制造企业供应链推演而来，仍旧从库存、运输、价格等方面着手进行研究，缺乏对大型工程建设管理本身的剖析与深刻认知，从而使得工程供应链绩效审计难以入手。因此，大型工程建设管理将面对更多的系统复杂性挑战，这也使得大型工程绩效审计面临新的研究方向与实践难题，大型工程供应链这种多阶段、多主体的动态演化系统给绩效审计主体提出了更高的要求。

改革开放三十多年以来，我国综合国力不断提高、国民经济高速持续发展，大型工程建设进入一个新的发展时期。当前，我国已经进入了经济发展的高峰期，特别是大型工程项目的建设，建设标准越来越高、决策环境越来越复杂，大型工程建设面临的重大问题决策也越来越频繁，可以说，大型工程建设投资已经成为我国经济增长的重要推动力之一。《国家"十二五"规划纲要》和《国家中长期科学和技术发展规划纲要（2006—2020年）》等一系列指导性政策规划都强调要立足于我国当前的国情和重大机遇，瞄准国家战略目标，借助于重点领域的重点专项、计划，借助于大型工程等现代化建设任务,深化社会主义建设的发展进程,从而全面推动我国经济稳步增长。

随着我国经济的蓬勃发展,基础设施等大型工程的建设也进入跨越式发展的阶段,如京沪高速铁路、"南水北调"工程、"五纵七横"国道主干线以及港珠澳大桥工程等国家级战略工程的相继实施,充分显示了我国在社会主义国家建设进程中的信心与能力[57-60],这不单单是一个个宏伟的工程项目,更是国家竞争力的显示与提升,是我国重大工程建设的里程碑,也为我国大步迈向现代化奠定了坚实的基础。事实上,我国大型工程建设取得了很多重大突破性成绩,但同时也直接或间接地暴露出一些问题,如管理混乱、重大决策失误、投资效率低、运营效益不佳等,这些问题或多或少都影响并制约着我国经济的发展与社会的进步。由此可见,客观、准确地反映工程运行状况和实施效果,保证工程资金的安全有效,提高资金使用的效率和管理的效益,评价工程最终产生的效果及工程给生态环境、社会环境带来的影响等问题亟待解决[55-57]。这一过程中,考虑工程供应链在多目标、多主体、资源稀缺、环境复杂等情况下的大型工程建设,大型工程供应链绩效审计的发展与完善还将面临更多的挑战:

(1) 大型工程供应链绩效审计首先要面对大型工程的复杂管理问题。例如,大型工程参建主体众多,虽然有着共同的建设目标,但各自利益出发点并不完全相同,这就会造成各主体之间利益冲突,甚至还会造成运作冲突,影响工程进度。这就增加了大型工程供应链绩效审计的难度与深度,不但要求审计方具有工程本身绩效问题的捕捉能力,还要求其必须具有因参建主体管理协调能力不足而产生不良影响的敏感性。

(2) 大型工程建设过程中,可行性调研、论证与设计、资源配置、管理实施等诸多阶段都会涉及到能够影响工程整体成败的重大决策问题,且这些关键性的决策问题大多数都存在问题模糊、目标多元、环境复杂、个体决策能力不足等多方面的难题,因此,大型工程供应链绩效审计必然是一个长期的、艰难的、曲折的过程,这就要求审计主体必须对大型工程建设具有深刻的认知,从决策阶段发现问题根源,杜绝或防范问题的产生。

(3) 大型工程建设过程中,稀缺性的战略资源获取困难、整合难度大,受到的约束较多,例如,国家政策性规划、商业行为的政治意义、国家战略性目标、行业科技进步、打破国外垄断等,因此,大型工程的建设管理过程必然是一个重大战略性资源的获取、整合和风险防范的过程,这就要求审计主体必须具有高度的战略敏感性,从重大稀缺资源的辨别、获取、整合与风险防范方面对大型工程供应链绩效进行监督审核。

(4) 大型工程建设过程中,工程绩效的度量、考核一直以来都是管理实践中的重点与难点,如信息不对称、利益分配不均等引发的道德风险、质量风险等,尤其是绩效审计结果运用方面,大多还停留在事后审计层次,大多在问题发现之后才着手查找原因,进而进行补救措施。因此,大型工程供应链绩效审计必须是一个伴随着工程建设全过程的绩效审计,这就要求管理主体必须深刻认识到绩效审计的作用,并善于利用绩效审计来保证工程建设有序、有效、有益完成。

在新的发展形势下,更应该坚持我国大型工程建设的优良传统,进一步借鉴、融合与吸收国际上大型工程绩效审计的成功经验,结合我国当前国情,提炼并完善适应国情的大型工程供应链绩效审计系统,以促使我国大型工程项目更加有效地发展实施。因此,本章以总承包模式下的大型工程供应链为对象,研究大型工程绩效审计的相关概念、系统构建、指标体系、指标权重分析以及系统模型等,同时在绩效审计系统应用层面上运用计算实验进行激励机制研究。结合大型工程建设管理实践,实现对大型工程供应链绩效审计系统的研究,对于落实科学发展观、促进社会经济可持续发展、加快实现我国现代化建设进程、提升我国综合国力与科技创新能力以及推动我国大型工程绩效审计理论的创新都具有非常重要的意义。

## 第一节　文献综述

### 一、工程供应链研究综述

20世纪80年代初,斯坦福大学访问学者 Koskela 提出将制造行业中的供应链管理理论应用到工程建筑行业中,形成了工程供应链管理(Construction Supply Chain Management,CSCM)的研究雏形;直到1993年,由 Bertelsen、O'Brien 和 Fischere 等人正式提出并开始工程供应链的研究,于是项目管理、精益建筑(Lean Construction,LC)、并行工程(Concurrent Engineering,CE)等思想与方法越来越多地被应用到工程建筑业,且越来越多的专家学者试图研究怎样利用供应链的思想与方法来提高工程管理的水平与效率。

虽然工程供应链从 20 世纪开始至今已历经近 30 年的研究，但仍然没有一个对工程供应链的统一定义。国内外的学者分别从不同角度对工程供应链进行了定义。Edum-Fotwe[1]考虑工程全寿命周期的阶段划分，认为工程供应链是由需求分析、设计、施工、交付、运营、维护、废弃等多阶段过程组成的过程链。Vrijhoef 和 Koskela[2]认为工程供应链有永久性供应链和临时性供应链两种。Fernie 等[3]认为工程供应链是为了满足特定的需求而形成的组织网络，由需求衍生的业务往来关系带动并实现了网络中组织之间的资源整合。Keesoo[4]认为工程供应链是由业主单位、总承包企业、分包商等各级企业单位组成的工程交付网络。Xue 等[5]认为可以将工程供应链看作一个关系网络，信息流、资金流、产品流等在业主单位、设计单位、承包单位与供应单位之间通过这一网络流动。

Koskela 等[6]提出在工程建设过程中应用供应链管理模式，以改进工程建设中的协调能力，从而加强对质量的监控，降低工程成本。O'Brien 等[7-8]通过分析实际的工程管理过程，明确了在工程建设过程中引入供应链管理模式的可能性和意义，并且探讨了供应链管理模式的应用范围。王挺、谢京辰[9]则以 O'Brien 教授的研究为基础，根据日本现代企业供应链的管理实践经验对东西方社会文化的差异进行总结，认为西方主要采取分解、剖析原理分析问题，而东方则在整体上辩证地看待问题，得出后者是供应链管理得以成功的重要因素。Hal Macomber 等[10]认为工程项目相关利益方必须通过语言——行动形成供应链条，从而提出了著名的工程供应链的语言——行动理论(Language Action Theory)。Jian Zuo 等[11]提出应该并且必须重视对工程管理哲学问题的研究和总结。Kalyan Vaidyanathan 等[12]认为供应链管理理论在工程行业中应用的关键在于工程项目建设生产过程中的"流"，这也是其管理创新的基础。而 Glenn Ballard[13]则认为工程项目建设过程中有三种基本"流"，分别是指令流、资源流和前期工作流。

我国学者对工程供应链的研究较少，从近几年才刚刚开始。汪文忠[14]提出工程建筑类企业实施工程供应链的战略步骤，以促进企业竞争力的提高。他认为工程建筑类企业从传统的管理模式向供应链模式转变，要经过五个阶段：基础设施建设、职能规划、内部供应链、外部供应链以及集成化供应链动态联盟，这五个阶段的差别表现在组织结构、管理核心、计划系统、控制系统以及信息技术应用等几个方面。Ekambaram P 等[15]通过对总承包模式中的 DB 模式(设计—建造模式)、DBB 模式(设计—投标—建造模式)、DBO 模式(设计—建造—运营模式)、BOT 模式(建造—运营—转交模式)等几种常用模式的分析来研究其供应商选择的问题。王要武、薛小龙[16]从宏观的角度分析工程供应链的特征与属性以及当前存在的问题,并提出了建设集成化供应链的管理框架——即集成化工程供应链由包括承包商选择、冲突管理、风险管理、创新管理、绩效管理这五个关系管理主体和一个支撑性信息系统构成,在此基础上进一步比较分析了传统的工程管理与集成化工程供应链管理。杜静、叶少帅等[17]通过分析供应链管理机制问题来研究在工程建筑行业实施供应链管理的可能性和障碍。刘振元等[18]从分析工程项目特征、现状和技术革新出发,讨论开展工程供应链管理研究的必然,指出了工程供应链是有层次结构的,并在层次观点的基础上概括了工程供应链管理的概念,剖析不同环境下的工程供应链管理特点与相关研究领域。王挺、谢京辰[9]认为工程供应链管理的发展有纵向一体化与横向一体化两种趋势。陆绍凯等[19]认为将供应链管理机制引入工程建设中,有利于工程建设多主体形成共同利益,从整体角度优化工程建设环节,从而降低费用成本、增加供应链成员收益,以满足大部分利益相关者的需求。金长宏[20]则从在工程建筑行业中实施工程供应链管理面临的主要问题出发,在分析问题产生根源的基础上提出了相关的解决方案。

**二、工程供应链绩效审计研究综述**

绩效审计的理论研究是伴随着绩效审计实务而开展的。绩效审计这一概念最早由著名学者阿瑟·肯特于 1948 年 3 月在美国《内部审计师》杂志中提出。然后,《管理绩效审计学》(奥·赫伯特)、《政府绩效审计》(R. E. Brown 等)、《绩效审计》(John Green)、《管理审计学》(Neil C. Chuchill & Richard M. Cyert)等相继问世,对绩效审计理论研究的发展具有指导性意义。此后,越来越多的国家、组织与企业不断展开了绩效审计,针对绩效审计的性质、方法等问题进行研究,取得了一定的成果。

随着越来越多的大型工程立项与建设,工程绩效审计也受到越来越多的关注与重视,其中工程绩效审计实务操作方面的规范、方法等尤其是关注的重中之重。Allenby[21]等以工程项目审计的作用和行为作为研究对象。

Thompson[22]认为判断关键决策正确与否的依据在于清晰的审计跟踪。Morgan[23]研究了英、美、日等发达国家的绩效审计实施情况,给出了较为完善的绩效审计理论体系和实践要点。借助于国外先进的理论体系与实践基础,我国绩效审计的研究也有了长足发展,但在绩效审计的概念上并无统一定义。李凤鸣的观点在于投入与产出的比较,认为审计的目的是对差异因素的查明,从而达到消除差距、提高效益的目的。赵玉华等[24]认为绩效审计包含两方面的内容,一是管理审计;二是项目审计,或称为投资审计、效果审计。竹德操等指出绩效审计是独立的审计机构或审计人员,对被审工程项目的经济活动进行综合而系统的审查与分析,并对照特定的标准评定经济效益的现状和趋势,提出提高经济效益的建议,从而促进其改善管理、提高效益的一种审计活动。

然而,专门针对工程供应链的绩效审计实务与理论研究的相关文献却并不多见,国内外大多数学者主要的研究则集中在工程供应链绩效与工程供应链绩效评价这一方面。O'Brien[25]从工程供应链管理的协作、成本角度研究工程供应链管理的检验参考模型与成本控制模型。Lummus 等[26]从供应、过程、配送、需求四个方面给出了主要的绩效指标,但并未给出具体的算法,仅仅是定性描述了绩效指标体系。Rajat 等[27]主张将平衡计分卡方法引入到绩效体系中,建立平衡供应链计分卡,对比分析不同供应链绩效评价方法和指标体系。Roger[28]指出在绩效体系中必须考虑顾客服务质量,并且给出了一个理论性框架。李蕾等[29]运用数据包络分析法进行工程供应链的绩效评价,并对工程建设项目集成化管理模式进行了分析。李贵春等[30]首先总结了国内外当年常用的供应链绩效评价方法,然后构建了我国当前工程建筑行业供应链绩效评价体系,并且应用模糊综合评价法对其进行评价分析。

从工程全生命周期过程的角度看,工程供应链涉及多个实施阶段、多方参建主体、建设周期长、建设环境复杂、不确定因素众多等诸方面的复杂性特征,其中工程供应链的临时性以及参建主体决策分散性将会严重影响工程供应链的整体绩效。Petrovic[31]通过对英国、澳大利亚等国家工程建设中应用供应链管理理论进行实证分析,从而提出工程供应链的实践运用过程中,可以构建组织间沟通协调激励机制、组织间信息交互与共享机制、重视中小型供应商的作用等来改善和提高工程供应链的整体绩效。

Ekambaram 等[32]认为工程项目成员之间可以建立长期的供应链关系,在契约激励的基础上通过承发包来建立合作,从而在较为长期的合作中消除成员之间的冲突。Giannoccaro[33]指出可以借鉴供应链管理中的收益共享机制,而在工程激励过程中关注工程整体收益最大化。

### 三、工程管理模式研究综述

项目管理起源于20世纪40年代,随着CPM和PERT技术在阿波罗登月计划中成功运用,项目管理理论迅速发展,并被广泛应用到工程行业中。目前,对工程管理模式并没有统一的定义,一般认为工程项目管理模式是通过一定的手段和方法,将目标对象整体看成一个系统,利用科学的组织和管理使得系统顺利运行,并保证目标得到有效的实现。[34]

周冰等[35]认为工程管理模式可以分为总承包式和分包式两种,并对两种进行了深入研究。陈柳钦[36-37]通过分析比较国际大型工程管理模式,在对比不同模式的组织结构基础上分析它们的优缺点和适用范围,进而提出在工程项目实施过程中必须选择合适的管理模式。王秀芹等[38]通过分析PMC工程模式下的组织与合同关系,提出实施PMC工程模式的关键要素。孙琳琳等[39]分析了WDD-B模式的基本定义、存在问题和可应用范围,并且认为WDD-B模式和Partnering模式的结合运用是工程管理模式未来发展趋势。陈勇强等[40]认为将PMC模式和EPC模式结合起来形成特殊的合同关系更具实用价值。高宏波[41]比较分析DDB模式、EPC模式和Partnering模式之间的区别与特征,提出在高速公路建设中Partnering模式具有明显优势。张素娇[42]通过分类比较不同工程管理模式的优劣势与风险源,提出应该用定性与定量相结合的方法选择工程管理模式,常用的定量方法:多层次灰色理论法、模糊综合评价法等。

此外,随着工程管理模式的不断发展与应用,国内外学者开始关注不同管理模式选择与绩效方面的研究与应用。Gordon[43]认为组合因素与合同因素是选择工程管理模式的重要考量因素。Spink[44]提出选择工程管理模式必须考虑环境因素。Alhazmi 等[45]认为工程管理模式可以分为三大类,共计十二种模式,并提出了工程管理模式的四步骤模型。Albert 等[46]运用多元统计方法建立多元回归模型,并利用香港、新加坡、美国等多地区工程数据预测工程项目的绩效。Florence 等[47]运用ANN方法建立工程管理模式选择模型,这种模型可以为业主提供决策依据。Fereshteh 等[48]综合运用层次分析法与粗糙集法建立工程管理模式评价模型,为管理模式的选择提供了参考。Koncharlm 等[49]通过研究工程实施过程中不同工程管理模式(DB 模式、DBB 模式、CM 模式等)的实际应用情况,认为采用 DB 模式能够较好达到费用控制和进度控制目标,而在质量管理方面相较而言优势并不明显。Bbscw 等[50]认为 DB 模式最大的优势在于节约时间。林治[51]在分析工程管理模式选择影响因素的基础上运用层次分析法建立了定量模型,为工程管理模式的选择提供了科学依据。惠静薇[52]在分析 DBB、平行承发包、DB 和 CM 这四种管理模式的基础上,选择了对管理模式选择最具影响的三个大指标、十个小指标,运用层次模糊分析法建立了业主决策模型。张辉[53]通过对比分析工程管理模式选择的影响因素,通过层次模糊分析法建立决策模型。曾阳[54]选择了工程项目特征、业主管理能力与管理经验以及工程建设环境这三个工程影响因素来评价不同管理模式,并且给出案例进行实证分析。

## 第二节 计算实验

借助计算机平台,通过定性定量的手段和规范化过程范式,抓住现实社会经济系统内在要素极其复杂的关联,研究并挖掘系统深层次的事理和规律,从而辅助人们更好地认识社会经济系统、解决社会经济系统中的问题[61]。计算实验方法以系统动力学、自组织理论等系统科学理论与复杂系统研究方法为基础,借鉴博弈论、统计分析等多种数学方法,以及人工社会、元胞自动机与多主体系统等计算机科学方法,在设定的条件下建立计算实验模型,以反映复杂系统的内在规律,从而解释复杂的社会现象,进而研究可能的社会系统演化路径。周昌乐[62]认为通过数字化编码的社会模拟构造计算实验平台,可以使社会系统中复杂问题更清晰,使隐含的结构更加直观。

运用计算实验方法实现社会系统复杂性研究的关键技术在于构建具有社会系统结构、特征、功能与动力机制的人工系统,在一个开放的环境中通过一群异质的、能够独立决策的人工主体在相关资源与既定规则双重限制下开展实验研究,或是验证已存在的假设、理论,或是发现新的假设、理论与管理措施,或是设计与分析实际问题的解决方案。计算实验方法不再局限于演绎推理、数理分析和计量检验,而是将模拟系统不断与现实系统交互验证,发现影响系统演化的关键因素,从而改善系统运作[61]。其研究框架如图6-1所示:

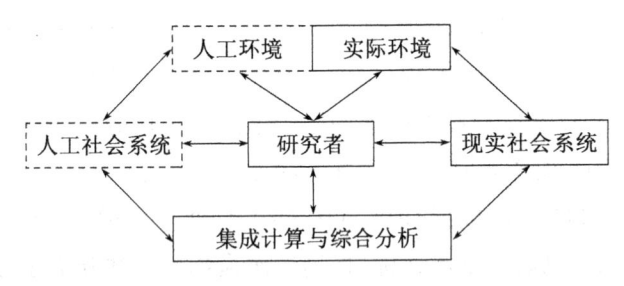

**图6-1 社会科学计算实验框架**

社会科学计算实验的标准研究范式主要包括:问题与环境界定、假设建立、计算实验模型、模型试验、实验结果评估与比较、政策分析与建议。其建模常用的软件系统有 NetLogo、RePast、Matlab、Swarm、Fables 等。社会科学的各个领域都可以运用计算实验方法研究问题,特别是面对大型工程建设管理复杂性问题,具有不可替代的优势,只要对工程主体属性、实验环境以及交互规则等关键实验要素进行科学、合理的设计,就能在一定程度上模拟现实系统,通过反复调整与多次实验来观察系统的运行结果,并得出相应结论,给予管理意义上的启发。

## 第三节 重大工程资源供应链绩效评价系统

### 一、重大工程供应链系统构建

#### (一)系统构成要素

制造企业供应链中,供应链管理的重中之重在于对整个供应链系统的有效协调与控制,以保证整体绩效的最优化。而对于大型工程供应链来说,关键之处是以工程本身为载体,在信息共享的基础上使得工程参建主体协同共赢,并实现工程建设的整体目标。工程参建主体之间的协同包含多个方面:信息协同、合作协同、物流协同、风险管理与绩效审计协同等,其中绩效审计对于大型工程供应链的实施具有非常重要的作用。

围绕工程建设的整体目标,绩效审计对大型工程供应链各个环节的运行状况、各环节之间的协调合作、工程整体的建设进度与建设质量等进行全方位的核查审计,即采用恰当的审计指标体系与合适的统计方法,对比规定的审计标准,按照特定的审计程序,对一定周期内的大型工程供应链规划、运作、管理等方面的有效性、效率性等进行综合判定。

结合国内外研究成果与发展实践,总承包模式下大型工程供应链应该包含参与工程建设的所有主体,这些主体包括政府、业主主体、审计主体、监理主体、咨询主体、金融机构、保险机构、总承包商、分包商、原料供应商、设备供应商、技术供应商以及其他供应商等。其中,咨询主体又分为独立的业主咨询主体和总承包商咨询主体,前者主要为政府和业主提供独立的包含立项、规划决策、环境评估等内容的专业咨询服务;后者为总承包商、分包商等具体施工实施主体提供管理设计、流程优化、技术攻关、变更决策等内容的专业咨询服务。审计主体受政府或业主委托对以总承包商为核心的大型工程供应链系统进行审计,以保证整个系统合规、有效;而银行等金融机构也分别为业主、总承包商等提供不同的金融服务。各参建主体之间通过信息、物料、资金等媒介相互联系、相互影响,以保证大型工程供应链中信息流、物流、资金流与工作流协调统一,最终实现工程建设的整体性目标。

**(二)系统运作框架**

总承包模式下的大型工程供应链是在工程建设过程中,各参建主体围绕业主与总承包商的管理控制,通过相互之间的合作博弈以及利益激励协调而形成的具有演化特征的复杂网络结构,其中信息流、物流、资金流、工作流等资源流是供应链网络中的关键协调控制因素,它们通过在不同参建主体、不同工程阶段之间流动来实现大型工程供应链的整体运作。从组织关系的角度来看,大型工程供应链资源的流动是其形成复杂网络结构的重要媒介,其基本网络结构如图6-2所示。总承包商是大型工程供应链的核心,而审计主体是总承包商维持整个供应链网络有效运行、实现整体最优的重要保障;业主主体作为工程需求主体,提出整个供应链的最终目标,并管理、控制总承包商的工程建设行为,对工程最终产物进行验收;设计分包商不涉及具体的工程施工活动,但在整个供应链的协调、决策过程中担当相当重要的角色;分包商,作为总承包商的供应商,在总承包商提供的稀缺资源基础上自身也有提供普通资源的供应商。整个大型工程供应链系统中,伴随着各参与主体之间的资源流动,形成了一系列的工程建设决策,而决策的正确性与有效性就决定了大型工程供应链的绩效。

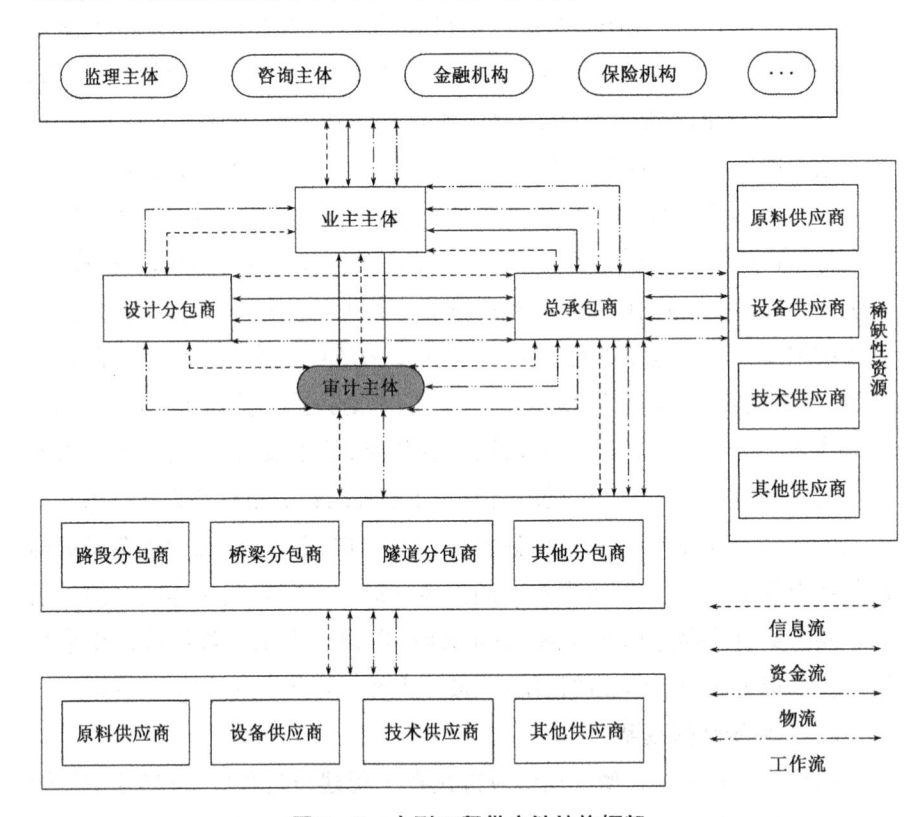

**图 6-2 大型工程供应链结构框架**

从工程全生命周期角度来看,大型工程供应链是工程全生命周期的动态演化结果。随着工程建设的进行,参建主体的工作重心也随之变化,而大型工程供应链得以形成的另一个重要纽带是工程合同,因为合同具有时效性,所以大型工程供应链节点主体之间的关系随着合同的变化而变化,这也就导致供应链结构在工程的不同阶段有所调整。此外,信任、协作、联盟等非合同关系也是大型工程供应链动态演化的重要因素。因此,工程全生命周期视角下的大型工程供应链网络结构是一种多阶段、多层次的供应链网络,如图 6-3 所示:

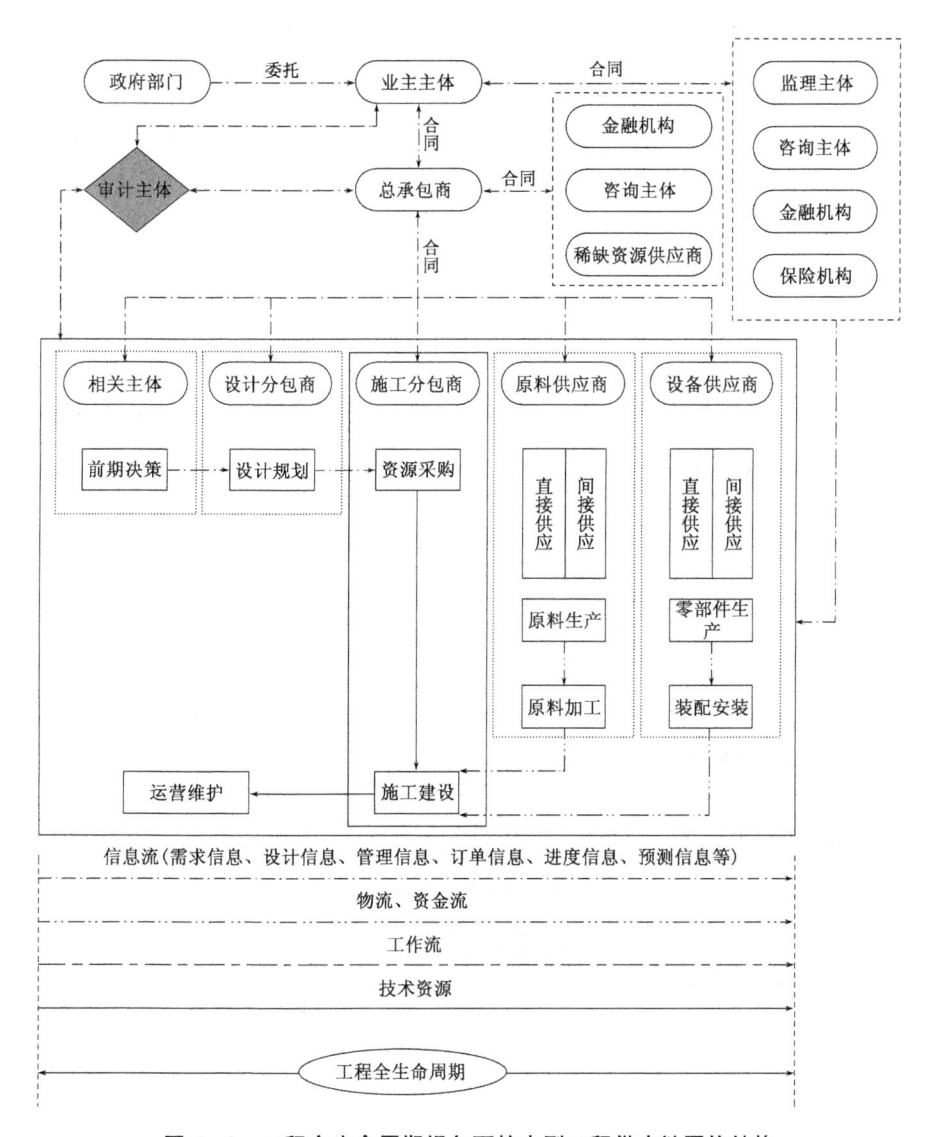

**图 6-3　工程全生命周期视角下的大型工程供应链网络结构**

设计施工总承包模式更加注重工程全生命周期视角下的工程供应链动态特征,实现物流、信息流、工作流、资金流等工程流程在大型工程前期决策、设计、施工以及运营等阶段的综合集成管理与控制,其过程如图6-4所示:

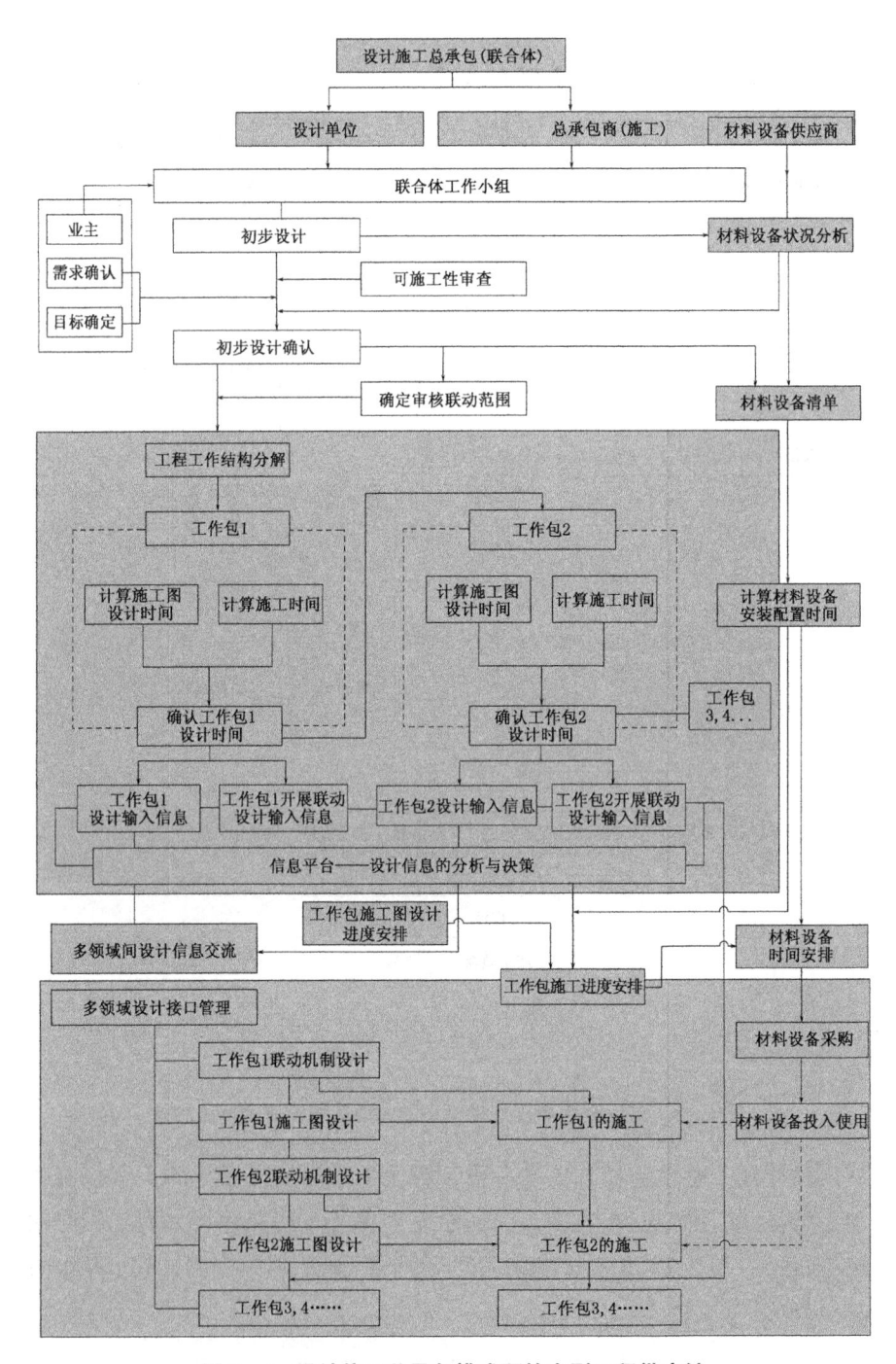

图 6-4 设计施工总承包模式下的大型工程供应链

## 二、绩效审计系统

### (一) 绩效审计概念

1. 总承包模式下大型工程供应链绩效

总承包模式下的大型工程供应链是指围绕业主指导下的总承包商这一核心主体形成的具有复杂演化特征的供应链网络结构,通过整体运作与利益协调实现众多参建主体之间物流、信息流、资金流以及工作流等工程资源的最优配置,从而最终实现大型工程建设整体目标。其中,工程合同是工程各参建主体的合作基础,也是工程供应链的实现纽带,究其本质,仍然是工程建设过程中物流、信息流、资金流以及工作流等"流"的配置,也正是这些"流"构成了大型工程供应链,而工程合同是工程供应链中"流"的载体与外在表现。因此,大型工程供应链的绩效就体现为大型工程供应链中物流、信息流、资金流以及工作流等"流"资源的运作与实现效果。

(1) 物流

物流是指根据工程建设的需求而产生的物质实体的流动,如工程设计方案、建设施工原料采购、工程设施设备装配、工程材料运输储存、工程设备维修维护、信息管理等一系列活动。针对物流的绩效,就是这一系列资源转移在各个工程环节之间的供需效率或管理效果。

(2) 信息流

大型工程供应链中,信息流主要是指由需求驱动而产生的供应主体与需求主体之间信息的流动,例如,原料、资金等都是以信息的形式体现业主主体、总承包商、分包商等参建主体所做出的行为或决策,其流动并非是单一方向的。因此,信息流的绩效主要是针对信息的流畅、信息量的充足、反馈的效率等方面,当然,大型工程应用到的复杂的创新技术,包括施工技术、信息技术等都会对信息流的绩效产生重要影响。

(3) 资金流

大型工程供应链中,原料、科技产品或服务是有价值的,它们的流动引发了资金的流转,这种资金的转移过程就构成了资金流。供应链中参建主体对工程资源的消耗产生了资金的流出,而原料或服务传递给需求性参建主体产生了资金的流入,流入与流出的差额就是利润。因此,资金流的绩效必须从工程供应链的各个环节考虑整体运营效率,从整体角度来监控和调整各项工程建设活动,进而判断是否合理利用资金,完成工程建设目标。

(4) 工作流

原料、信息、技术、资金的流动,工程建设环节等都是通过工程参建主体的业务活动——工作流来实现的。大型工程供应链的制度、战略、组织和管理流程必须保证工作流的有序、顺畅,从供应链整体角度对复杂的建设环境做出响应,制定合理决策,加快各种"流"的流速,增大"流量",从而实现工程供应链的整体目标。因此,工作流的绩效主要针对总承包模式下大型工程供应链的参建主体之间的业务关系是否融洽、合同管理是否有效、组织流程是否完善等方面。

2. 总承包模式下大型工程供应链绩效审计

传统的大型工程绩效审计是针对公共部门管理资源的"经济性、效率性和效果性"的评价与监督,并提出改善管理、提高绩效的建议[63]。经济性是指以较为合理的最低成本获取一定数量和质量的人力、物力、技术资源;效率性针对资源的利用,是指一定资源投入获得的产出最大化,或者以最少的资源投入获得预期产出水平;效果性则是指工程计划、活动的实际结果与预期结果之间的对比。随着审计模式的不断发展,工程审计的内容和范围也在不断扩大,但并不能完全实现多元化的审计目标,也难以完全满足社会公众与政府对工程信息的多元化需求,更重要的是难以应对大型工程供应链绩效审计的复杂性特征与多主体、跨领域、跨专业需求。

因此,大型工程供应链绩效审计必须能够反映工程建设程序、工程社会影响、工程供应链管理、工程供应链组织以及资金运作等多方面信息。不仅要真实反映大型工程建设的完整内容,避免传统工程审计的滞后性,保证大型工程审计人员在财务、造价、监理、规划等方面的综合素质,更应该在监督之外提供面向大型工程供应链的系统评价功能,而系统评价恰恰能给予工程审计结论更加深入的说明与揭示。所以说,总承包模式下大型工程供应链绩效审计是针对总承包模式下的大型工程全生命周期过程中全面、综合的供应链系统效益审计[59-60]。通过绩效审计发现工程建设过程中的问题,分析产生的原因,有助于工程参建主体解决问题,使大型工程供应链绩效审计更好地发挥监督作用,有利于工程主体的协调管理与资源合理配置,从而提高工程绩效。

随着我国越来越多对大型工程建设的投入,建设过程中暴露出越来越多的问题,超支、违规、腐败等现象屡屡发生。传统的工程审计模式难以应对大型工程呈现出的复杂性特征,开放的工程建设环境、超大额度的投资规模、众多的工程参建主体、稀缺的关键技术资源以及工程自身的系统复杂性都是工程资源整合过程中的挑战,也引起了工程审计主体能力的缺失与不足,这表明传统的审计模式已经难以满足现代化大型工程建设的需求,难以适应改革开放进程对工程建设与管理的要求。

大型工程供应链绩效审计是规范工程投资秩序、强化工程管理控制、提高工程建设效率、保证工程建设效果、提升资源整合能力、应对工程复杂性的有效保障,具有非常重要的理论与实践意义。具体如下:有效应对工程复杂性,实现工程整体目标;合理利用工程资金,保证投资效率及效果;强化工程管理控制,提升资源整合与利用能力;规范监督机制,利于工程运营与维护。

**(二)绩效审计组织**

我国的审计组织主要三种形式:政府审计、内部审计和民间审计。政府审计主要分为国家审计和地方审计审计,代表政府依法行使审计监督权;内部审计是指由部门或单位内部相对独立的审计机构和审计人员对本部门或本单位的财政财务收支、经营管理活动及其经济效益进行审核和评价,查明其真实性、正确性、合法性、合规性和有效性,提出意见和建议的一种专职经济监督活动;民间审计则是指根据国家法律或条例规定,经政府有关部门审核,注册登记的会计师事务所依法行使的审计活动。

大型工程供应链绩效审计,面对参建主体众多、建设目标多元、投资金额巨大、建设规模庞大,具有建设环境复杂、施工技术复杂、施工机械设备较多等复杂性特征,对审计人员的知识技能提出了更高的要求,如综合运用工程规划、工程财务、工程监理、工程造价等素质[57],而传统的审计组织难以满足大型工程供应链绩效审计的需求。因此,大型工程供应链绩效审计组织应该包括政府审计机构、社会审计机构、内部审计机构、专家群体、社会公众以及其他组织等,优势互补,形成一个高效率、高水准的审计整体。如图6-5所示:

```
                    政府审计
                       △
审                    ╱ ╲
计                   ╱   ╲
主                  ╱ 专家 ╲
体                 ╱  群体  ╲
集                ╱          ╲
成               ╱            ╲
                ╱  社会  其他  ╲
               ╱   公众  组织   ╲
              ╱_____╲
          社会审计              内部审计
```

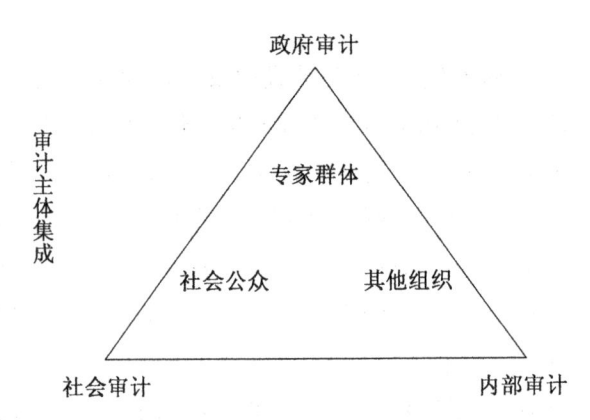

**图 6-5　总承包模式下大型工程供应链绩效审计组织**

### （三）绩效审计程序

工程全生命周期视角下，总承包模式下大型工程供应链绩效审计实质上是工程全过程审计，强调前期介入、中期跟踪、后期监督，其实施程序主要分为资料调查、制定方案、绩效审计、审计报告以及监督反馈五个阶段，如图6-6所示：

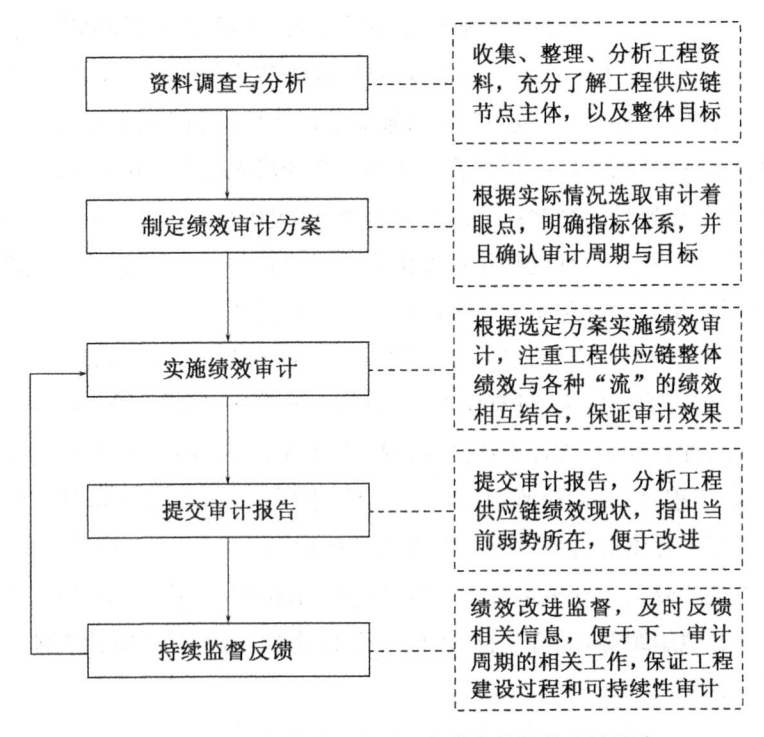

```
┌──────────────────┐      ┌──────────────────────┐
│  资料调查与分析   │┄┄┄┄┄│ 收集、整理、分析工程资  │
└────────┬─────────┘      │ 料，充分了解工程供应链  │
         │                │ 节点主体，以及整体目标  │
         ▼                └──────────────────────┘
┌──────────────────┐      ┌──────────────────────┐
│  制定绩效审计方案 │┄┄┄┄┄│ 根据实际情况选取审计着  │
└────────┬─────────┘      │ 眼点，明确指标体系，并  │
         │                │ 且确认审计周期与目标    │
         ▼                └──────────────────────┘
┌──────────────────┐      ┌──────────────────────┐
│   实施绩效审计    │┄┄┄┄┄│ 根据选定方案实施绩效审  │
└────────┬─────────┘      │ 计，注重工程供应链整体  │
         │                │ 绩效与各种"流"的绩效    │
         │                │ 相互结合，保证审计效果  │
         ▼                └──────────────────────┘
┌──────────────────┐      ┌──────────────────────┐
│   提交审计报告    │┄┄┄┄┄│ 提交审计报告，分析工程  │
└────────┬─────────┘      │ 供应链绩效现状，指出当  │
         │                │ 前弱势所在，便于改进    │
         ▼                └──────────────────────┘
┌──────────────────┐      ┌──────────────────────┐
│   持续监督反馈    │┄┄┄┄┄│ 绩效改进监督，及时反馈  │
└──────────────────┘      │ 相关信息，便于下一审计  │
                          │ 周期的相关工作，保证工程│
                          │ 建设过程和可持续性审计  │
                          └──────────────────────┘
```

**图 6-6　总承包模式下大型工程供应链绩效审计程序**

## 三、绩效审计指标体系

### （一）指标选取原则

1. 系统性原则

大型工程供应链是由多参建主体构成的规模宏大、投资巨大、技术先进、建设环境复杂、建设目标多元的一个动态、复合、开放的复杂系统。因此，在考虑总承包模式下大型工程供应链绩效审计指标的时候，必须在系统角度下分析构成供应链的单个参建主体，以及众多参建主体构成的供应链整体。

2. 实用性原则

大型工程建设是一个"造物"的实践过程，大型工程供应链是实现"造物"过程的有效手段，其绩效审计指标必须源于实践、易于理解、可操作性强。只有这样的指标体系才是实用的，才是能够体现绩效审计价值的。

3. 全面性原则

大型工程供应链的实施涉及到工程建设的各个方面，从前期决策到竣工运营各个工程阶段的所有环节，以及各参建主体与其他利益相关者。因此，绩效指标体系的选定必须能够反映总承包模式下的大型工程供应链全生命周期的所有工程阶段绩效，以及所有相关主体的利益关注点。

4. 定性与定量相结合原则

总承包模式下的大型工程供应链是一个复杂系统，其绩效审计指标体系是一个工程复杂性问题，其整体性较强，与外部环境联系较为密切，呈现出多层次、跨领域、跨学科的复杂性特征。因此，绩效审计指标的选定必须经过从"定性"到"定性、定量相结合"再到"从定性到定量"这一过程，保证充分、清晰、精确地分析问题，使得指标体系完善、科学。

5. 动态与静态相结合

工程全生命周期下的大型工程供应链是一个动态涌现的过程，不同参建主体不同工程阶段的工程任务使得整个过程具有演化性特征。因此，绩效审计指标的选定必须做到动态指标与静态指标相结合，才能全面反映供应链的绩效状况。

6. 重点突出原则

总承包模式下，大型工程供应链绩效审计涉及到工程建设全过程的方方面面,其绩效审计指标也必然涉及到众多参建主体在不同工程阶段的相关表现以及工程供应链的整体情况,种类繁多。因此,考虑绩效审计的实用性与经济性,指标的选定必须能够反映工程供应链整体运作的关键性特征,以及工程建设过程中的重要目标。

**(二)指标选定**

1. 总承包模式下大型工程供应链绩效审计指标

总承包模式下,大型工程供应链绩效审计指标的选取主要针对总承包模式下的大型工程建设过程以及工程供应链整体运作效率,指标数量与合理性直接决定了审计结果的精确性、公正性与公平性,也关系到审计工作的难易程度。一般来说,指标选取的方法有多种,如专家调查法、理论分析法、频度分析法等[64]。这里主要结合理论分析法与频度分析法来进行指标选取。

第一步,结合上文的分析,从工期进度、工程质量、成本控制、风险管理、安全施工、环境保护等全面考虑总承包模式下大型工程供应链绩效审计指标。因此,可以将这些指标分为七类,分别是工程供应链整体绩效、物流绩效、资金流绩效、信息流绩效、工作流绩效、社会环境效益以及可持续发展能力。

第二步,运用频度分析法,结合具有影响力的研究文献以及港珠澳大桥、苏通大桥、广乐高速等我国典型大型工程建设实践,选取适用于总承包模式下大型工程供应链建设管理的使用频度较高的指标。

针对总承包模式下的大型工程建设,其工程供应链以业主指导下的总承包商作为核心主体,除了财务方面的指标,更应该重视非财务指标,如工程成本、建设质量、工期进度、安全施工、环境保护等方面。不管是国家政策引导,还是现代工程建设的必然发展,非财务绩效越来越受到重视,特别是对社会、经济、生态环境具有广泛影响的大型工程,社会环境、施工安全、工程质量等非财务绩效更是政府、业主、承包商、社会公众等关注的重中之重。因此,初步选取的总承包模式下大型工程供应链绩效审计指标如表 6-1 所示:

表 6-1 总承包模式下大型工程供应链绩效审计指标初选

| | 一级指标 | 二级指标 | 定性 | 定量 |
|---|---|---|---|---|
| 总承包模式下大型工程供应链绩效审计指标初选 | 大型工程供应链整体绩效 | 供应链管理成本 | | ✓ |
| | | 总承包商沟通协调能力 | ✓ | |
| | | 本工程占总承包商总业务比重 | | ✓ |
| | | 本工程占分包商总业务比重 | | ✓ |
| | | 工程供应链参建主体稳定性 | | ✓ |
| | | 主体矛盾解决速度 | | ✓ |
| | | 工期柔性管理能力 | | ✓ |
| | | 合同履约率 | | ✓ |
| | 大型工程供应链物流绩效 | 存货周转率 | | ✓ |
| | | 原料同步性 | ✓ | |
| | | 设备同步性 | ✓ | |
| | | 产成品同步性 | ✓ | |
| | | 库存水平 | | ✓ |
| | 大型工程供应链资金流绩效 | 工程建设成本 | | ✓ |
| | | 基建结余资金占用率 | | ✓ |
| | | 工程资金到位率 | | ✓ |
| | | 工程成本降低(超支)率 | | ✓ |
| | | 承包商资产收益率 | | ✓ |
| | | 承包商净利润增长率 | | ✓ |
| | | 承包商资产负债率 | | ✓ |
| | | 承包商工程利润率 | | ✓ |
| | | 承包商固定资产周转率 | | ✓ |
| | | 承包商流动资产周转率 | | ✓ |
| | | 承包商现金流周转时间 | | ✓ |

(续表)

| 一级指标 | 二级指标 | 定性 | 定量 |
|---|---|---|---|
| 大型工程供应链信息流绩效 | 工期控制能力 | ✓ | |
| | 风险控制能力 | ✓ | |
| | 工程中标率 | | ✓ |
| | 工程供应链响应速度 | | ✓ |
| | 供应链信息共享 | | ✓ |
| 大型工程供应链工作流绩效 | 工程质量达标率 | | ✓ |
| | 工程按期竣工率 | | ✓ |
| | 工程返工率 | | ✓ |
| | 施工事故发生率 | | ✓ |
| | 工程参建人员技术水平 | ✓ | |
| | 工程参建人员资质获取率 | | ✓ |
| 大型工程供应链社会环境效益 | 能源节省情况 | ✓ | |
| | 废物废气排放情况 | ✓ | |
| | 万元资产就业人数 | | ✓ |
| | 废弃资源回收再利用 | ✓ | |
| | 绿化率 | | ✓ |
| 大型工程供应链可持续发展能力 | 同比成本优势认同率 | | ✓ |
| | 工程总承包能力 | | ✓ |
| | 工程参建人员平均培训时间 | | ✓ |
| | 工程参建人员建议增长率 | | ✓ |
| | 工程新技术引进情况 | ✓ | |
| | 科研投资率 | | ✓ |

（表格左侧纵向标题：总承包模式下大型工程供应链绩效审计指标初选）

**2. 总承包模式下大型工程供应链绩效审计指标重要性筛选**

通过理论分析法与频度分析法相结合得出如表 6-1 所示的绩效审计指标后，根据我国现阶段工程建设与工程审计的实践情况，利用德尔菲专家调查法对上述初选指标进行重要性筛选，过程如下：

（1）专家选择

选择的专家为大型工程管理方向教授 3 人，大型工程供应链研究方向博士 6 人,工程审计方向教授 2 人,大型工程建设高级管理人员 25 人,大型工程绩效审计人员 22 人。涉及南京大学、南京审计学院、南京财经大学、上海交通大学、复旦大学等多所高校以及苏通大桥、港珠澳大桥、广乐高速、灌河大桥、无锡地铁等多项大型工程。共发出问卷 48 份,收回问卷 48 份。

(2) 数据分析

这次专家调查中,问卷回收率为 100%,专家参与比较积极,调查效果较好。对于每项指标,专家意见的选项有极度重要、重要、一般重要、不重要和极不重要五个等级,设定评分依次为 5 分、4 分、3 分、2 分和 1 分。使用平均分、极重要率以及标准差作为指标筛选的依据。

平均分表示专家对某项指标认可程度,分值越高表明该项指标越重要,用公式表示为 $\overline{a_i} = 1/N \sum_{j=1}^{5} a_j \cdot n_{ij}$;其中 $\overline{a_i}$ 表示第 $i$ 个指标获得的平均分,$a_j$ 表示每项指标第 $j$ 等级对应的评分值,$n_{ij}$ 表示选择第 $i$ 个指标第 $j$ 等级的专家数量。一般而言,平均分低于四分的指标要舍弃[65]。

极重要率用公式表示为:极重要率 = $\dfrac{\text{选择极重要等级的专家数}}{\text{所有专家数}} \times 100\%$,表示指标的重要程度,该比率大于 50% 则保留该指标。

标准差用来反映专家对某项指标认可程度的分歧,标准差的值越小表明专家的认可集中程度越高,用公式表示为 $\delta_i = \sqrt{1/(N-1)\sum_{k=1}^{N}(a_{ik}-\overline{a_i})^2}$,假设 $\overline{\delta_i} < 0.65$ 时,即平均标准差小于 0.65,则问卷分析结果满足要求。

那么,根据问卷情况与上述判断依据,得出数据分析情况如表 6-2 所示:

**表 6-2 总承包模式下大型工程供应链绩效审计指标重要性筛选分析表**

| 一级指标 | 二级指标 | 平均分 | 极重要率 | 标准差 |
|---|---|---|---|---|
| 大型工程供应链整体绩效 | 供应链管理成本 | 4.67 | 0.67 | 0.48 |
| | 总承包商沟通协调能力 | 4.54 | 0.54 | 0.50 |
| | 本工程占总承包商总业务比重 | 3.52 | 0.00 | 0.50 |
| | 本工程占分包商总业务比重 | 3.52 | 0.00 | 0.50 |
| | 工程供应链参建主体稳定性 | 3.63 | 0.13 | 0.70 |
| | 主体矛盾解决速度 | 3.52 | 0.15 | 0.77 |
| | 工期柔性管理能力 | 3.35 | 0.06 | 0.79 |
| | 合同履约率 | 4.88 | 0.88 | 0.33 |

(总承包模式下大型工程供应链绩效审计指标初选)

(续表)

| 一级指标 | | 二级指标 | 平均分 | 极重要率 | 标准差 |
|---|---|---|---|---|---|
| 总承包模式下大型工程供应链绩效审计指标初选 | 大型工程供应链物流绩效 | 存货周转率 | 3.02 | 0.00 | 0.73 |
| | | 原料同步性 | 4.63 | 0.63 | 0.49 |
| | | 设备同步性 | 4.63 | 0.63 | 0.49 |
| | | 产成品同步性 | 4.63 | 0.63 | 0.49 |
| | | 库存水平 | 4.00 | 0.33 | 0.88 |
| | 大型工程供应链资金流绩效 | 工程建设成本 | 3.13 | 0.00 | 0.64 |
| | | 基建结余资金占用率 | 3.13 | 0.00 | 0.61 |
| | | 工程资金到位率 | 4.92 | 0.92 | 0.28 |
| | | 工程成本降低(超支)率 | 4.79 | 0.79 | 0.41 |
| | 大型工程供应链资金流绩效 | 承包商资产收益率 | 3.42 | 0.04 | 0.58 |
| | | 承包商净利润增长率 | 3.42 | 0.04 | 0.58 |
| | | 承包商资产负债率 | 4.13 | 0.38 | 0.79 |
| | | 承包商工程利润率 | 4.08 | 0.33 | 0.77 |
| | | 承包商固定资产周转率 | 2.96 | 0.00 | 0.68 |
| | | 承包商流动资产周转率 | 4.29 | 0.42 | 0.68 |
| | | 承包商现金流周转时间 | 2.92 | 0.00 | 0.65 |
| | 大型工程供应链信息流绩效 | 工期控制能力 | 4.33 | 0.33 | 0.48 |
| | | 风险控制能力 | 4.33 | 0.33 | 0.48 |
| | | 工程中标率 | 2.83 | 0.00 | 0.69 |
| | | 工程供应链响应速度 | 4.21 | 0.35 | 0.68 |
| | | 供应链信息共享 | 4.21 | 0.31 | 0.62 |
| | 大型工程供应链工作流绩效 | 工程质量达标率 | 4.69 | 0.69 | 0.47 |
| | | 工程按期竣工率 | 4.69 | 0.69 | 0.47 |
| | | 工程返工率 | 3.85 | 0.23 | 0.77 |
| | | 施工事故发生率 | 4.96 | 0.96 | 0.20 |
| | | 工程参建人员技术水平 | 3.96 | 0.29 | 0.80 |
| | | 工程参建人员资质获取率 | 3.17 | 0.00 | 0.75 |

(续表)

| 一级指标 | 二级指标 | 平均分 | 极重要率 | 标准差 |
|---|---|---|---|---|
| 大型工程供应链社会环境效益 | 能源节省情况 | 4.21 | 0.42 | 0.77 |
| | 废物废气排放情况 | 4.21 | 0.42 | 0.77 |
| | 万元资产就业人数 | 1.98 | 0.00 | 0.60 |
| | 废弃资源回收再利用 | 2.85 | 0.00 | 0.62 |
| | 绿化率 | 2.56 | 0.00 | 0.62 |
| 大型工程供应链可持续发展能力 | 同比成本优势认同率 | 3.21 | 0.00 | 0.65 |
| | 工程总承包能力 | 4.02 | 0.35 | 0.84 |
| | 工程参建人员平均培训时间 | 4.00 | 0.33 | 0.83 |
| | 工程参建人员建议增长率 | 4.13 | 0.33 | 0.73 |
| | 工程新技术引进情况 | 3.90 | 0.25 | 0.78 |
| | 科研投资率 | 4.04 | 0.33 | 0.80 |

(左侧纵向标题：总承包模式下大型工程供应链绩效审计指标初选)

3. 分析结果

根据上表的分析，$\bar{\delta_i}=0.62<0.65$，表明问卷统计结果满足要求，数据有效。再通过平均分和极重要率对上述指标进行删减，最终确定的指标如表 6-3 所示：

**表 6-3　总承包模式下大型工程供应链绩效审计指标体系**

| 一级指标 | 二级指标 | 平均分 | 极重要率 | 标准差 | 定性 | 定量 |
|---|---|---|---|---|---|---|
| 大型工程供应链整体绩效-A | 供应链管理成本-A1 | 4.67 | 0.67 | 0.48 | | √ |
| | 总承包商沟通协调能力-A2 | 4.54 | 0.54 | 0.50 | √ | |
| | 合同履约率-A3 | 4.88 | 0.88 | 0.33 | | √ |
| 大型工程供应链物流绩效-B | 原料同步性-B1 | 4.63 | 0.63 | 0.49 | √ | |
| | 设备同步性-B2 | 4.63 | 0.63 | 0.49 | √ | |
| | 产成品同步性-B3 | 4.63 | 0.63 | 0.49 | √ | |
| 大型工程供应链资金流绩效-C | 工程资金到位率-C1 | 4.92 | 0.92 | 0.28 | | √ |
| | 工程成本降低（超支）率-C2 | 4.79 | 0.79 | 0.41 | | √ |
| | 承包商资产负债率-C3 | 4.13 | 0.38 | 0.79 | | √ |
| | 承包商工程利润率-C4 | 4.08 | 0.33 | 0.77 | | √ |
| | 承包商流动资产周转率-C5 | 4.29 | 0.42 | 0.68 | | √ |

(左侧纵向标题：总承包模式下大型工程供应链绩效审计指标初选)

(续表)

| 一级指标 | 二级指标 | 平均分 | 极重要率 | 标准差 | 定性 | 定量 |
|---|---|---|---|---|---|---|
| 大型工程供应链信息流绩效-D | 工期控制能力-D1 | 4.33 | 0.33 | 0.48 | √ | |
| | 风险控制能力-D2 | 4.33 | 0.33 | 0.48 | √ | |
| | 工程供应链响应速度-D3 | 4.21 | 0.35 | 0.68 | | √ |
| | 供应链信息共享-D4 | 4.21 | 0.31 | 0.62 | √ | |
| 大型工程供应链工作流绩效-E | 工程质量达标率-E1 | 4.69 | 0.69 | 0.47 | | √ |
| | 工程按期竣工率-E2 | 4.69 | 0.69 | 0.47 | | √ |
| | 施工事故发生率-E3 | 4.96 | 0.96 | 0.20 | | √ |
| 大型工程供应链社会环境效益-F | 能源节省情况-F1 | 4.21 | 0.42 | 0.77 | √ | |
| | 废物废气排放情况-F2 | 4.21 | 0.42 | 0.77 | √ | |
| 大型工程供应链可持续发展能力-G | 工程总承包能力-G1 | 4.02 | 0.35 | 0.84 | | √ |
| | 工程参建人员平均培训时间-G2 | 4.00 | 0.33 | 0.83 | | √ |
| | 工程参建人员建议增长率-G3 | 4.13 | 0.33 | 0.73 | | √ |
| | 科研投资率-G4 | 4.04 | 0.33 | 0.80 | | √ |

**(三)总承包模式下大型工程供应链绩效审计指标说明**

(1)供应链管理成本-A1:承包商用于对大型工程供应链进行协调与管理的管理成本,这里用管理成本与合同金额的百分比来表示。

(2)总承包商沟通协调能力-A2:一个定性指标,运用定义评价集V(优、良、中、差、极差)来结合模糊数与语言变量对定性指标进行量化[66],最终由审计主体对定性指标进行判断实现定性指标的定量化。

(3)合同履约率-A3:按期完工的合同数与审计周期内规定完工的总合同数的百分比,反映总承包商对大型工程整体建设的控制能力。

(4)原料同步性-B1:反映大型工程建设过程中原料配送的及时与稳定,也是一个定性指标,根据施工计划、采购计划、配送计划、库存计划等由审计专家给出判断。

(5)设备同步性-B2:反映大型工程建设过程中设备使用的情况,是一个定性指标,根据施工计划、采购计划、配送计划、库存计划等,由审计专家给出具体意见。

(6) 产成品同步性-B3：反映大型工程建设过程中半成品、产成品的使用情况，是一个定性指标，根据施工计划、生产计划、配送计划、库存计划等由审计专家判定。

(7) 工程资金到位率-C1：反映总承包商对资金计划的执行与控制效率，是指审计周期内已到位资金与计划到位资金的百分比，数值越大，则效率越好。

(8) 工程成本降低（超支）率-C2：审计周期内实际成本与计划成本的差值占计划成本的百分比。若比值为负数，则表明实际成本低于计划成本，说明成本控制较好。

(9) 承包商资产负债率-C3：承包商当期的资产负债率，指负债与资产的比值，用以衡量承包商的经营能力与资产安全性。

(10) 承包商工程利润率-C4：承包商在本工程的当期利润与其当期全部利润的百分比，反映大型工程供应链节点主体在工程领域的经营状况。

(11) 承包商流动资产周转率-C5：承包商当期合同收入与平均流动资产的比值。

(12) 工期控制能力-D1：承包商控制工程进度的能力，参考实际工程进度与计划进度，由专家给出判定。

(13) 风险控制能力-D2：工程风险是工程建设防范的重点，因此，风险控制能力反映对工程供应链整体的把握与突发事件的应对能力，这是一个定性指标。

(14) 工程供应链响应速度-D3：对原料、技术、产成品等工程需求的平均响应时间[67-69]，用来衡量供应链整体对需求的反应能力与应变能力。

(15) 供应链信息共享-D4：这是一个定性指标，反映工程供应链中信息共享程度。

(16) 工程质量达标率-E1：用当期质量达标工程数与当期总工程数的百分比来衡量。

(17) 工程按期竣工率-E2：用当期按时或提前完工工程数与总工程数的百分比衡量。

(18) 施工事故发生率-E3：安全施工一直是工程建设的重要目标，而施工事故发生率则反映了工程建设过程中的安全性，用当期发生事故的工程数与总工程数比值衡量。

(19) 能源节省情况-F1：一个定性指标，反映工程建设过程中环境保护的情况。

(20) 废物废气排放情况-F2：一个定性指标，反映对环境的保护情况。

(21) 工程总承包能力-G1：承包商自身在工程领域的市场份额与主要竞争对手的比值，一般可以用营业额来衡量市场份额。

(22) 工程参建人员平均培训时间-G2：反映工程对参建人员学习情况的重视，如环境保护学习、安全施工教育等，用培训总时间与培训总人次的比值来衡量。

(23) 工程参建人员建议增长率-G3：当期建议数相对于前一期的增长率。

(24) 科研投资率-G4：反映对科学技术创新的重视，用科研投入额与总合同额的百分比来衡量。

**（三）指标权重**

如上文所述，利用德尔菲专家调查法对初选指标进行重要性筛选之后，各项指标权重的分析与确定是实施大型工程供应链绩效审计尤为重要的一个环节。事实上，表6-3所示平均分一项就是专家由自身的理论知识与实践经验对各项指标相对重要性的赋值结果，每一个平均分的值表示对应指标的相对权重。但是，由于客观环境复杂性的影响，这些分值构成的判断矩阵具有不确定性，从而导致该判断矩阵不相容，不能满足一致性要求。因此，这里采用AHP层次分析法对总承包模式下大型工程供应链绩效审计指标权重进行分析与确定。层次分析法是一种经典的定性与定量相结合的系统分析方法，通过将复杂因素层次化，使得定性的相对重要性判断经过简单的计算后转化为定量的差异数值。这种方法确定的权重值比德尔菲专家调查法给出的值更加客观。

运用层次分析法确定总承包模式下大型工程供应链绩效审计指标权重的基本步骤如下：

*1. 建立阶梯层次结构*

如表6-3所示，总承包模式下大型工程供应链绩效审计指标体系分为三个层次：最高层，又称目标层，即实现总承包模式下大型工程供应链绩效审计指标体系构建；中间层，又称准则层，即大型工程供应链整体绩效-A、大型工程供应链物流绩效-B、大型工程供应链资金流绩效-C、大型工程供应链信息流绩效-D、大型工程供应链工作流绩效-E、大型工程供应链社会环境效益-F、大型工程供应链可持续发展能力-G,共七项指标;最底层,又称措施层,即表6-3所示A1到G4,共24项具体指标。

2. 构建判断矩阵

采取较为经典的两两比较法,使用的判断标度如表6-4所示:

表6-4 AHP层次分析法两两判断标度表

| 标度 | 含 义 |
| --- | --- |
| 1 | 表示两个因素相比,具有相同的重要性 |
| 3 | 表示两个因素相比,前者比后者稍重要 |
| 5 | 表示两个因素相比,前者比后者明显重要 |
| 7 | 表示两个因素相比,前者比后者强烈重要 |
| 9 | 表示两个因素相比,前者比后者极度重要 |
| 2,4,6,8 | 表示上述相邻判断的中间程度 |
| 倒数 | 表示两个因素相比,前者与后者的重要性比值是后者与前者之比的倒数 |

假设判断矩阵表示为 $A=(a_{ij})_{n\times n}$,则 $a_{ij}$ 表示指标 $i$ 相对于指标 $j$ 的相对重要程度,且有 $a_{ij}=1/a_{ji}$。

3. 特征根法确定指标权重

根据矩阵的概念,用 $\lambda_{\max}$ 表示判断矩阵的最大特征根,$W$ 表示相应的特征向量,那么由 $AW=\lambda_{\max}W$ 可以求得特征向量 $W$,将 $W$ 作归一化处理即得到指标的权重向量,记作 $W^*$。

4. 一致性检验

构造判断矩阵的过程中,并没有严格要求判断矩阵具有传递性和一致性,即不要求严格满足 $a_{ij}\cdot a_{jk}=a_{ik}$,但必须要求判断矩阵大体上满足一致性,即不能出现"$x$ 比 $y$ 极度重要,$y$ 比 $z$ 极度重要,而 $z$ 又比 $x$ 极度重要"这样明显违反常识的判断。因此,如果判断矩阵不满足一致性,那么该矩阵的可靠性就值得怀疑了。对判断矩阵进行一致性检验的基本步骤如下:

(1) 计算一致性指标(Consistency Index),表示为 $C.I.$,有 $C.I.=\frac{\lambda_{\max}-n}{n-1}$。

(2) 确定相应的平均随机一致性指标(Random Index),表示为 $R.I.$。

如表6-5所示给出了常用的 $R.I.$ 值,通过计算一千次一阶至十五阶正互反矩阵得到。

表6-5 平均随机一致性指标 $R.I.$ 值表

| 矩阵阶数 | 1 | 2 | 3 | 4 | 5 | 6 | 7 | 8 |
|---|---|---|---|---|---|---|---|---|
| $R.I.$ 值 | 0 | 0 | 0.52 | 0.89 | 1.12 | 1.26 | 1.36 | 1.41 |
| 矩阵阶数 | 9 | 10 | 11 | 12 | 13 | 14 | 15 | |
| $R.I.$ 值 | 1.46 | 1.49 | 1.52 | 1.54 | 1.56 | 1.58 | 1.59 | |

(3) 计算一致性比例(Consistency Ratio),表示为 $C.R.$,有 $C.R. = \frac{C.I.}{R.I.}$。仅当一致性比例满足 $C.R. < 0.1$ 时,判断矩阵满足一致性要求;反之,则对判断矩阵进行修正。

(4) 计算指标总排序权重。由上述步骤获得准则层指标对目标层的权重之后,最终目的是要获得最底层具体指标相对于目标层的权重,即总排序权重。这就要求自上而下地将各级权重合成,并逐层检验一致性。

运用 Matlab 针对上述计算过程进行编程,得出最终总排序权重结果,如表6-6所示。

表6-6 总承包模式下大型工程供应链绩效审计指标体系权重表

| 一级指标 | 一级指标 | 一级指标权重值 | 二级指标 | 二级指标权重值 | 最终权重值 |
|---|---|---|---|---|---|
| 总承包模式下大型工程供应链绩效审计指标初选 | 大型工程供应链整体绩效-A | 0.1565 | 供应链管理成本-A1 | 0.2536 | 0.0397 |
| | | | 总承包商沟通协调能力-A2 | 0.3597 | 0.0563 |
| | | | 合同履约率-A3 | 0.3867 | 0.0605 |
| | 大型工程供应链物流绩效-B | 0.1509 | 原料同步性-B1 | 0.3098 | 0.0467 |
| | | | 设备同步性-B2 | 0.3127 | 0.0472 |
| | | | 产成品同步性-B3 | 0.3775 | 0.0570 |
| | 大型工程供应链资金流绩效-C | 0.2301 | 工程资金到位率-C1 | 0.3987 | 0.0917 |
| | | | 工程成本降低(超支)率-C2 | 0.2246 | 0.0517 |
| | | | 承包商资产负债率-C3 | 0.2015 | 0.0464 |
| | | | 承包商工程利润率-C4 | 0.0951 | 0.0219 |
| | | | 承包商流动资产周转率-C5 | 0.0801 | 0.0184 |

(续表)

| 一级指标 | 一级指标权重值 | 二级指标 | 二级指标权重值 | 最终权重值 |
|---|---|---|---|---|
| 大型工程供应链信息流绩效-D | 0.1665 | 工期控制能力-D1 | 0.3624 | 0.0603 |
| | | 风险控制能力-D2 | 0.2685 | 0.0447 |
| | | 工程供应链响应速度-D3 | 0.2108 | 0.0351 |
| | | 供应链信息共享-D4 | 0.1583 | 0.0264 |
| 大型工程供应链工作流绩效-E | 0.1538 | 工程质量达标率-E1 | 0.2879 | 0.0443 |
| | | 工程按期竣工率-E2 | 0.3018 | 0.0464 |
| | | 施工事故发生率-E3 | 0.4103 | 0.0631 |
| 大型工程供应链社会环境效益-F | 0.0815 | 能源节省情况-F1 | 0.5000 | 0.0408 |
| | | 废物废气排放情况-F2 | 0.5000 | 0.0408 |
| 大型工程供应链可持续发展能力-G | 0.0607 | 工程总承包能力-G1 | 0.2500 | 0.0152 |
| | | 工程参建人员平均培训时间-G2 | 0.3725 | 0.0226 |
| | | 工程参建人员建议增长率-G3 | 0.0986 | 0.0060 |
| | | 科研投资率-G4 | 0.2789 | 0.0169 |

(表格左侧竖排标题：总承包模式下大型工程供应链绩效审计指标初选)

## 四、绩效审计系统模型

### （一）概念模型

总承包模式下的大型工程供应链系统包括工程质量、施工安全、工程进度、环境保护等工程微观层面的因素，还涉及与之相关的社会、经济、生态、政治等外部宏观层面的因素，而工程建设过程中也有物流、信息流、工作流、资金流等业务流程。因此，总承包模式下大型工程供应链绩效审计必须精确反映大型工程供应链系统复杂内涵，审计标准必须涵盖工程系统、建设程序、社会环境影响、管理组织、业务流程以及资金运营等各系统多方面信息。由此构建总承包模式下大型工程供应链绩效审计概念模型，如图6-7所示。

```
┌─────────────────────────────────────────────────────────────┐
│                  ┌──────────────┐ ┌──────────────┐ ┌──────────────┐ │
│                  │  政府审计机构  │ │  社会审计机构  │ │  内部审计机构  │ │
│  审计主体集成层    └──────────────┘ └──────────────┘ └──────────────┘ │
│                  ┌──────────────┐ ┌──────────────┐ ┌──────────────┐ │
│                  │   专家群体    │ │   社会公众    │ │   其他组织    │ │
│                  └──────────────┘ └──────────────┘ └──────────────┘ │
└─────────────────────────────────────────────────────────────┘
```

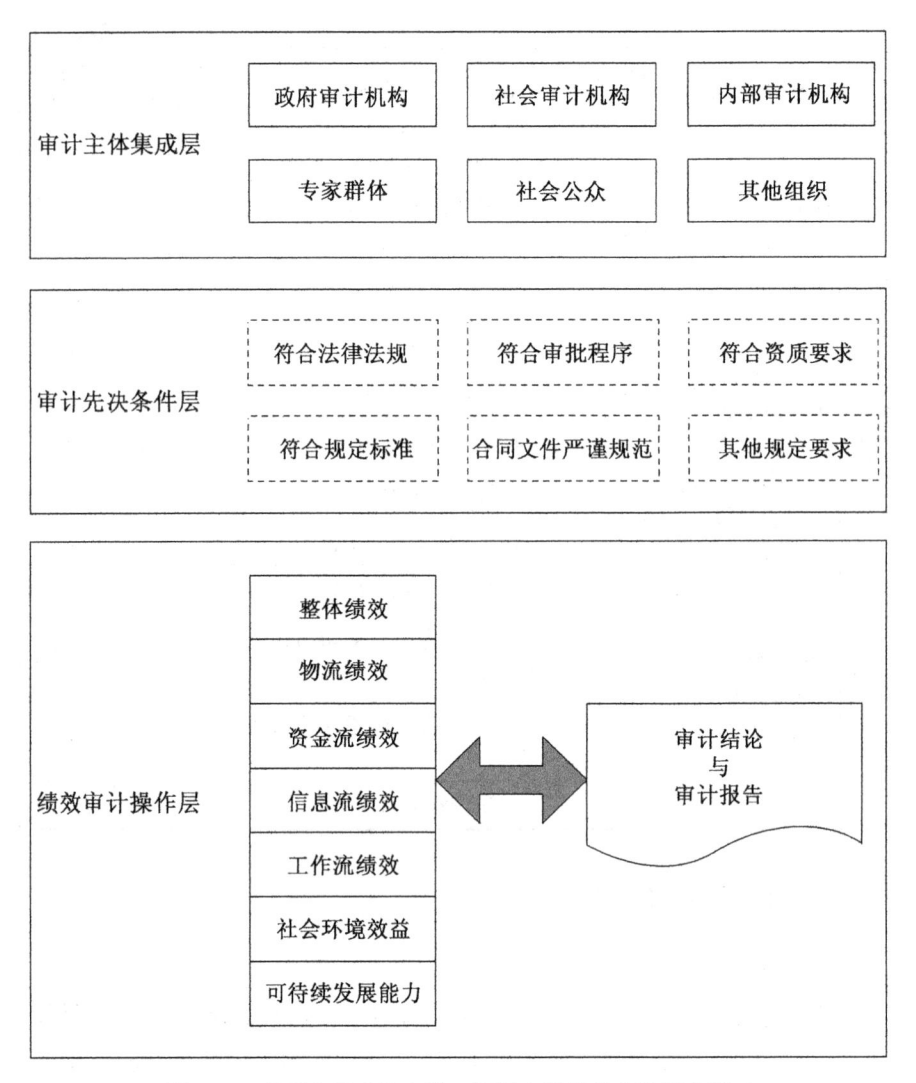

图 6-7　总承包模式下大型工程供应链绩效审计概念模型

总承包模式下大型工程供应链绩效审计概念模式注重工程建设全过程的监督审计,包括从合同文本、技术规范或其他公开文件的合规性审查到大型工程供应链各方面绩效审核的工程全领域审计,两个阶段形成优势互补,从而形成一个高效率高质量高标准的审计系统。如图 6-7 所示,第一层为审计主体集成层,包括政府审计机构、社会审计机构、内部审计机构以及其他组织等,因为仅依靠国家审计机构难以满足大型工程供应链复杂性要求;第二层为审计先决条件层,包括工程计划是否得到批准、参建主体是否取得相应资质且符合相应要求、设计图纸是否符合规定标准、征地拆迁是否符合法律法规以及合同文本是否严谨规范等;第三层为绩效审计操作层,包括整体绩效、物流绩效、资金流绩效、信息流绩效、工作流绩效、社会环境效益以及可持续发展能力七个方面的绩效审计,根据上述确定的指标体系与最终指标权重进行相应的审计评价,并得出审计结论。

**(二)计算模型**

当前对于工程供应链绩效审计的研究大多数都采用绩效审计指标评价体系的方法,这种方法注重专家意见,将对工程建设绩效的衡量建立在专家的理论知识与实践经验上,有一定的主观局限性。本部分采用德尔菲专家调查法与标杆比较法相结合的绩效审计体系,注重对大型工程供应链整体绩效的衡量,较为符合系统均衡性要求[68]。标杆比较法能够有效减少主观性与随意性,更有针对性,注重大型工程建设过程的不断提升,其本质就是面向过程与实践的系统化方法。

标杆比较法的实现过程如图6-8所示,其最直观的效果是当前工程供应链绩效水平与标杆水平的差距,便于从系统上整体优化工程供应链流程以及工程资源的配置。

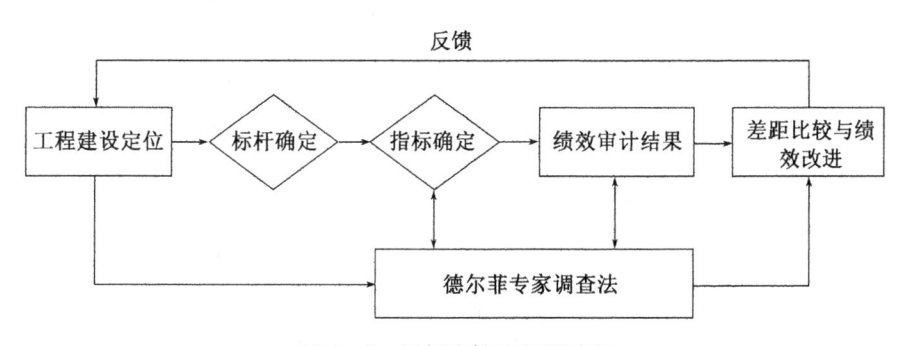

**图6-8 标杆比较法实现过程**

综上所述,总承包模式下大型工程供应链绩效审计系统计算模型的实现步骤如下:

(1)建立总承包模式下大型工程供应链绩效审计指标体系,并确立指标权重值,如表6-6所示。

(2)计算当前大型工程供应链中各指标实际值,并确立相应的指标标杆值。标杆值的确立应该参考该项工程领域中处于领先地位的大型工程供应链或是行业中符合大多数标准的情况,也可以以工程建设期望目标作为参考选项。

为了便于观察,使得当前工程水平与标杆水平对比更加清晰,将各指标值进行标准化处理,用 $D_i$ 表示标准化处理后的指标值,指标实际值用 $d_i$ 表示,指标标杆值用 $d_i^*$ 表示。那么,当指标取值倾向于最大化,即越大越好时,有 $D_i = 10 \cdot d_i / d_i^*$;当指标取值倾向于最小化,即越小越好时,有 $D_i = 10 \cdot d_i^* / d_i$。

(3) 绩效审计体系计算模型结果。假设总承包模式下大型工程供应链绩效审计体系计算模型结果表示为 $Y$,则有:

$$Y = \sum_i \left( \alpha_i \sum_{j=1}^{[f(i)]} \beta_{ij} D_{ij} \right)$$

$$st. \begin{cases} \sum_i \alpha_i = 1 \\ \sum_{j=1}^{[f(i)]} \beta_{ij} = 1 \\ 0 \leqslant D_{ij} \leqslant 1, 且 D_{ij} = \dfrac{d_{ij}}{d_{ij}^*} or \dfrac{d_{ij}^*}{d_{ij}} \end{cases}$$

其中,$Y$ 表示总承包模式下大型工程供应链绩效审计体系标杆比较值;$\alpha_i$ 表示第 $i$ 个一级指标的权重值;$\beta_{ij}$ 表示第 $i$ 个一级指标中第 $j$ 个二级指标的权重;$d_{ij}$、$d_{ij}^*$ 分别表示第 $i$ 个一级指标中第 $j$ 个二级指标的实际值与标杆值,当指标取值倾向于最大化时,有 $D_{ij} = d_{ij} / d_{ij}^*$,当指标取值倾向于最小化时,有 $D_{ij} = d_{ij}^* / d_{ij}$,若 $D_{ij} > 1$,则取 $D_{ij} = 1$。

通过以上对总承包模式下大型工程供应链系统构成要素的分析,明确工程生命周期下大型工程供应链多阶段、多主体、多元目标等复杂性特征,从而构建系统运作框架;并在此基础上界定大型工程供应链绩效审计的概念、意义、内容与基本流程,进一步运用德尔菲专家调查法等进行绩效审计指标的确定与权重分析,从而构建大型工程供应链绩效审计系统,提出绩效审计概念模型与计算模型,强调了基于标杆比较的绩效审计,便于从系统上整体优化工程供应链流程与工程资源的配置以及定性与定量相结合方法的重要性,并给出了绩效审计系统模型的实现步骤。

## 第四节 重大工程资源供应链激励机制

随着大型工程项目的不断开展,我国已经成为世界上的工程大国,但与一些发达国家相比,在工程供应链绩效审计方面仍然存在一定的差距,特别是绩效审计与工程全生命周期过程相结合方面,将绩效审计融入工程供应链管理过程以提升工程整体效果、实现最优资源配置需要更进一步的探索,这对实现大型工程管理与审计理论创新有着极其重要的意义。

在大型工程建设管理中,特别是一些国家战略级的重大工程,其业主一般都是政府,因此,业主指导下总承包商的管理制度、管理流程、协调机制等对于实现大型工程质量、成本、进度、安全、环境等整体目标起到至关重要的作用。进一步讲,通过激励机制促使工程参建主体高水平、高标准地完成工程任务,实现工程全生命周期内整体绩效最优与工程资源配置,就成了亟待解决的首要问题。

### 一、激励机制计算实验模型

#### (一)问题描述

由于大型工程供应链本身的复杂性,大型工程供应链绩效审计激励机制与一般工程建设的激励有一定差异。结合港珠澳大桥工程、苏通大桥工程、广乐高速公路工程等大型工程建设管理实践,采用社会科学计算实验方法对工程激励问题进行相应的分析与抽象,提取大型工程供应链绩效审计激励问题。

假定一项大型工程,规模巨大、投资较高,采用总承包并行发包模式,便于实施工程供应链管理。该项工程施工期为10年,整个工程有200个分标段,在总承包商的统一管理下,每个标段由不同分包商承担,这些分包商相互独立,协同完成工程任务,并且各分包商在工程建设过程中不具有直接利益竞争与合作关系。

为了得到达到更高水平的绩效审计效果,假设业主指导下的总承包商在分包合同中设定了工程绩效审计激励机制,即由工程审计主体对工程供应链中各分包商绩效进行审查考核,判定其绩效等级(高、中、低三种绩效等级);再根据绩效等级给予相应的激励,高、中、低三档次金额激励分别对应高、中、低三种绩效等级。此外,衡量工程绩效审计给总承包商带来的额外收益进行激励金额的确定,假定高绩效等级下,工程使用寿命长,维护成本低,则总承包商从业主主体获得更高的收益,平均到每个审计周期为1 500万;中绩效等级相应收益较低,为1 000万;低绩效等级相应收益更低,为700万。业主指导下的总承包商希望在工程全生命周期中与各分包商建立稳定的合作关系,因此采用这种绩效审计激励机制使得分包商提高努力程度,从而提高工程整体绩效,以达到实现工程供应链整体目标与收益增加的双重目标。

**(二) 模型假设**

结合上述基本问题的描述,总承包模式下大型工程供应链绩效审计激励计算实验模型有如下假设:

(1) 合同类型有两种:① 普通合同;② 介入审计激励机制的合同。

(2) 假设审计周期为 $T$,每个周期末审计组都会针对每个分包商给出审计报告,设定审计结果有三种,即一般、良好、优秀。

(3) 此大型工程的总承包商下有 $N$ 个分包商,针对不同的审计结果,各分包商能够自主选择其行为策略 $E$,即 $e=1$,表示以一般审计结果为目标的努力程度;$e=2$,表示以良好审计结果为目标的努力程度;$e=3$,表示以优秀审计结果为目标的最高努力程度。

(4) 分包商在单阶段实验中能够保持理性,追求期望收益最大化。但在多阶段实验中,受公平性感知的影响,可能表现出非理性行为。

(5) 分包商间的作业内容相似,工程量的单价相同,每个阶段每个分包商完成的工程量相同,每个分包商的总工程量也相同。

此外,模型中用到的变量如表6-7所示:

表6-7 模型中使用的变量表

| 编号 | 名称 | 字符表示 | 注释 |
| --- | --- | --- | --- |
| 1 | 合同类型集 | $I$ | $i=1,2$ |
| 2 | 审计周期 | $T$ | $t$ |
| 3 | 分包商数量 | $N$ | $n$ |
| 4 | 分包商行为策略集 | $E$ | $e=1,2,3$ |
| 5 | 审计结果集 | $Q$ | $j=1,2,3$ |

(续表)

| 编号 | 名称 | 字符表示 | 注释 |
|---|---|---|---|
| 6 | 总承包商的收益 | $\pi_j$ | $j=1,2,3$,表示不同审计结果下分包商行为策略 |
| 7 | 普通合同单价 | $c^1$ | 普通合同下的工程费用 |
| 8 | 激励合同单价 | $c^2$ | 与一般审计结果相对应 |
| 9 | 激励合同激励费用 | $c_{nj}^2$ | $n$ 表示分包商;$j$ 表示对应于审计结果的分包商行为 |
| 10 | 总承包商净利润 | $\varphi_{njt}^i$ | $i$ 表示合同类型;$n$ 表示分包商;$j$ 表示对应于审计结果的分包商行为;$t$ 表示审计周期 |
| 11 | 总承包商支付成本 | $\varepsilon_{njt}^i$ | $i$ 表示合同类型;$n$ 表示分包商;$j$ 表示对应于审计结果的分包商行为;$t$ 表示审计周期 |
| 12 | 分包商施工成本 | $\theta_{ne}^i$ | $i$ 表示合同类型;$n$ 表示分包商;$e$ 表示对应的分包商行为策略 |
| 13 | 分包商环境教育成本 | $\upsilon_{ne}^i$ | 施工成本的一定比例 |
| 14 | 环保教育的成本比例 | $\rho^i$ | $i$ 表示合同类型 |
| 15 | 分包商的机会收益 | $\sigma_{nj}^i$ | $i$ 表示合同类型;$n$ 表示分包商;$j$ 表示对应于审计结果的分包商行为 |
| 16 | 分包商净收益 | $\omega_{njt}^i$ | $i$ 表示合同类型;$n$ 表示分包商;$j$ 表示对应于审计结果的分包商行为;$t$ 表示审计周期 |
| 17 | 分包商风险偏好 | $\gamma_n$ | — |
| 18 | 分包商效用函数 | $U_n$ | — |
| 19 | 分包商风险厌恶系数 | $\gamma$ | $\gamma \in (0,1)$ |
| 20 | 分包商行为策略风险 | $\delta_{ne}$ | — |
| 21 | 分包商公平性感知函数 | $P_{nt}$ | — |
| 22 | 公平性感知因素权重 | $\beta_k$ | $\sum_{k=1}^{3}\beta_k=1,\beta_k \in [0,1], k=1,2,3$ |
| 23 | 分包商效用损失调节系数 | $sp_{st}$ | — |
| 24 | 分包商内疚与嫉妒偏好系数 | $\eta_k$ | — |

### (三) 模型各 Agent 属性

**1. 总承包商的 Agent 属性**

业主主体根据事先签订的协议,按照绩效审计的结果将工程供应链效果分为三类,相应地,在工程全寿命周期下,不同审计结果下总承包商的收益表示为 $\pi_j$($j=1,2,3$ 分别表示绩效审计一般、良好、优秀三种结果下分包商采用的三种行为策略)。按照第一类普通合同,分包商只要达到一般审计结果,获得的单价费用为 $c^1$;而在第二类审计激励合同中,一般结果的工程单价费用表示为 $c^2$,且有 $c^1 > c^2$。在审计周期末,工程验收之后,审计结果不同,分包商获得的激励收入也不一样,表示为 $c_{nj}^2$($n$ 表示第 $n$ 个分包商,$j$ 表示分包商的行为策略),则有:

$$c_{n1}^2 = 0 \tag{6-1}$$

且不同审计结果下支付给分包商的总费用表示如下: $c^2 + c_{nj}^2$。

那么,在第 $t$ 个审计周期,分包商 $n$ 的审计结果为 $j$ 时为总承包商带来的净利润为 $\varphi_{njt}^i$,表示如下:

$$\varphi_{njt}^i = \pi_{njt}^i - c^i - c_{njt}^i \tag{6-2}$$

而总承包商支付给分包商的成本为 $\varepsilon_{njt}^i$,表示如下:

$$\varepsilon_{njt}^i = c^i + c_{njt}^i \tag{6-3}$$

其中,$i=1,2$ 表示合同类型。

**2. 分包商的 Agent 属性**

分包商不同行为策略下的施工成本也是不同的,表示为 $\theta_{ne}^i$;考虑生态环境保护需要付出一定的代价,表示为 $\upsilon_{ne}^i$,且有 $\upsilon_{ne}^i = \rho \theta_{ne}^i$。如果分包商能够获得较好的绩效审计结果,考虑良好声誉的影响,也会给分包商带来一定的机会收益,表示为 $\sigma_{nj}^i$。

假设,在第 $t$ 个审计周期内,分包商 $n$ 的行为策略为 $e$,当审计结果为 $j$ 时,分包商的净收益为 $\omega_{njt}^i$,表示如下:

$$\omega_{njt}^i = c^i + c_{njt}^i - \theta_{net}^i - \upsilon_{net}^i + \sigma_{njt}^i \tag{6-4}$$

考虑分包商的不同风险偏好,假设只考虑其偏好为风险规避和风险中性,用 $\gamma_n$ 表示分包商的风险偏好。其中,$\gamma_n = 0$,表示偏好为风险中性;$\gamma_n = 1$,表示偏好为风险规避。采用经典的 CRRA 效用函数[69],用 $U_n$ 表示分包

商在不同风险偏好下的效用函数,则有:

$$U_n(X)=\begin{cases}X & \gamma_n=0\\ \dfrac{X^{1-\gamma}}{1-\gamma} & \gamma_n=1\end{cases} \quad (6-5)$$

其中,$\gamma$ 表示分包商的风险厌恶系数,且 $\gamma \in (0,1)$。

由于施工过程中的不确定因素以及分包商施工能力的差别,分包商选择的行为策略可能达不到既定审计结果,假设这样的风险表示为 $\delta_{ne}$,则 $e=1$ 时,$\delta_{ne}=0$;$e=2$ 时,表示分包商选择中级努力水平却只得到一般审计结果的概率;$e=3$ 时,表示分包商选择高级努力水平,却只得到良好审计结果的概率。

因此,分包商选择不同行为策略的期望效用如下:

$$U_{ne}=(1-\delta_{ne})U_n(\omega_{nj}^i)+\delta_{ne}U_n(\omega_{n(j-1)}^i) \quad (6-6)$$

## 二、计算实验模型运行流程

### (一) 单阶段实验流程

考虑审计周期为一期的情形,即 $T=1$ 的单阶段实验,总承包商需要考虑在分包商不同行为策略下付出的激励费用,从而保证自身收益与审计结果的最优,即总承包商通过对激励变量 $(c_2^2,c_3^2)$ 的调整来达到预定目标。此外,值得注意的是,在单阶段实验中,分包商互相之间对于成本和收益并没有进行比较,因此分包商能够根据期望收益最大化来做出较为理性的行为选择。

在此基础上,单阶段实验的实验流程如下:

第一步:用 $C$ 表示总承包商的决策变量集合,那么总承包商从集合 $C$ 中获取决策激励变量 $(c_2^2,c_3^2)$,即有:

$$C=\{(c_2^2,c_3^2)\mid c_2^2<c_3^2,c_2^2\leqslant\pi_2-\pi_1,c_3^2\leqslant\pi_3-\pi_1\} \quad (6-7)$$

第二步:分包商为了实现期望收益的最大化,分别选择对于自身最优的审计结果目标以及行为策略;那么,对于在总承包商给定的激励费用下,用集合 $B$ 表示分包商群体的选择结果,即有:

$$B=\{\max_e U_{ne}\mid n=1,2,\cdots,N\} \quad (6-8)$$

第三步：施工完成后，总承包商会根据工程绩效审计的结果获得预期收益，并给予各分包商报酬；那么，总承包商的收益总额为 $\sum_n \varphi_{nj}^i$，且工程的绩效审计结果表示为 $\sum_n Q_{nj}^i$。

第四步：对集合 $C$ 进行遍历，若完成，则转向第五步；否则，从第一步开始继续遍历。

第五步：总承包商得到不同激励程度下的期望收益和审计结果构成的集合，表示为 $A$，即有：

$$A = \{\sum_n \varphi_{nj}^i, \sum_n Q_{nj}^i \mid C\} \quad (6-9)$$

总承包商即可以根据集合 $A$ 中的结果，选择最合适的激励程度 $(c_2^2, c_3^2)$ 来作为对各分包商的激励策略。

单阶段实验的目的主要有两个方面，一是为总承包商提供对各分包商合适的激励程度，满足收益和审计结果的优化，也为业主对总承包商的监控与管理提供借鉴；二是为之后的多阶段实验提供对比依据，以使多阶段实验能够更准确地反映该激励模型的效果，为总承包商的管理、业主的管理以及分包商的行为选择提供符合实际情况的模拟结果。

### （二）多阶段实验流程

在单阶段实验中，假设分包商的行为选择是理性的，都是以工程供应链整体绩效提升为目标的，而现实情况中，这种理性更多地取决于分包商主体对于自身付出与收益的比例与其他分包商主体的对比情况。事实上，在多阶段实验中，分包商的行为选择并不完全取决于自身的利益追求，分包商相互之间收益的公平性对比也会对行为产生重要的影响。

那么，在多阶段实验中，总承包商一旦选定激励费用后将保持不变，而在每一个审计周期的收益分配结束后，分包商由于收益公平性的影响会对下一个周期的行为策略做出调整。

在多阶段实验中，从三个方面来综合考虑分包商对收益公平性的考量，即总承包商的收益与成本的比例，其他分包商的收益与成本比例和自身历史最优收益与成本比例，三者分别表示如下：

$$\frac{\varphi_{njt}^i}{\varepsilon_{njt}^i}, \frac{\sum_{k \neq n}(\omega_{njt}^i/\theta_{net}^i)}{N-1}, \max_t\left\{\frac{\omega_{njt}^i}{\theta_{net}^i}\right\} \quad (6-10)$$

因此,对分包商来说,其公平性感知函数可以表示如下:

$$P_{nt} = \beta_1 \left( \frac{\varphi_{njt}^i}{\varepsilon_{njt}^i} \right) + \beta_2 \left[ \frac{\sum_{k \neq n} (\omega_{njt}^i / \theta_{net}^i)}{N-1} \right] + \beta_3 \left( \max_t \left\{ \frac{\omega_{njt}^i}{\theta_{net}^i} \right\} \right) \quad (6-11)$$

其中,$\beta_k$ 表示上述三个方面的第 $k$ 个因素在分包商公平性感知中的权重,并且有 $\sum_{k=1}^{3} \beta_k = 1, \beta_k \in [0,1], k=1,2,3$。

在分包商公平性感知的前提下,如果其对于总承包商在第 $t$ 个审计周期内的激励分配结果不满意,将会产生不公平厌恶现象,即如果分包商感觉收益过高,将会产生内疚负效用;如果收益过低,则会产生嫉妒负效用。这种不公平厌恶现象将会弱化总承包商在第 $t$ 个审计周期内激励策略的效用,同时导致分包商这个周期内的行为策略的效用损失。

如此,分包商在这个不公平厌恶的感知影响下,会对下一周期的行为策略有所调整,用 $sp_{st}$ 表示分包商的效用损失调节系数,用 $\eta_k$ 表示分包商的内疚与嫉妒偏好系数,则有:

$$sp_{st} = \begin{cases} \eta_1 \left( P_{nt} - \frac{\omega_{njt}^i}{\theta_{net}^i} \right) & P_{nt} > \frac{\omega_{njt}^i}{\theta_{net}^i} \\ 0 & P_{nt} = \frac{\omega_{njt}^i}{\theta_{net}^i} \\ \eta_2 \left( \frac{\omega_{njt}^i}{\theta_{net}^i} - P_{nt} \right) & P_{nt} < \frac{\omega_{njt}^i}{\theta_{net}^i} \end{cases} \quad (6-12)$$

其中,$\eta_k > 0, k=1,2$。

因此,在公平性感知和不公平厌恶的影响下,分包商在第 $t+1$ 个审计周期的效用如下所示:

$$U_{nj(t+1)} = (1 - sp_{st}) U_{njt} \quad (6-13)$$

公式(6-13)即为分包商在第 $t+1$ 个审计周期内行为策略的不公平厌恶模型。

在多阶段实验中,上述公式能够明确体现公平性感知的累积效应,也是计算实验中分包商学习能力与记忆能力的体现,这种能力能够更好地模拟现实社会的真实情况,给总承包商、分包商和业主等主体更符合实际的实验结果。

因此,多阶段实验是为了模拟公平性感知和不公平厌恶影响下的多阶段激励中各主体策略的演化过程,其实验步骤如下。

第一步,总承包商从集合 $C$ 中获取决策激励变量$(c_2^2,c_3^2)$;

第二步,分包商为了实现期望收益的最大化,选择行为策略 $B$;

第三步,施工完成后,总承包商会根据工程绩效审计的结果获得预期收益,并给予各分包商报酬,且根据公式(6-13)对分包商进行效用调整;

第四步,若工程结束,则停止实验,否则,转到第二步继续实验。

### 三、计算实验模型运行实现

#### (一)计算实验的环境与程序框架

采用 Windows 系统下的 NetLogo4.1.2 软件进行编程,通过可编程建模环境来仿真自然或社会现象。自 1999 年由 Uri Wilensky 教授首次推出该软件后,西北大学(美国)的"Connected Learning and Computer-Based Modeling"中心一直在进行 Netlogo 的后续开发。在对复杂系统进行仿真建模的所有工具中,NetLogo 一直都是非常实用、非常受欢迎的,它的优势在于能够简单有效地在成千上万的复杂"主体"系统中单独控制各个主体,便于研究微观行为和宏观涌现之间的关系。NetLogo 软件、模型和相关文档都可以在"http://ccl.northwestern.edu/netlogo/"网站上获取,所有相关资料和信息都是免费使用的。

基于 Netlogo 的计算实验采用的是单机运算模式,通过将各类 export 函数加入到模型中,实现可视化图表输出,而且能以 csv 和 png 两种不同格式储存到计算机中。

本书计算实验程序的一般框架结构如图 6-9 所示。图中虚线框的部分是数据结构,虚线描述数据流动;实线框部分是程序计算模块,实线是计算流程。

#### (二)模型参数设定

1. 模型基本参数设定

假设一项工程由业主以总承包的方式承包给总承包商,然后由总承包商通过招投标分包给分包商,共有 200 家分包商企业。考虑到大型工程的复杂性以及审计的时效性,以及激励费用分配的现实性,假设审计周期为每季度末,共有 120 个审计周期。

## 第六章 重大工程资源供应链绩效审计：基于计算实验

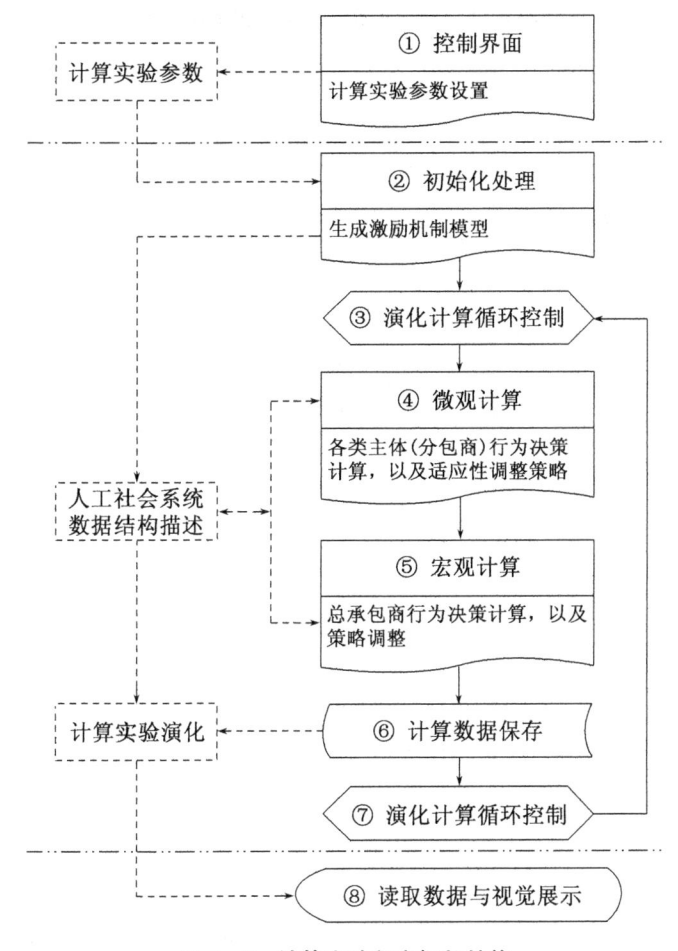

```
计算实验参数 ┄┄┄► ① 控制界面
                  计算实验参数设置

          ┄┄┄► ② 初始化处理
                  生成激励机制模型

               ③ 演化计算循环控制 ◄──┐
                                      │
人工社会系统  ┄┄┄► ④ 微观计算          │
数据结构描述      各类主体(分包商)行为决策│
                  计算,以及适应性调整策略│
                                      │
          ┄┄┄► ⑤ 宏观计算             │
                  总承包商行为决策计算,以及│
                  策略调整            │
                                      │
计算实验演化 ┄┄┄► ⑥ 计算数据保存       │
                                      │
               ⑦ 演化计算循环控制 ────┘

          ┄┄┄► ⑧ 读取数据与视觉展示
```

**图6-9 计算实验程序框架结构**

承包合同分为普通单价合同和介入审计激励机制合同两种,为了使效率低或成本高的分包商更倾向于前一种合同模式,而效率高或成本低的分包商倾向于选择后者,所以假设有 $c^2 < c^1$；考虑分包商的个体差异性,以及不同审计结果下的成本差异,对于同一个审计周期内的同一个分包商来说,有 $\theta^i_{n1t} < \theta^i_{n2t} < \theta^i_{n3t}$。由于分包商的公平性感知与不公平厌恶大多数情况下是针对总承包商的收益成本比来说的[70],因此其在分包商公平性感知中的权重最大,设定为 $\beta_1 = 0.55$,且分包商主体对于嫉妒的偏好要大于对于内疚的偏好,因此有 $\eta_1 > \eta_2$。

在整个实验过程中采用的基本参数如表6-8所示：

表6-8 计算实验模型基本参数设置表

| 编号 | 变量字符 | NetLogo 变量 | 数据类型 | 初始值 |
|---|---|---|---|---|
| 1 | $T$ | $time$ | Int | 120 |
| 2 | $N$ | $num\text{-}sub$ | Int | [100,200] |
| 3 | $\pi_1$ | $profit1$ | Int | 700 |
| 4 | $\pi_2$ | $profit2$ | Int | 1000 |
| 5 | $\pi_3$ | $profit3$ | Int | 1500 |
| 6 | $c^1$ | $ord\text{-}con\text{-}fee$ | Int | 150 |
| 7 | $c^2$ | $inc\text{-}con\text{-}fee$ | Int | 120 |
| 8 | $c_1^2$ | $incetive\text{-}fee$ | Int | 0 |
| 9 | $\theta_1^2$ | $sub\text{-}cost1$ | Int | U[40,60] |
| 10 | $\theta_2^2$ | $sub\text{-}cost2$ | Int | U[60,90] |
| 11 | $\theta_3^2$ | $sub\text{-}cost3$ | Int | U[90,200] |
| 12 | $\rho^1$ | $proportion$ | Int | 0 |
| 13 | $\rho^2$ | $edu\text{-}cost\text{-}pro$ | Float | 0.015 |
| 14 | $\sigma_{nj}^2$ | $sub\text{-}opp\text{-}profit$ | Int | (10,50) |
| 15 | $\gamma$ | $gama$ | Float | (0,1) |
| 16 | $\delta_1$ | $risk1$ | Float | 0 |
| 17 | $\delta_2$ | $risk2$ | Float | U[0.75,0.95] |
| 18 | $\delta_3$ | $risk3$ | Float | U[0.8,1] |
| 19 | $\beta_1$ | $a$ | Float | 0.55 |
| 20 | $\beta_2$ | $b$ | Float | 0.3 |
| 21 | $\beta_3$ | $c$ | Float | 0.15 |
| 22 | $\eta_1$ | $preference\text{-}index1$ | Float | U[0.05,0.1] |
| 23 | $\eta_2$ | $preference\text{-}index2$ | Float | U[0.02,0.05] |

## （三）模型计算实验运行

1. NetLogo 程序运行界面

本实验用到 Netlogo 的 Interface 界面,包含命令按钮(Button)、全局变量输入框(Input)、滑动条(Slider)、画图栏(Plot)及监视器(Monitor),如图 6-10 所示：

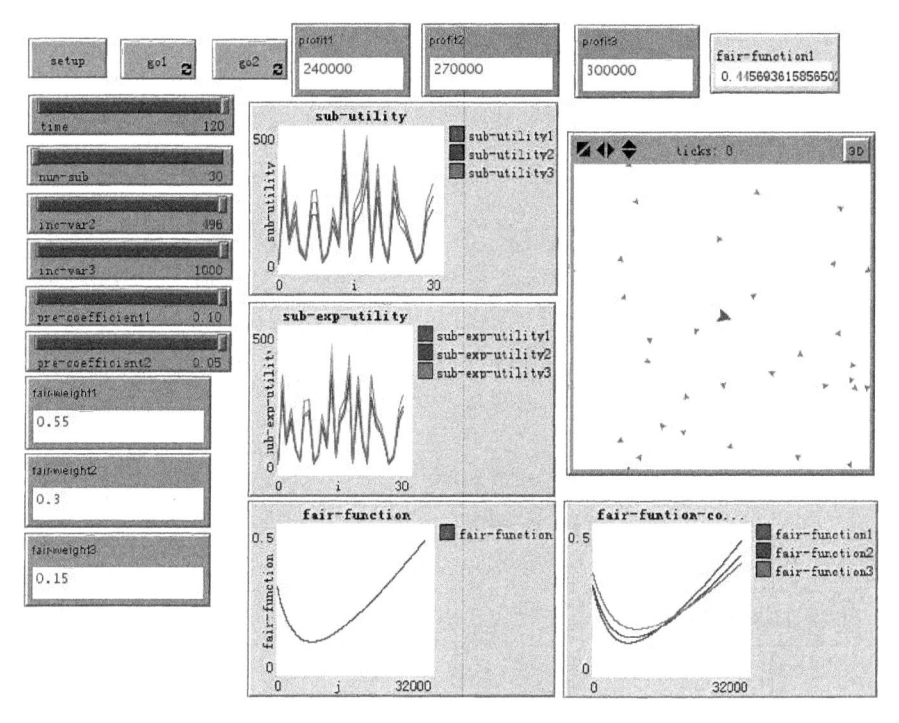

**图6-10  NetLogo 程序运行界面**

其中,主要全局变量说明如表6-9所示:

**表6-9  NetLogo 程序中 Input 主要全局变量说明**

| 变量名 | 说明 |
| --- | --- |
| profit1 | 高等级绩效时总承包商的收益 |
| profit2 | 中等级绩效时总承包商的收益 |
| profit3 | 低等级绩效总承包商的收益 |
| fair-weight1 | 总承包商的收益与成本的比例在分包商公平性感知中的权重 |
| fair-weight2 | 其他分包商的收益与成本比例在分包商公平性感知中的权重 |
| fair-weight3 | 自身历史最优收益与成本比例在分包商公平性感知中的权重 |

2. 计算实验实现流程

本实验实现流程如图6-11所示:

单阶段实验流程　　　　　　　　多阶段实验流程

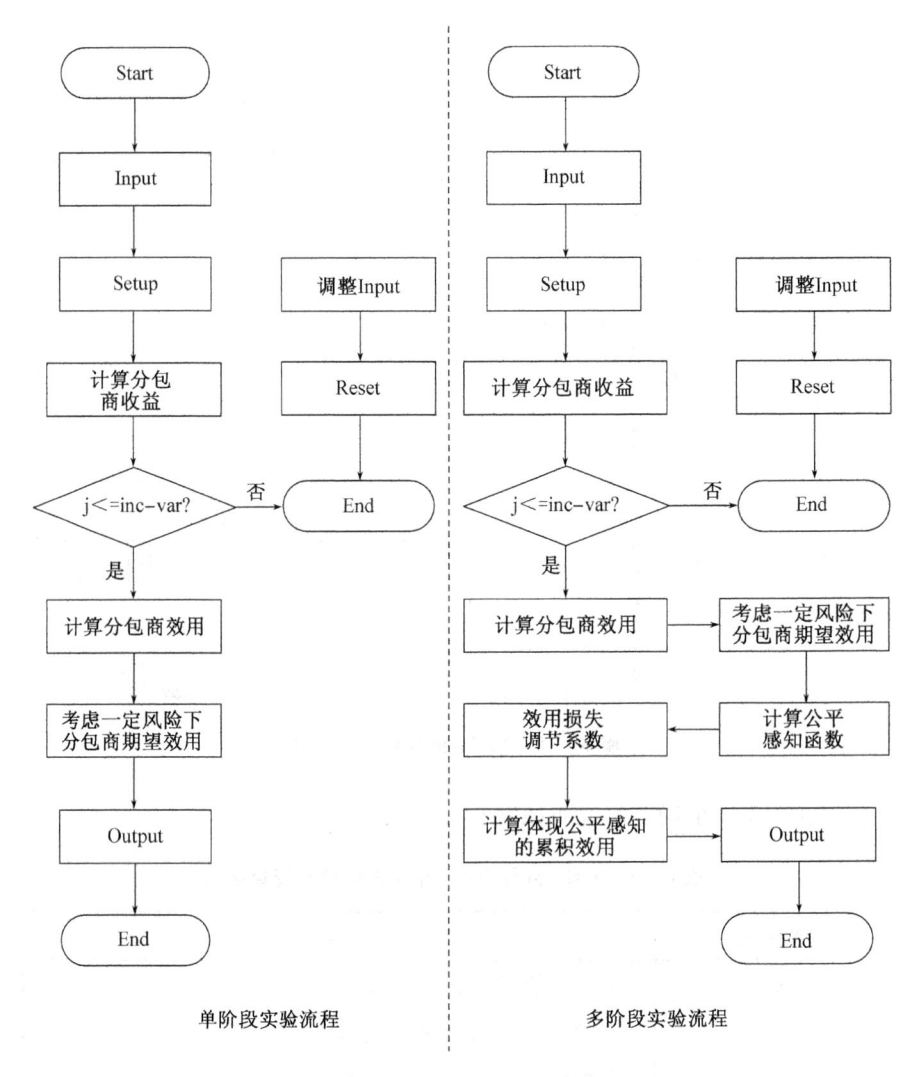

图 6-11　计算实验实现流程

3. 计算实验功能模块

通过计算实验方法研究总承包模式下大型工程供应链绩效审计激励策略选择，人工社会系统定义了基本功能模块，分别是主体创建模块、收益与效用计算模块、考虑一定风险水平下期望效用计算模块以及输出模块。

（1）主体创建模块：创建总承包商 Agent 和各分包商 Agent，并对其内置变量进行初始赋值。

（2）收益与效用计算模块：考虑分包商不同努力程度下施工成本的不

同,计算效应的收益,并根据 CRRA 效用函数计算其效用。

(3) 考虑一定风险水平下期望效用计算模块:计算分包商选择努力程度下达不到审计效果时的风险对分包商期望效用的影响。

(4) 公平感知函数的计算模块:对分包商的公平性感知函数进行刻画。

(5) 输出模块:在程序界面输出模型运行结果。

**四、实验结果与分析**

**实验一:不同分包商数量的计算实验**

(1) 假设分包商数量 num-sub 为 60 时,实验仿真结果如图 6-12 所示:

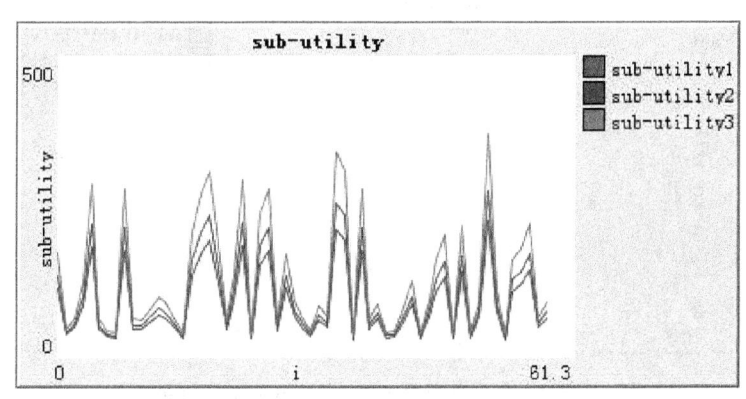

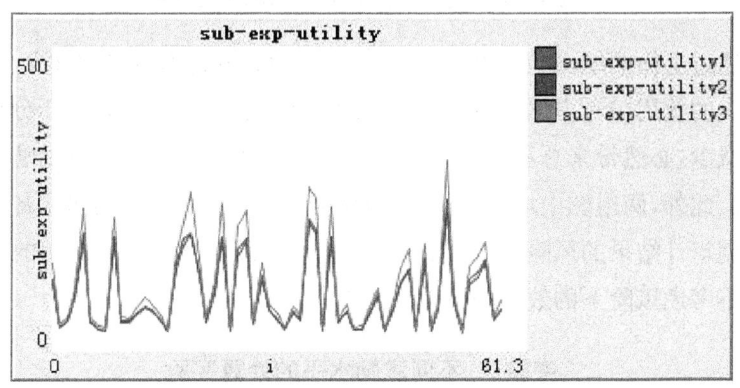

图 6-12 分包商数量为 60 时的实验结果

(2) 假设分包商数量 num-sub 为 30 时，实验仿真结果如图 6-13 所示：

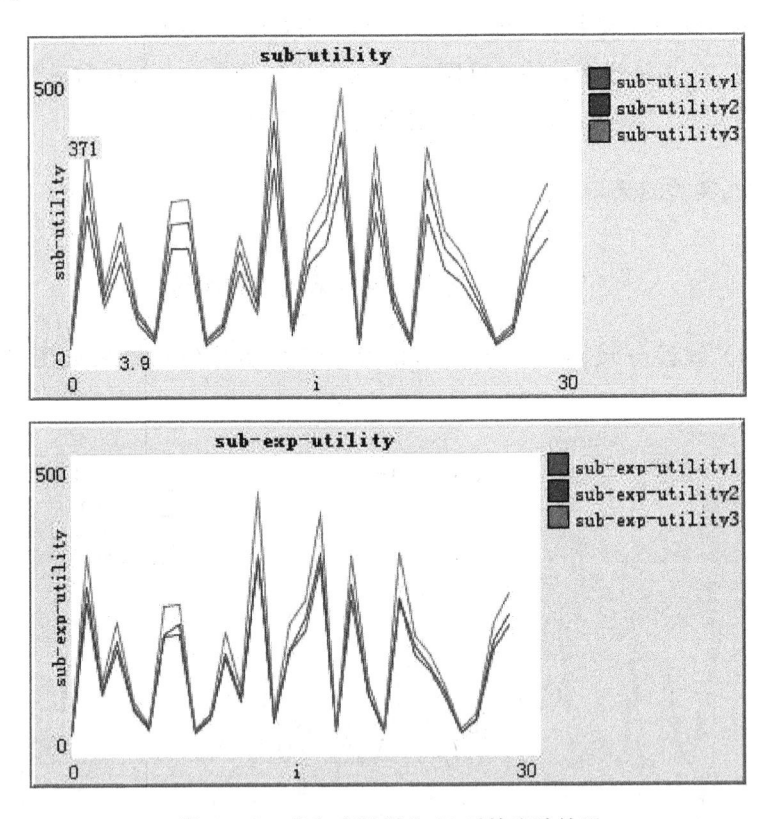

图 6-13 分包商数量为 30 时的实验结果

通过上面两组实验输出结果可以看到，随着分包商数量的减少，分包商所获得的效用与考虑风险下的期望效用都将获得增加。这是由于分包商数量的减少，必然带来总承包商对每个分包商的平均合同单价与激励的同时增加。此外，两组图中均可看出，在考虑分包商付出一定努力水平却无法达到预期审计结果的风险下，分包商在三种行为策略下的期望效用的波动率均比不考虑风险下的效用的波动率要小。

**实验二：不同激励水平的计算实验**

(1) 假设激励变量 inc-var2 为 500 时，实验仿真结果如图 6-14 所示：

(2) 假设激励变量 inc-var2 为 100 时，实验仿真结果如图 6-15 所示：

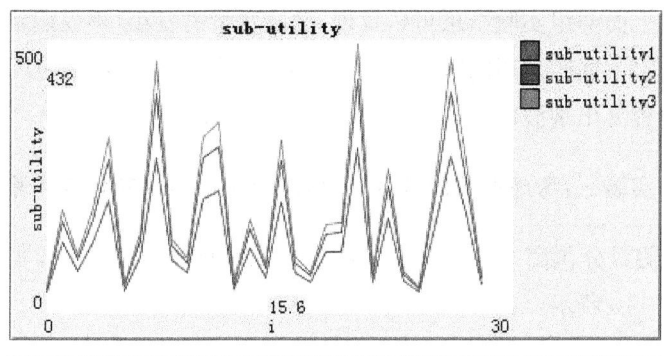

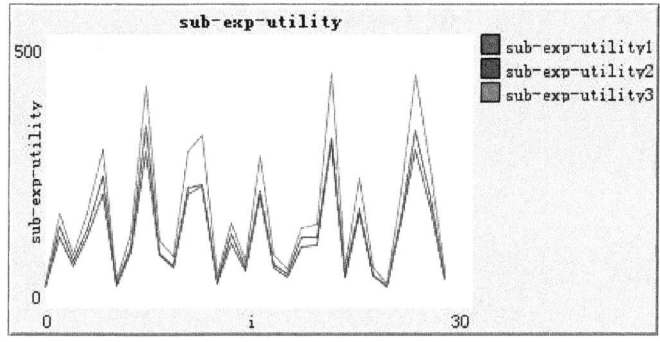

图 6-14　激励变量 inc-var2 为 500 时的实验结果

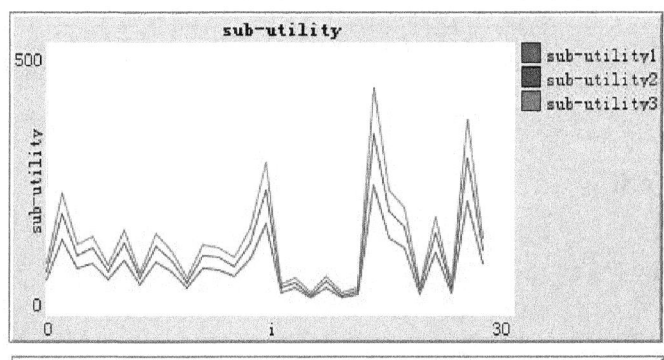

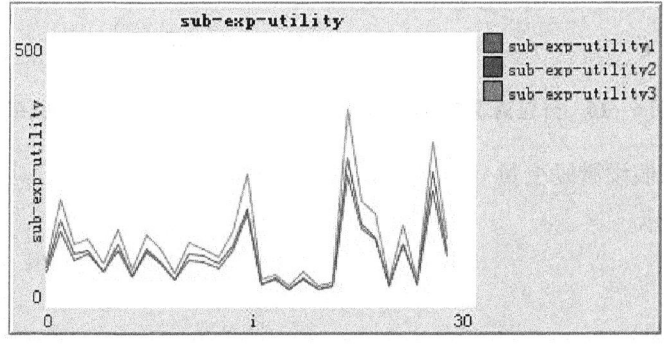

图 6-15　激励变量 inc-var2 为 100 时的实验结果

对比上面两组实验结果可以发现:激励变量的变小,不仅能带来分包商效用与风险下期望效用的减少,而且还会导致分包商的效用与风险下的期望效用更容易出现波动。

**实验三:考虑多阶段情况下,引入公平性感知的计算实验**

(1)假设分包商成本 sub-cost 系数从 0.8 增加到 0.9 时,实验仿真结果如图 6-16 所示:

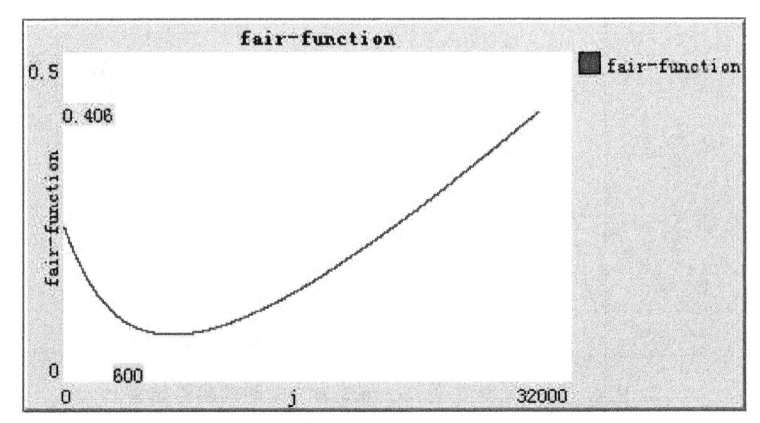

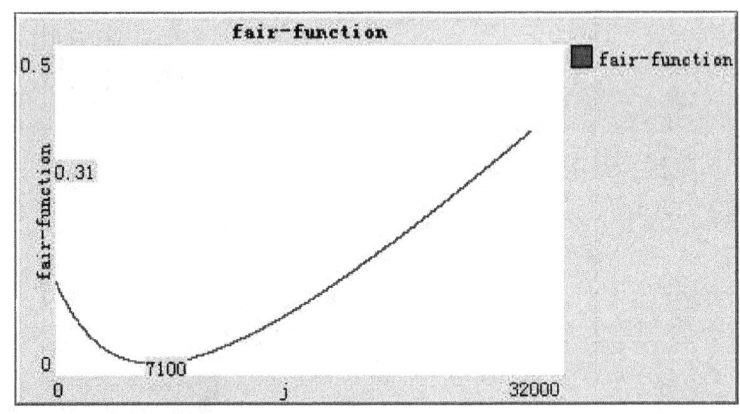

图 6-16 分包商成本 sub-cost 系数从 0.8 增加到 0.9 时的实验结果

(2)假设激励变量 inc-var 由 10 增加到 1 000 时,实验仿真结果如图 6-17 所示:

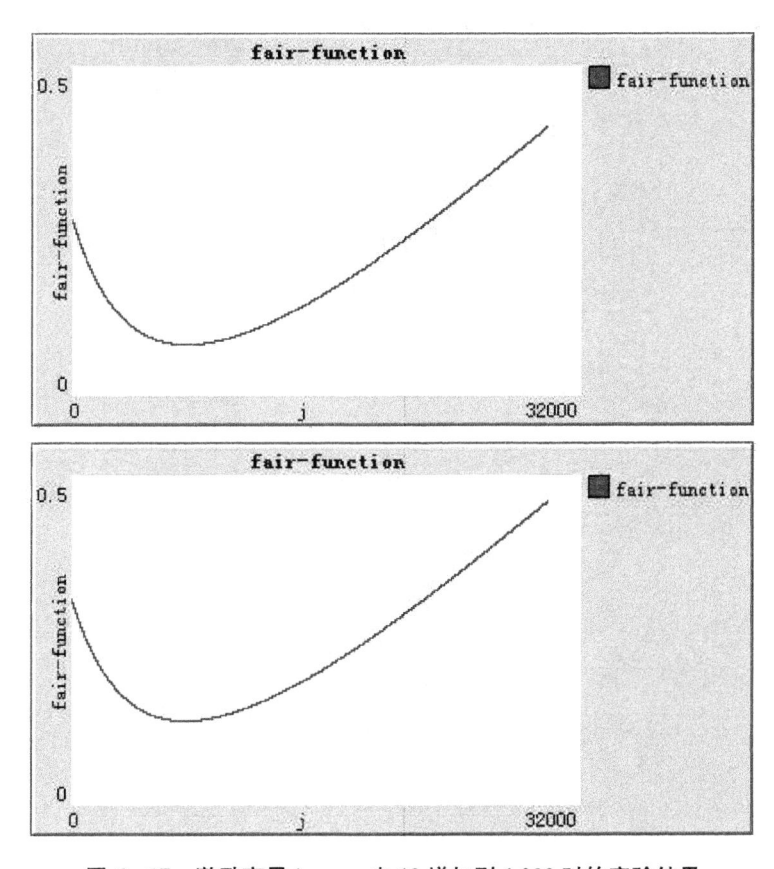

**图 6-17 激励变量 inc-var 由 10 增加到 1 000 时的实验结果**

通过上面两组仿真结果可以看出：① 分包商的公平感知函数总是极小值，即当公平感知函数取极小值时，可以反向求得此时的分包商的成本及最优激励水平。② 随着分包商成本的增加，公平感知函数的极小值点逐渐向左偏移，即证明此时总承包商对分包商的激励水平也变小，而这正是由于分包商成本的减小使得其对激励水平的期望较低；反之，在较小的分包商成本下，相应较小的激励水平就能达到其公平感知的效果。③ 随着激励变量的增加，公平感知极小值点随之上升，并且出现左移，出现较好的公平感知效果。

**实验四：总承包商不同收益下，引入公平感知的计算实验**

（1）不同激励水平下，三种公平感知函数的对比实验结果如图 6-18 所示：

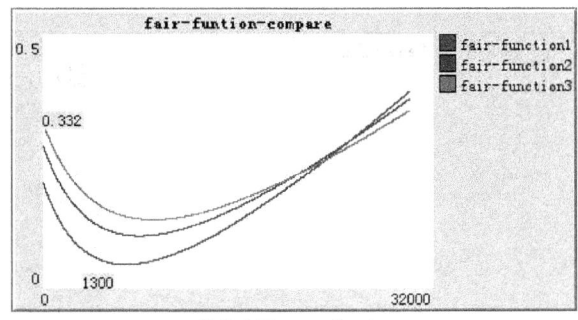

激励水平inc-var为0时

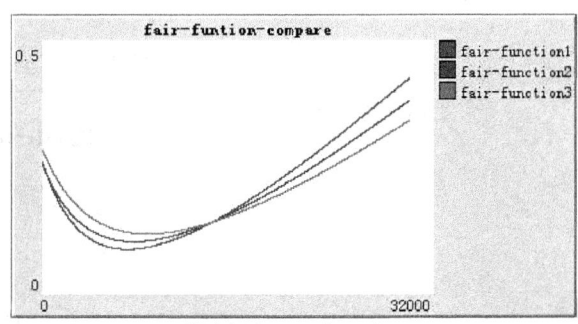

激励水平inc-var为300时

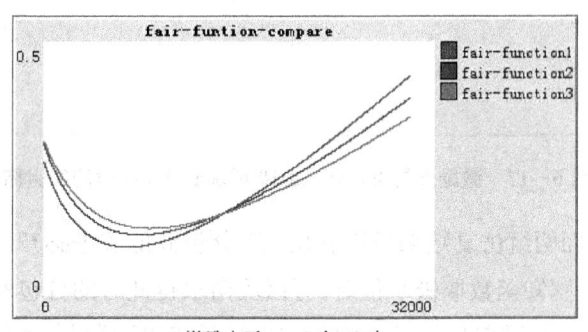

激励水平inc-var为700时

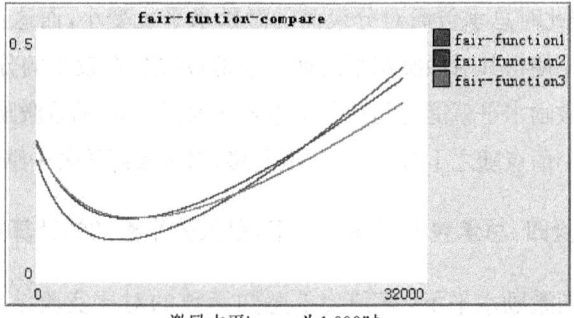

激励水平inc-var为1 000时

图 6-18　不同激励水平下公平性感知函数对比实验结果

通过上面的实验可以看出,随着激励水平的提高,公平感知点随之上移。当激励水平较小时,总包商不同收益水平下,公平感知的效果差异也较大;当激励水平增加时,总承包商不同收益水平下,公平感知的效果差异逐渐缩小;当激励水平取得最大时,总承包商优秀和良好审计结果下收益水平对应的公平感知点接近重合,此时有极好的激励效果。

(2) 不同分包商数量下,三种公平感知函数的对比实验结果如图 6-19 所示:

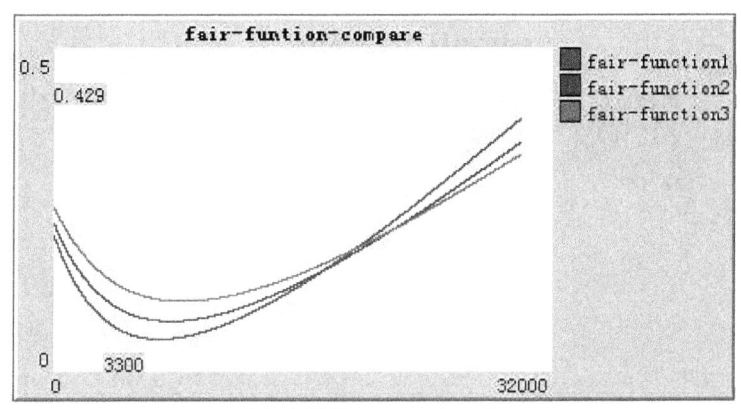

分包商数量num-sub为30时

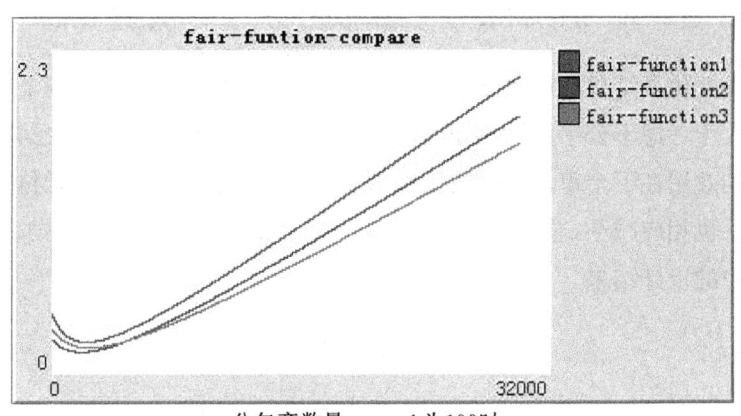

分包商数量num-sub为100时

**图 6-19　不同分包商数量下公平性感知函数对比实验结果**

对比上面两组实验,可以看出:随着分包商数量的增加,公平感知点左移,并且公平感知函数值变小,这是由于分包商数量的增加将会导致总包商对各分包商激励不公平现象出现的可能性增加,进而使分包商的公平感知函数变小。同时,分包商数量的增加,使得在三种总承包商收益下的公平感知点趋于收敛,即虽然总承包商的收益有显著区别,但在分包商数量较多时,总承包商的收益对分包商的公平感知无明显影响。

**实验五:考虑公平感知下的效用调整实验**

在分包商不公平厌恶感知影响下,其收益效用的调整仿真实验结果如图 6-20 所示:

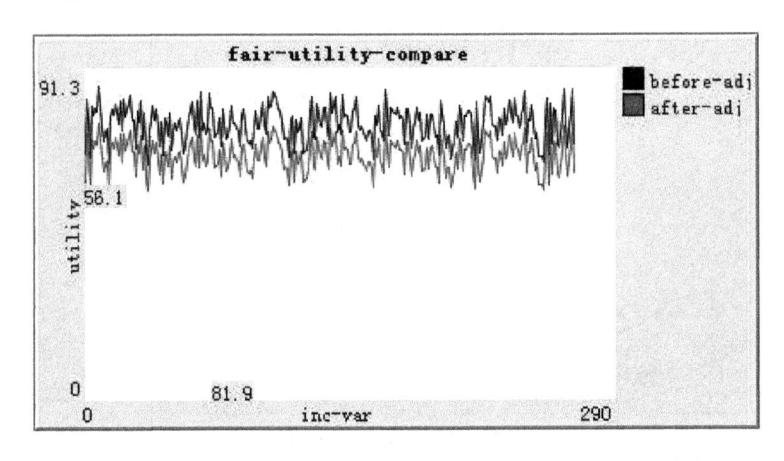

**图 6-20 分包商不公平厌恶感知影响下的收益效用调整实验结果**

由此仿真结果可以看出,不考虑分包商不公平厌恶感知影响下的效用普遍大于考虑不公平厌恶感知后调整的效用,即在分包商有公平感知下,其当期的效用在下个审计周期的调整值将会减小,此时分包商愿意付出的努力水平也相应减小,总承包商必须在下一审计周期付出更多的激励,才能获得相应的审计结果。

**实验结论**

本节立足于业主指导下的总承包商角度,分别构建了单阶段群体激励模型与多阶段群体激励演化模型,对采用绩效审计激励策略激励分包商群体的工程供应链绩效优化问题进行计算实验建模,并通过多次运行程序得到稳定且具有统计性规律的实验结果。

**(一)单阶段群体激励实验结果**

总承包商通过绩效审计激励合同能够在一定程度上优化工程供应链绩

效,并提高收益,实现收益与绩效的双赢。

**(二) 多阶段群体激励实验结果**

(1) 相同的报酬结构较难在多阶段激励过程中起到良好效果。总承包商始终采用同一报酬结构进行绩效审计激励难以保证分包商群体在多阶段工程建设过程中保持较高的努力水平,因此应该采用更加灵活、有效的激励机制。

(2) 个体的公平性偏好这一群体心理对激励效果有极大的负面影响。总承包商在多阶段群体激励过程中,必须关注公平性感知对激励效果的影响。

**(三) 单阶段与多阶段群体激励实验结果对比**

(1) 任何一个激励向量的不合理,都会一定程度上弱化整体激励效果。总承包商应该以系统观点设置群体报酬结构,将群体所有激励向量看作整体,关注激励向量之间的关联。

(2) 单阶段群体激励的最优报酬结构并不适用于引入公平性感知函数的多阶段群体激励。个体的公平偏好是影响总承包商收益与工程供应链整体绩效的重要因素,也是导致单阶段群体激励结果不适用于多阶段的重要原因之一。

## 五、研究小结

本章主要对大型工程供应链绩效审计激励策略进行了分析和研究。从工程建设与管理实践中提炼科学问题,对提出的问题进行抽象,提取绩效审计激励机制与主体行为策略,并与行为科学相关理论进行融合,从而构建出绩效审计激励计算实验模型。进一步地,对计算实验模型进行分析与研究,通过人工系统模拟揭示现实工程建设管理中激励策略失效的原因,并在业主指导下和总承包商视角下,提出工程供应链绩效审计激励策略,为大型工程供应链管理与绩效审计的研究提供了计算实验的研究思路与案例分析。

**参考文献**

[1] Edum-Fotwe, F. T. , Thorpe. A. , McCaffer, R. Organization Relationship Within the Construction Supply-Chain[C]. Proceedings of a Joint CIB Triennial Symposium, Cape Town, 1999, 1(5 - 10):186 - 194.

[2] Vrijhoef. R. , Koskela. L. The four roles of supply chain management in construction[J]. European Journal of Purchasing and Supply Management, 2000, 6 (3-4):169-178.

[3] FernieS. , Root. D. , Thrope. T. Supply Chain Management-Theoretical Constructs for Construction[C]. In: Serpell A. (Edit). Proceedings of the CIB W92 Procurement Systems Symposium on Information and Communication in Construction Procurement, Santiago, Chile, 2000:541-556.

[4] Keesoo. K. , Boyd. C. P. , et al. Agent based electronic markets for project supply chain coordination [EB/OL]. http://www.igee.umbc.edu/kbem/kinal/kim.pdf, 2002-12-27.

[5] Xue X. L. , Li X. D. , Shen Q. P. , Wang Y. W. An agent-based framework for supply chain coordination in construction [J]. Automation in Construction, 2005, 14(3):413-430.

[6] Ruben Vrijhoef, Lauri Koskela. The four roles of supply chain management in construction[J]. European Journal of Purchasing & Supply Management, 2000 (6):169-178.

[7] William J. , O'Brien. Construction Supply-Chain Management: A Vision for Advanced Coordination, Costing, and Control [C]. Berkeley-Stanford CE&M Workshop, USA, 2000:78-81.

[8] William J. , O'Brien. , Kerry London. , Ruben Vrijhoef. Construction Supply Chain Modeling: A Research Review and Interdisciplinary Research Agenda[C]. Proceedings IGLC-13, Sydney, Australia, 2005:3-5.

[9] 王挺,谢京辰. 建筑供应链管理模式(CSCM)应用研究[J]. 建筑管理现代化, 2005 (4):45-49.

[10] Hal Macomber, Gregory A. Howell. Linguistic Action: Contributing to the Theory of Lean Construction[C]. Proceedings IGLC-10, Gramado, Brazil, 2002: 4-6.

[11] Jian Zuo, George Zillante. Project Culture within Construction Projects: A Literature Review [C]. Proceedings IGLC-13, Sydney, Australia, 2005: 353-361.

[12] Kalyan Vaidyanathan, Gregory Howell. Construction Supply Chain Maturity Model - Conceptual Framework[C]. Proceedings IGLC-15, Michigan, USA, 2007:56-61.

[13] Glenn Ballard. Rethinking Project Definition in Terms of Target Costing[C].

Proceedings IGLC-14, Santiago, Chile, 2006:77-89.

[14] 汪文忠. 建筑企业推行供应链管理势在必行[J]. 中国物流与采购,2002(4): 40-42.

[15] Ekambaram P., Mohan M. K., Xue Ding Zhang. Reforging construction supply chains: a source selection perspective[J]. European Journal of Purchasing & Supply Management, 2001(7):165-178.

[16] 王要武,薛小龙. 供应链管理在建筑业的应用研究[J]. 土木工程学报,2004(9): 86-91.

[17] 杜静,仲伟俊,叶少帅. 供应链管理思想在建筑业中的应用研究[J]. 经营管理,2004(5):52-55.

[18] 刘振元,工红卫,余明晖. 供应链研究的新领域—工程供应链管理[J]. 华中科技大学学报(城市科学版),2004(6):27-34.

[19] 陆绍凯,秦廷栋. 工程项目中的供应链管理研究[J]. 西南交通大学学报(社会科学版),2005(1):88-91.

[20] 金长宏. 论我国推行建筑供应链管理面临的主要问题与对策[J]. 基建优化. 2007(3):43-44.

[21] Allenby B. R., D. J. Richards. The Greening of Industrial Ecosystems[M]. National Academy Press, 1994:3-5.

[22] Thompson J. A clear audit trail justifies key decisions[J]. Project Manager Today, 2004, 16(6):6-8.

[23] Morgan Robert. Road safety audits-practice in Australia and New Zealand[J]. ITE Journal(Institute of Transportation Engineers), 2005, 75(7):22-25.

[24] 赵玉华,王桂元. 政府绩效审计的理论依据内容和目标[J]. 审计理论与实践,2000(8):13-15.

[25] O'Brian William. A Call for Cost and Reference Models for Construction Supply Chains[C]. IGLC-11, 2002.

[26] R. R. Lummus, R. J. Vokurka. Strategic supply chain planning[J]. Production and Inventory Management Journal, 1998:49-58.

[27] Rajat Bhagwet, Milind Kumar Sharma. Keeping SCOR on your supply chain[J]. Basic Operations Refenrence model updates with The Times Information Strategy, 2003, 19(24):12-20.

[28] J. A. Roger. Measurement for measure[J]. Logistices, 1999, 7(7):111-113.

[29] 李蕾,张媛. 关于供应链绩效评价的探讨[J]. 北方经贸,2004(6):88-89.

[30] 李贵春. 基于MC的集成化供应链管理的协调与优化[D]. 天津大学,2004.

[31] Petrovic-Lazarevic. S. , Matanda. M. J, Worthy. R. F. Are Partnership, trust and bonding essential elements of supply chain management in the Australian construction industry residential sector? [J]. Planning, Design, Construction and Renewal in the Construction Industry-Proceedings of iNDiS, 2006, 12:469 – 476.

[32] Ekambaram Palaneeswaran, Mohan Kumaraswamy, Motiar Rahman, Thomas Ng. Curing congenital construction industry disorders through relationally integrated supply chains[J]. Building and Environment, 2003, 38(4):571 – 582.

[33] Giannoccaro I. , Pontrandolfo P. Supply chain coordination by revenue sharing contracts[J]. International Journal of Production Economics, 2004, 89(2):131 – 139.

[34] 陈柳钦. 国际工程大型投资项目管理模式探讨（三）[J]. 工程承包, 2005(4): 60 – 62.

[35] 周冰, 陆彦. 国际工程项目管理模式比较[J]. 建筑管理, 2003(3):65 – 66.

[36] 陈柳钦. 国际工程大型投资项目管理模式探讨（一）[J]. 工程承包, 2005(2): 57 – 60.

[37] 陈柳钦. 国际工程大型投资项目管理模式探讨（二）[J]. 工程承包, 2005(3): 58 – 62.

[38] 王秀芹, 陈勇强, 汪智慧. 项目管理承包模式在大型工程项目中的应用[J]. 天津大学学报, 2006(3):187 – 180.

[39] 孙琳琳. 工程项目管理模式的研究探索[D]. 山东科技大学, 2006.

[40] 陈勇强, 孙春风. PMC＋EPC 模式在工程建设项目中的应用[J]. 石油工程建设, 2007, 33(5):55 – 57.

[41] 高宏波. 基于层次分析法的 Partnering 模式应用研究[J]. 管理纵横, 2009(5): 4 – 6.

[42] 张素娇. 工程项目管理模式的特征分析与选择[J]. 中国工程咨询, 2010(3): 38 – 40.

[43] Christopher M. Gordon. Choosing appropriate construction contracting method [J]. Journal of Construction Engineering and Management, 1994, 120(1): 196 – 210.

[44] Spink C. M. Choosing the right delivery system[R]. Working Paper, 1997.

[45] Alhaxmi T, McCaffer R. Project procurement system selection model [J]. Construction Engineering and Management, 2000, 126(3):129 – 14.

[46] Albert P. C. Chan, Daniel W. M. Chan, Kathy S. K. Ho. An empirical study of the benefits of construction partnering in HongKong [J]. Management and

[47] Florence Yean Yng Ling, Swee Lean Chan, Edwin Chong, Lee Ping Ee. Predicting performance of design-build and design-bid-build projects[J]. Journal of Construction Engineering and Management,2004(2):75-83.

[48] Fereshteh Mafakheri, Liming Dai. Project delivery selection under uncertain: mufti-criteria decision aid model[J]. Journal of Management in Engineering,2007(10):200-205.

[49] Konehaelm, Sanvidov. Comparison of U. S. Project delivery system[J]. Journal of Construction Engineering and Management,1998(10):435-444.

[50] Bbscw, Young Hoon Kwak, Tzeyung. Project delivery systems and project change: quantitative analysis[J]. Journal of Construction Engineering and Management,2003(8):382-387.

[51] 林治.工程项目管理模式优化选择研究[D].华中科技大学,2003.

[52] 惠静薇.运用模糊层次分析法选择合适的工程项目管理模式[[J].工业技术经济,2004,23(2):73-75.

[53] 张辉.基于模糊层次分析法的工程项目管理模式选择[[J].中国资源综合利用,2008(6):37-40.

[54] 曾阳.基于嫡权模糊集的建设工程项目发包模式选择模型[[J].统计与决策,2009(18):66-68.

[55] 李伯聪.工程哲学引论[M].大象出版社,2002.

[56] 殷瑞钰,汪应洛,李伯聪.工程哲学[M].高等教育出版社,2007.

[57] 盛昭瀚.大型工程综合集成管理[M].科学出版社,2009.

[58] 高梁,刘洁.国家重大工程与国家创新能力[J].中国软科学,2005(4):17-22.

[59] Kumaraswamy M. M., Morris D. A. Build-operate-transfer-type procurement in Asian mega projects[J]. Journal of Construction Engineering and Management,2002,128(2):93-102.

[60] 审计署外事司.国外效益审计简介[M].中国时代经济出版社,2003.

[61] 盛昭瀚.社会科学计算实验理论与应用[M].上海三联书店,2009.

[62] 周昌乐.透视哲学研究中的计算建模方法[J].厦门大学学报(哲学社会科学版),2005(1):5-13.

[63] 李兆华.我国公共工程投资绩效审计存在的问题及对策.商业研究,2008(2):149-150.

[64] 姜阵剑,张园.供应链绩效评价模型研究[J].供应链管理,2007(1):80-82.

[65] 武乾,武增海,李慧民.企业供应链绩效评价及指标设计[J].浙江工业大学学报,

2007(6):692-708.

[66] 李群明,宋国宁,张士廉.供应链性能评价指标体系的研究[J].中国机械工程,2003(14):81-85.

[67] 王颖,顾鸿喜.建筑供应链运行期的供应商绩效评价研究[J].管理视角杂志,2008(22):106-108.

[68] 汪文忠.标杆管理在建筑企业的应用[J].建筑经济,2004,5:32-34.

[69] Robert C. Merton. Optimum consumption and portfolio rules in a continuous-time model[J]. Journal of Economic Theory, 1971, 3(4):373-413.

[70] Gary Charness, Peter Kuhn. Do co-workers' wages matter? theory and evidence on wage secrecy, wage compression and effort[R]. IZA Discussion Paper, 2004, 12:14-17.

# 后　记

本书是国家自然科学基金"情景计算机模拟的重大工程组织、流程战略资源血统研究"(71271107)团队的研究成果。在本书交付之际,对国家自然科学基金委员会管理学部表示衷心感谢。

目前,重大工程资源管理无论在理论上,还是是实务上,都还处于探索阶段。几年来,研究团队在重大工程审计及资源供应领域勤恳探索,在研究我国重大基础设施工程实践的基础上,积极探索重大工程资源管理理论,总结重大工程资源管理模式,并极力体现研究成果的可操作性。

经过几年的研究,团队取得了一些研究成果,但由于研究时间不长以及理论基础的薄弱,自知现有研究成果还比较浅显,团队在未来的时间内将继续本领域的研究,并努力使研究成果能够真正服务于我国重大工程资源实践活动。

本书的研究成果是在盛昭瀚先生指导下完成的。盛昭瀚先生的悉心指导和不倦教诲,使得团队能够克服研究过程中的诸多困难,面对课题挑战,最终完成相关研究任务,在这里真诚地道声谢谢。

参加本书写作的有南京大学博士生邱聿旻,河海大学童纪新教授,南京大学陈楚楚、余雷和姚倩硕士等。此外,还要感谢港珠澳大桥管理局和广乐高速公路的诸位工程实践专家们,他们为本书的工作提供了诸多有力帮助。

最后感谢南京大学出版社唐甜甜等编辑,她们为本书的顺利出版付出了大量的时间和精力。

重大工程资源供应和资源配置是复杂的系统,涉及诸多领域、诸多科学,还处于探索阶段,因此,本书难免有疏漏和不足之处,敬请广大读者批评指正。

程书萍<br>
2016 年夏于南京大学